孙中山与黄埔军校

纪念黄埔军校建校 100 周年学术研讨会论文集

民革中央宣传部 ／ 编

团结出版社
UNITY PRESS

© 团结出版社,2025 年

图书在版编目(CIP)数据

孙中山与黄埔军校 : 纪念黄埔军校建校 100 周年学术
研讨会论文集 / 民革中央宣传部编 . -- 北京 : 团结出
版社 , 2025.4. -- ISBN 978-7-5234-1562-7

Ⅰ . E296.3-53

中国国家版本馆 CIP 数据核字第 20254PT335 号

责任编辑:韩　旭
封面设计:谭　浩

出　　版:团结出版社
　　　　　(北京市东城区东皇城根南街 84 号　邮编:100006)
电　　话:(010)65228880　65244790(出版社)
　　　　　(010)65238766　85113874　65133603(发行部)
　　　　　(010)65133603(邮购)
网　　址:http://www.tjpress.com
电子邮箱:zb65244790@vip.163.com
经　　销:全国新华书店
印　　装:三河市东方印刷有限公司

开　　本:170mm×240mm　16 开
印　　张:19.75　　　　　　　　字　　数:279 千字
版　　次:2025 年 4 月 第 1 版　　印　　次:2025 年 4 月 第 1 次印刷

书　　号:978-7-5234-1562-7
定　　价:68.00 元
　　　　　(版权所属,盗版必究)

开幕会

2024 年 6 月 6 日，孙中山与黄埔军校学术研讨会在北京举行，全国人大常委会副委员长、民革中央主席郑建邦出席开幕会并讲话

开幕会会场

中国社会科学院院
长、中国历史研究院院长
高翔出席开幕会并讲话

民革中央副主席谷振春
主持开幕会

《孙中山与第一次国共
合作学术研讨会论文集》赠
书活动，民革中央副主席陈
星莺（左一）向相关单位
赠书

黄埔军校同学会副会长陈知庶在开幕会上致辞

香港两岸和平协进会名誉会长、孙中山先生曾侄孙孙必达在开幕会上致辞

台湾统一联盟党创党主席、《观察》杂志发行人纪欣在开幕会上致辞

主旨演讲

中国历史研究院副院长李国强主持

中国历史研究院近代史研究所副所长金以林

北京大学历史学系主任王奇生

台湾黄埔军校同学会后代联谊会理事长、陆军军官学校史政顾问丘智贤

中国历史研究院世界历史研究所研究员汪朝光

上海大学近代中国研究中心主任廖大伟

大会发言

中国历史研究院近代史研究所所长
夏春涛主持

南京大学历史学院教授陈谦平对发言进行点评

上海大学近代中国研究中心主任廖大伟对发言进行点评

山东省政协副主席、民革山东省委会主委孙继业

中国历史研究院近代史研究所研究员郑大华

台湾中华黄埔亲友联谊会执行长李维镇

《广东社会科学》总编辑李振武

西安交通大学马克思主义学院教授陆卫明

中国历史研究院近代史研究所研究员李长莉

浙江工商大学人文与传播学院特聘教授俞祖华

澳门辛亥革命与中山文化研究会理事长李时泰

陕西科技大学马克思主义学院教授王飞

广州市社会科学院黄埔军校研究中心研究员陈予欢

青年学者论坛

黄埔师生后裔论坛

学术沙龙

学术小结

广州参访活动

百年回望　薪火相传
——黄埔师生后裔联谊沙龙

全国人大常委会副委员长、民革中央主席郑建邦出席并讲话

民革中央副主席陈星莺主持

郑建邦与联谊沙龙嘉宾合影

黄埔后裔嘉宾代表访谈

弘扬黄埔精神　促进祖国统一[*]

郑建邦

　　100 年前，在大革命的策源地、红色的珠江之滨，国共两党团结合作，共同建立了中国第一所新型军事政治学校——黄埔军校，为中国革命培养了一大批军事政治人才。一批又一批革命军人从这里走出，在平定商团叛乱和两次东征中崭露头角，在北伐战争中奋勇争先，在抗日战场上前赴后继，在解放战争中拥抱光明。新中国成立后，在中国共产党领导下，广大黄埔同学及亲属为推动祖国统一大业奔走呼号，积极开展卓有成效的工作，为促进海峡两岸交流交往作出了重要贡献，为助力改革开放和现代化建设发挥了独特作用，在中华民族发展史上书写了名垂青史的华章。特别是中共十八大以来，以习近平同志为核心的中共中央统筹中华民族伟大复兴战略全局和世界百年未有之大变局，以中国式现代化全面推进强国建设、民族复兴伟业，开启了全面建设社会主义现代化国家新征程，我们比历史上任何时期都更接近中华民族伟大复兴的目标，这是全体中华儿女的共同期盼，也是广大黄埔师生孜孜以求、心之所向、行之所往的美好夙愿。

　　回顾辉煌历史，展望光明前景，结合研讨会主题，我谈三点认识。

　　第一，回望百年，黄埔军校是第一次国共合作的结晶，具有深厚的红色传统，铸就了"爱国、革命"的核心基因。

　　孙中山先生是中国民主革命的伟大先驱，一生以革命为己任，致力振

---

[*] 本文为郑建邦同志 2024 年 6 月 6 日在孙中山与黄埔军校学术研讨会开幕会上的讲话，略有删节。

兴中华，但始终未能改变旧中国半殖民地半封建社会的性质和中国人民的悲惨命运。晚年，在共产国际和中国共产党的支持和帮助下，他痛定思痛，顺应潮流，与时俱进，毅然决然改组国民党，提出"联俄、联共、扶助农工"三大政策，实现了国共两党的第一次合作，创建了黄埔军校。

国共两党对办好黄埔军校都极为重视，精诚合作，倾注心血。孙中山先生亲自兼任校总理，廖仲恺任党代表。中共中央不仅协助做好招生工作，还派出周恩来、恽代英、聂荣臻、萧楚女、熊雄等骨干精英到军校任职，他们殚精竭虑、勇于任事，迅速推动军校面貌焕然一新。一大批年轻的共产党员，如著名的"黄埔三杰"中的蒋先云、陈赓，在北伐中英勇牺牲的曹渊、金佛庄等都成为学生中坚，共产党员身份的师生在建校初期占有较大比重，共产党人为黄埔军校的建设和发展作出了重大贡献，起到了关键作用。在那个中华民族生死存亡的时代，国共两党的黄埔革命军人以民族大义为重，为救亡图存浴血奋战、并肩携手，将自己的命运同国家荣辱、民族兴衰和时代变迁紧密相连，用无畏的牺牲争取国家统一和民族复兴，在中国革命史上留下了浓墨重彩的一笔。在国共两党的共同努力下，黄埔军校成为革命成果的鲜明标识，红色传统的有力传承，铸就了"爱国、革命"的黄埔精神。

第二，初心不改，在黄埔精神的激励下，黄埔军校师生为中国近现代史书写了不朽篇章，作出了不可磨灭的历史贡献。

"升官发财请往他处，贪生畏死勿入斯门"，黄埔军校门口的这副对联，体现了黄埔军校高举爱国旗帜，培养具有革命理想和牺牲精神的军事政治人才的初心使命；"亲爱精诚"的校训，更是饱含了孙中山先生企盼通过黄埔军校师生为纽带，团结国共两党共同革命的真挚情感和深切期望。

在轰轰烈烈的革命战争年代，广大黄埔师生以黄埔的荣誉为荣誉、以黄埔的命运为命运，胸怀救国救民的崇高理想，团结一致、同心同德，义无反顾、身先士卒，跃马扬刀、奋勇杀敌，把大革命推进到前所未有的高潮。大革命失败后，黄埔师生走上了不同的政治道路，甚至刀兵相见、骨肉相残，留下了不堪回首的惨痛回忆。抗日战争中，面对外敌入侵，他们再次携手并肩，以血肉之躯，书写了"爱国、革命"的壮丽篇章，甚至走出国门、扬威异域，挽救了民族危亡，赢得了民族尊严。他们视死如归的事迹和惊天地泣鬼神的精神，令人起敬、受人景仰。解放战争中，国民党军中的爱国黄埔师生纷纷走到人民阵营，与解放军中的黄埔师生携手并肩，积极投身到如火如荼的建立新中国的时代洪流。新中国成立后，两岸黄埔同学和亲属多方奔走、四处呼号，为增进两岸互信、深化两岸交流、制止"台独"图谋发挥了独特作用，彰显了家国情怀。

第三，着眼未来，我们要缅怀黄埔先辈，弘扬黄埔精神，助力国家统一大业和民族复兴伟业。

黄埔军校培养了一代又一代为国家独立、民族解放和社会进步而英勇奋斗的优秀儿女。黄埔精神是黄埔军校留给后人的宝贵精神财富，其核心内涵就是为统一中国、振兴中华而矢志不渝、顽强奋斗的爱国革命精神。黄埔精神体现出的忠贞、勇敢、坚毅、顽强的品格，至今仍然是中华民族优秀文化的重要组成部分，仍然在海内外、岛内外中华儿女中拥有巨大的影响力和感召力。

100年前，孙中山先生在黄埔军校开学典礼上强调："革命事业就是要爱国，就是要救国救民，我要求诸君，从今天起，共同来担负这种责任。"爱国革命的黄埔精神，是黄埔师生心中永恒的灯塔，也是中华民族精神气概的体现。黄埔百年，是砥砺奋进的百年，是英雄辈出的百年，也是爱国革命精神薪火相传的百年。我的祖父郑洞国在逝世前，无比遗憾地对我说："我对国事、家事均无所憾，只是可惜没能看到祖国统一。什么时候国家统一了，国民革命才算彻底成功了。"这是老一辈黄埔军人的共同心声！作为黄埔后人，我在此郑重、真诚地呼吁：海内外、岛内外尤其是海峡两岸的黄埔师生和后代朋友们，要牢记初心使命，利用好这独有的历史积淀和政治优势，以宽阔的政治胸襟和高度的历史自觉，不断深化两岸同胞的历史记忆和文化认同，积极宣传黄埔历史，不断挖掘黄埔精神的时代内涵，大力弘扬包括黄埔精神在内的伟大民族精神，让黄埔精神永远传颂、代代相传，凝聚起反"独"促统的磅礴力量，激发出海内外、岛内外全体中华儿女实现强国建设、民族复兴伟业的蓬勃热情，为中国式现代化凝心聚力、齐心协力，共同追求国家完全统一的美好未来。

4 月 10 日，习近平总书记在北京会见马英九一行时指出，经过百年奋斗，我们成功走出了一条中国式现代化道路，迎来了民族复兴的光明前景，不仅实现了孙中山先生当年描绘的蓝图，而且创造了许多远远超出孙中山先生设想的伟大成就。实现祖国完全统一是大势所趋、大义所在、民心所向，祖国必须统一，也必然统一。今天，我们深切感受到，中国共产党的领导是实现中华民族伟大复兴的根本保证。在中国共产党的领导下，传承弘扬黄埔精神，最主要的是致力于祖国统一和民族复兴，在以中国式现代化全面推进中华民族伟大复兴进程中，坚定不移推进祖国统一大业。

"天下黄埔是一家"，两岸同胞是血脉相连的骨肉兄弟。长期以来，作为孙中山先生和黄埔精神的继承者、研究者、传播者，各位同仁在推动两岸关系和平发展、推进祖国和平统一进程、共谋中华民族复兴伟业上发挥了独特作用，作出了积极努力。民族复兴的历史车轮滚滚向前，让我们更加紧密地团结在以习近平同志为核心的中共中央周围，坚决贯彻落实新时代中国共产党解决台湾问题的总体方略，铭记历史赋予的光荣使命，传承黄埔军校的光荣传统，大力弘扬黄埔精神，顺应历史大势、把握历史机遇、担当历史责任，共同完成祖国完全统一的历史使命，共同书写中华民族伟大复兴的崭新篇章，共同创造所有中国人的幸福生活和美好未来。

（郑建邦，全国人大常委会副委员长、民革中央主席）

重温历史　接续奋斗
守护中华民族共同精神家园 *

高　翔

　　习近平总书记指出："孙中山先生是伟大的民族英雄、伟大的爱国主义者、中国民主革命的伟大先驱，一生以革命为己任，立志救国救民，为中华民族作出了彪炳史册的贡献。"孙中山先生从清末时期领导辛亥革命，推翻延续两千多年的封建帝制，到中华民国建立后，领导"二次革命""护国运动""护法运动"等，一生致力于革命事业，致力于救国救民，致力于振兴中华和民族复兴。虽然历经挫折，但孙中山先生始终没有被失败压倒，始终奋力探求救国救民之道。在中国共产党和共产国际帮助下，孙中山先生在晚年顺应历史潮流，把旧三民主义发展成新三民主义，提出"联俄、联共、扶助农工"三大政策，改组国民党，推动国共两党实现第一次合作。

　　黄埔军校是在孙中山先生领导下，国共两党团结合作，1924年在广州黄埔创建的一所中国新型的革命军事学校。孙中山先生在开学典礼上指出，革命军人首先需要确立革命的志气，立一个革命的志愿，"一生一世，都不存升官发财的心理，只知道做救国救民的事业"。正是依靠坚定的革命理念和爱国精神，黄埔军校为国共两党和之后的中国革命事业培养了一大批军事将领和革命干部。

　　军校创办不久，在平定广州商团叛乱、平定刘杨军阀叛乱、两次东征等军事斗争中，黄埔军校年轻学生们崭露头角，所向披靡，显示了革命军

---

* 本文为作者2024年6月6日在孙中山与黄埔军校学术研讨会开幕会上的讲话，略有删节，题目为编者拟。

队的巨大威力。在北伐战争中，黄埔军校广大师生奋勇杀敌，为推翻北洋军阀统治作出不可磨灭的贡献。在抗日战争中，面对强敌入侵，黄埔军人携手并肩，以血肉之躯，共同抗敌，谱写了不惧困难、不怕牺牲、拯救中华民族于危亡之际的壮丽篇章，为中华民族的独立解放立下不朽功勋。黄埔师生还组建抗日远征军，走出国门，为世界反法西斯战争胜利作出重要贡献。

中国共产党是孙中山先生革命事业最坚定的支持者、最忠诚的合作者、最忠实的继承者。在黄埔军校创建时期，中国共产党以国共合作为基础，为黄埔军校的招生、办学和革命教育倾注了大量心血，周恩来、叶剑英、聂荣臻、陈赓等一大批中国共产党人为黄埔军校的创建和发展作出了重大贡献，起到了关键作用。孙中山先生逝世后，中国共产党人继承先生遗志，为打倒帝国主义，推翻军阀反动统治，推动中国工农革命运动走向高潮而持续奋斗。中国共产党团结带领全国各族人民前赴后继，浴血奋斗，不断实现和发展了孙中山先生和辛亥革命先驱的伟大抱负，取得了新民主主义革命伟大胜利，建立了人民当家作主的中华人民共和国，实现了民族独立和人民解放，开启了中华民族发展进步的历史新纪元。

黄埔军校的办学宗旨和革命精神，是孙中山先生留给我们的宝贵精神财富，这个精神的核心内涵就是致力于实现中华民族伟大复兴和国家统一。中华人民共和国成立七十多年来，特别是改革开放四十多年来，在中国共产党领导下，全国各族人民在社会主义建设道路上砥砺奋进，不仅实现了孙中山先生和黄埔军校当年描绘的蓝图，还创造了许多远远超出孙中山先生设想的成就，赢得国际社会广泛尊重和普遍赞扬。历史事实表明，在实现中华民族伟大复兴征程中，海峡两岸中华儿女更加需要深切缅怀孙中山先生艰苦的革命历程，更加需要重温黄埔军校师生团结奋斗的历史，更加需要铭记两岸共同走过的历史岁月，更加需要同心共创、接续奋斗，坚定守护中华民族共同精神家园，共同追求两岸统一美好未来，把中华民族命运牢牢掌握在中国人自己手中。

鉴古知今，学史明智。习近平总书记指出，重视历史、研究历史、借

鉴历史是中华民族的优良传统。孙中山先生创建黄埔军校，是中国近代史
乃至世界历史上的重要事件，是海峡两岸学术研究的重要课题，也是国际
学界关注的历史话题。在黄埔军校建校100周年之际召开本次学术研讨会，
具有特殊意义。希望海峡两岸的专家学者围绕孙中山与黄埔军校这一主题，
展开更加全面、更加深入的学术探讨，在交流互动和相互切磋中增进友谊、
凝聚共识、助力中国近代史研究不断走深走实走细；希望海峡两岸的专家
学者围绕孙中山先生与黄埔军校的爱国主义革命精神这一主线，以多学科
融合为路径，展开多角度多层面的综合性研究，系统挖掘、科学阐释其历
史渊源、思想根源、文化底蕴，讲清楚孙中山先生与黄埔军校爱国主义革
命精神的内在机理，讲透彻孙中山先生与黄埔军校爱国主义革命精神的时
代价值，努力使之成为中华民族共同的精神标识；希望海峡两岸的专家学
者继承和弘扬中国学术的优良传统，做有思想、有灵魂、有风骨的学问，
基于对孙中山与黄埔军校的历史回望，以中国为观照、以时代为观照，把
铸牢中华民族共同体意识的责任扛在肩上、举在头顶，为推动中华民族伟
大复兴和实现国家统一事业贡献智慧和力量。

　　（高翔，中国社会科学院院长、党组书记，中国历史研究院院长、党
委书记）

目 录

第一部分

孙中山与黄埔建军

孙中山与黄埔军校

邵　雍

摘要： 从辛亥革命到护法运动的历史表明，国民党黄埔建军前借助的各色武装都是靠不住的。孙中山只有在国际无产阶级和中国共产党的帮助下，才有可能着手建立真正的革命武装。从 1921 年底到 1924 年 5 月，孙中山围绕黄埔建校与共产国际、苏联、中国共产党密切互动。由于有求于人，他对于来自苏俄的共产国际代表、政府代表的意见大体接受。又由于实力不足，一时难以放弃联络一派军阀反对另一派军阀的军事投机政策，故对中国共产党人的有些建言十分抵触，情绪对立。黄埔军校开学后，孙中山直接掌控军校教育方针和人事安排。1924 年底，黄埔军校的组建初步实现了武力与国民的结合。孙中山逝世后，中国共产党人继续发展他在黄埔开创的事业，创建了人民军队，最终实现了孙中山提出的"武力成为国民之武力"的目标。

关键词： 孙中山　蒋介石　军阀　黄埔军校　共产党

今年是黄埔军校建校 100 周年。黄埔建军与国共合作的形成和发展是同步的，也反映出国民党领袖孙中山的与时俱进和伟大转变，因此在中国革命史上具有重要地位，值得进一步深入研究与探讨。

一、国民党黄埔建军前借助的各色武装

辛亥革命时期，为了推翻清王朝的反动统治，孙中山领导的同盟会进行了多次武装暴动，这是值得肯定的。但在依靠力量方面，孙中山最初认为"借会党暴动为可靠"①，然而"一哄而起，一哄而散"的教训使他逐渐意识到"不可专恃会党"，"取得新军，方可成事"②。不过，革命党人在长期武装反清斗争中始终未能建立起一支真正的革命军队。辛亥革命没有根本改变中国社会性质，政权旁落到袁世凯手中，旧秩序在新形势下迅速恢复，重要原因之一即在于此；从二次革命到护法运动收效甚微的原因之一也在于此。事实表明，各路军阀不会成为革命的真正助力，更谈不上动力或主力。即使是孙中山苦心培植的陈炯明的粤军也在取得广东地盘后蜕化变质，1922 年 6 月"竟有号称'革命同志'的陈炯明军，炮攻观音山，拆南方政府的台"。③

陈炯明兵变后，孙中山鉴于自身军事实力不足，只好向西南地方实力派军阀妥协，任命杨希闵为中央军直辖滇军总司令、刘震寰为直辖桂军第二路总司令，会同中央军直辖桂军第一路总司令沈鸿英等部会攻陈炯明。1923 年 1 月，陈炯明残部退据东江，杨希闵、刘震寰的滇、桂部队进入广州市区。刘、杨率部进入广州后抢占了市内繁华地区，委官设卡，仅"烟赌税"一项滇、桂两军每月即可得 8 万余元。1925 年 5 月，杨希闵、刘震寰在广州叛乱。6 月 14 日，廖仲恺与蒋介石颁发的《陆军军官学校讨逆布告》称："杨希闵、刘震寰二逆，依附本党，阳为服从政府，阴实包藏祸心。迩年来把持政局，鱼肉粤民，苛征暴敛，霸占财权，朋比为奸，贼民贼党，

---

① 全国政协文史资料研究委员会编：《辛亥革命回忆录》（六），北京：文史资料出版社，1981 年，第 5 页。
② 邹鲁编著：《中国国民党史稿》第 4 篇，东方出版中心，第 1352 页。
③ 孙中山：《在陆军军官学校开学典礼的演说》，广东省社会科学院历史研究所等合编：《孙中山全集》第 10 卷，北京：中华书局，2011 年，第 292 页。

早为良知者所痛恨。"①

　　历史表明，国民党黄埔建军前借助的各色武装都是靠不住的。孙中山只有在国际无产阶级和中国共产党的帮助下，才有可能改弦易辙，着手建立真正的革命武装。黄埔建军的过程与国共合作的形成和发展是同步的。

二、孙中山与共产国际、苏联、中国共产党的密切互动

　　1921 年底，孙中山在桂林会见了共产党员李大钊介绍前来的共产国际代表马林。马林在会谈中向孙中山提出"要有革命的武装核心，要办军官学校"的建议，②这一建议给孙中山留下了深刻的印象。出师桂林北伐失败后，孙中山回到广州。1922 年 4 月在广州会见苏俄政府代表达林时，孙中山详细询问了红军的规模组织和政治教育等问题。③这时他已经初步了解到"要想革命，非有革命的武装不可，不能光靠暴动和运动旧军队倒戈的办法"。④根据苏联革命经验、建立红军的经验，孙中山深感建立革命军队"不仅要每一个成员具有革命思想，也必须有革命的军事制度"。后来他下决心开办黄埔军校，在军队中实行党代表制度，建立军队政治工作制度。⑤

　　1922 年 12 月 20 日，孙中山在致苏俄全权代表越飞的信中首次表示了"需要武器、军火、技术和专家帮助"的意向。⑥1923 年初，孙中山在上海与越飞会谈，其中建立革命武装是主要议题之一。他"吁请苏联政府派

---

① 廖仲恺：《与蒋介石颁发的陆军军官学校讨逆布告》，《双清文集》（上卷），北京：人民出版社，1985 年，第 761 页。
② 全国政协文史资料研究委员会编：《辛亥革命回忆录》（一），北京：文史资料出版社，1981 年，第 576 页。
③ 达林：《中国回忆录》，北京：中国社会科学出版社，1981 年，第 102–103 页。
④ 叶剑英：《孙中山先生的建军思想和大无畏精神》，尚明轩、王学庄、陈崧编：《孙中山生平事业回忆录》，北京：人民出版社，1986 年，第 323 页。
⑤ 叶剑英：《孙中山先生的建军思想和大无畏精神》，尚明轩、王学庄、陈崧编：《孙中山生平事业回忆录》，北京：人民出版社，1986 年，第 324 页。
⑥ 孙中山致越飞函（1922 年 12 月 20 日），林家有编：《孙中山全集续编》第 3 卷，北京：中华书局，2017 年，第 284–285 页。

遣军事专家和政治工作人员到广州担任顾问"①。同年5月1日，苏联政府致电孙中山，正式通知准备给中国以必要的援助，"主要形式是向中国派遣志愿的军事顾问以及其他的顾问"。②9月23日，苏联政府代表加拉罕致函孙中山，通报苏联政府任命鲍罗廷为常驻广州的代表，并称"鲍罗廷同志是在俄国革命运动中工作很多年的我们党的一位老党员。请您不仅把鲍罗廷同志看作是政府的代表，而且也把他看作是我个人的代表，您可以像同我谈话一样，坦率地同他交谈。您可以相信他所说的一切，就像我亲自告诉您的一样。……希望鲍罗廷同志到达广州之后，将会更快地推动形势的发展，将会使形势发展大大地超过到目前为止所能达到的速度"③。

这年6月25日，陈独秀、李大钊、蔡和森、谭平山、毛泽东以国民党党员身份致信孙中山，要求"在上海或广州建立强有力的执行委员会"，"用新手段，采取新方针，建立新的力量。……从人民中建立的新军队将用新的方法和新的友好精神捍卫民国"。信中直言"南方诸省的将领们扩张军队、压迫人民而犯下的罪恶并不比北方军阀稍逊。即令我们把这些人烧掉，在他们的骨灰里也找不到丝毫的革命民主的痕迹。即令我们用一切办法把这些将领们联合起来，那么南北方之间的斗争依然存在，而绝不会是封建主义与民主主义之争。我们岂能让千百士兵为此丧生并把沉重的负担加于百姓身上？这样也还会有危险，即因为我们在中国这一隅的地方主义而把国民革命的速度减缓下来"。信中要求孙中山离开广州前往上海召开国民会议，"这样，一支解决全国问题的集中的军队便能建立起来，一支国民革命的集中的军队便能建立起来"。④陈独秀、蔡和森、谭平山、毛泽东都是中共三大选出的中共中央局委员，李大钊是中央执行委员会委员，他们的意见当然是中国共产党的意见。不过，孙中山并没有采纳上述意见。

---

① ［苏］卡尔图诺娃著，中国社会科学院近代史研究所翻译室译：《加伦在中国（1924–1927）》，北京：中国社会科学出版社，1983年，第18页。
② ［苏］贾丕才等著，张静译：《中国革命与苏联顾问（1920–1935年）》，北京：中国社会科学出版社，1981年，第20页。
③ 桑兵主编：《各方致孙中山函电汇编》第7卷，北京：社会科学文献出版社，2012年，第274页。
④ 周芳、李继华、宋彬编注：《李大钊书信集》，北京：中国文史出版社，2015年，第285–286页。

7 月 11 日，陈独秀在《向导》周报上发表署名文章，指出国民党应该集合国民势力，"引导国民去做革命运动……断不可徘徊依违与军阀之间而终无所就"。他强调直系、奉系、皖系"都是罪孽深重的军阀"，西南军阀"拥兵称雄……不但无心听中山先生的命令去革命，其中有些还是国民党的敌人"。"这四派势力果然结合起来更是人民的厄运，希望他们自己裁兵，真是与虎谋皮……若是联合三派共讨直系，这种军阀间的新战争，除了损害人民的生命财产和阻碍工商业发展外，别无丝毫民主革命的意义，我们为什么要制造这种无意义的战争？"①一句话，陈独秀是好言劝说孙中山放弃联络一派军阀反对另一派军阀的军事投机政策。不料孙中山阅后，十分震怒，7 月 18 日当着马林的面说，这种批评国民党的事再也不许发生，否则一定把陈独秀开除出国民党。孙中山的胸襟、格局从中可见一斑，他一时难以放弃联络一派军阀反对另一派军阀的军事投机政策，从面上来看，还是自身实力不足。事实上，如何看待旧军队事关要不要改造旧军队、要不要创建新军队、要不要办新型军校的重大现实问题，也是如何在军事领域落实反封建的重大政治问题，至少在 1923 年夏，孙中山对此还没有想明白。

当时孙中山领导的大元帅府所掌控的军队除中央直辖第一军、第二军、第三军、第七军外，还有杨希闵的滇军、谭延闿的湘军、樊钟秀的豫军、刘震寰的桂军、许崇智的粤军以及赣军、山陕军等，大多为原军阀的部队。这些所谓要来革命的原军阀部队"内部的分子过于复杂，没有经过革命的训练"，许多人因为"生计困难，受了家室之累"才来当兵"投身革命的"，"到了后来稍为得志，便将所服从的什么革命主义都置之九霄云外，一概不理了"。②孙中山后来认为，"现在广东的军队，都是各军占驻一两县，

---

① 任建树、张统模、吴信忠编：《陈独秀著作选》第 2 卷，上海：上海人民出版社，1993 年，第 520–521 页。

② 孙中山：《在陆军军官学校开学典礼的演说》，广东省社会科学院历史研究所等合编：《孙中山全集》第 10 卷，北京：中华书局，2011 年，第 292 页。

卖烟开赌，搜括钱财，以饱私囊"①，这些军队中"没有哪一种军队，可以居革命军的地位"②，如不进行改造，"广东的局面是不能永久的"③。因此在国民党"一大"期间，孙中山就提出要"变反动的兵力为革命的兵力"④，途径之一就是开办新型军校。

1923年8月，孙中山派遣"孙逸仙博士代表团"赴苏考察了军事及政治等事务，其中一个重要使命就是了解苏联军队和军校的情况，以为后来开办军校做准备。10月25日，孙中山致电蒋介石，指示他们在苏"与诸同志从长计议"，并感谢"友邦政府及政党，派代表鲍罗廷到粤援助之热心与诚意"⑤。国民党"二大"政治报告在评价孙博士代表团访苏的意义时说，代表团"经过一番切实考察，知道红军的组织，共产党森严的纪律，遂为日后回国改组本党创建党军之一大动机"。⑥

11月26日，国民党临时中央执行委员会第十次会议议决建立"国民军军官学校"⑦。两天后，孙中山选择了广州东郊长洲岛黄埔为校址，故简称"黄埔军校"。国民党"一大"期间，创办军校的计划终于确定下来，学校定名为"中国国民党陆军军官学校"。1924年1月24日，孙中山委派蒋介石为学校筹备委员会委员长，后又委派王柏龄、邓演达等7人为筹备委员。⑧筹办过程中，蒋介石借故辞职离粤（后于4月间重返广州），2月23日，孙中山派廖仲恺代理军校筹备委员会委员长职权。

---

① 中山大学历史系孙中山研究室等合编：《在广州欢宴各军将领会上的演说》，《孙中山全集》第8卷，北京：中华书局，1986年，第473页。
② 孙中山：《在广州对东路讨贼军的演说》，广东省社会科学院历史研究所等合编：《孙中山全集》第9卷，北京：中华书局，1986年，第566页。
③ 中山大学历史系孙中山研究室等合编：《在广州欢宴各军将领会上的演说》，《孙中山全集》第8卷，北京：中华书局，1986年，第473页。
④ 《决议案》，荣孟源编：《中国国民党历次代表大会及中央全会资料》，北京：光明日报出版社，1985年，第41页。
⑤ 中山大学历史系孙中山研究室等合编：《孙中山全集》第8卷，北京：中华书局，1986年，第335–336页。
⑥ 《中国国民党第二次全国代表大会政治报告》，《政治周报》第5期。
⑦ 罗家伦、黄季陆等编：《国父年谱》（增订本下册），台北中国国民党中央委员会党史史料编纂委员会，1969年，第1132页。
⑧ 毛思诚：《民国十五年前之蒋介石先生》第6册，香港龙门书店，1965年影印，第2页。

1924 年 1 月末，孙中山召见了鲍罗廷、切列潘诺夫、捷列沙托夫、捷尔曼、波良克等人，明确指出："我们要照苏维埃的军事制度来组织革命军队。要在南方建立北伐战略基地。你们在从国内驱逐帝国主义及其走狗的斗争中得到了丰富的经验，我们希望，你们能够把这些经验传授给我们的学员——革命军队未来的军官们。"①在鲍罗廷的领导下，切列潘诺夫、捷列沙托夫、捷尔曼、波良克组成黄埔军官军事顾问小组，切列潘诺夫、捷列沙托夫分工负责学院的队列、射击及战术训练，波良克与王柏龄共事主管教务。这些苏联顾问有时也给学生讲课，讲苏联红军的战史、军纪等。

孙中山委托鲍罗廷帮助建立黄埔军校，培养革命军事干部。鲍罗廷与廖仲恺一道负责制订和实行黄埔军校的设置、军事组织、政治制度等计划。对于来自苏俄的共产国际代表、政府代表的意见，孙中山大体接受，这是因为当时他有求于人。4 月 16 日，应孙中山之请，鲍罗廷与加拉罕联名向莫斯科发电，要求："（一）选派五十名工作积极的军事人员组成顾问团来广东；（二）让具有丰富作战经验、能使孙中山敬服的同志率领这个顾问团。"②5 月间，苏联政府派出了以巴甫洛夫为团长的军事顾问团来到广州。巴甫洛夫参与了国民政府军事委员会的改组工作，同年 7 月，在东江不幸遇难。苏联又改派瓦西里·布留赫尔（加伦）为首的军事顾问团来华。从 1925 年到 1927 年，苏联派到中国担任军事和政治顾问的专家达 92 人，其中 59 人在广州工作过。这批苏联军事顾问人员为办好黄埔军校作出了贡献，并在 1924 年 10 月平定商团叛乱和 1925 年 5 月平定刘震寰、杨希闵叛乱的斗争中，在东征南讨统一广东革命根据地的斗争中发挥了积极的作用。

---

① ［苏］契列帕诺夫：《忆孙中山》，尚明轩、王学庄、陈崧编：《孙中山生平事业回忆录》，北京：人民出版社，1986 年，第 460 页。又见［苏］亚·伊·切列潘诺夫：《中国国民革命军的北伐》，北京：中国社会科学出版社，1981 年，第 90—91 页。

② ［苏］贾丕才等著，张静译：《中国革命与苏联顾问》，北京：中国社会科学出版社，1981 年，第 27 页。

三、孙中山对黄埔军校教育方针、人事安排的直接掌控

　　1924 年 5 月，黄埔军校开学。孙中山自任军校总理，任蒋介石为校长，廖仲恺为党代表，组成校本部最高领导机构，直隶国民党中央执行委员会。军校下设教授部、教练部和政治部等。苏联政府拨给 200 万卢布的现款作为黄埔军校的开办费。6 月 14 日，孙中山在蒋介石请颁军校校训的呈文上批示"陆军军官学校校训为'亲爱精诚'四字"。[①]6 月 16 日，他在黄埔军校开学典礼上讲话，一开始就说"中国的革命有了十三年，现在得到的结果，只有民国之年号，没有民国之事实"。[②]从中他引出了办学的宗旨和目标，"我们现在开办这个学校，就是仿效俄国。中国革命有了十三年，到今天还要办这种学校，组织革命军，可见大凡建设一个新国家，革命军是万不可少的"。[③]他希望"从今天起，把革命的事业重新来创造，要用这个学校内的学生做根本，成立革命军。诸位学生就是将来革命军的骨干。有了这种好骨干，成了革命军，我们的革命事业，便可以成功。如果没有好革命军，中国的革命，永远还是要失败。所以，今天……独一无二的希望，就是创造革命军，来挽救中国的危亡"[④]。他要求黄埔同学："从今天起立一个志愿，一生一世，都不存升官发财的心理，只知道做救国救民的事业。"[⑤]同学们要"立志做革命军"，"要有高深学问做根本"[⑥]。孙中山特别强调：一个革命军人要有舍身牺牲精神，"我敢说革命党的精神，

---

① 周兴樑编：《孙中山全集续编》第 5 卷，北京：中华书局，2017 年，第 416 页。
② 孙中山：《在陆军军官学校开学典礼的演说》，广东省社会科学院历史研究所等合编：《孙中山全集》第 10 卷，北京：中华书局，1986 年，第 290 页。
③ 孙中山：《在陆军军官学校开学典礼的演说》，广东省社会科学院历史研究所等合编：《孙中山全集》第 10 卷，北京：中华书局，1986 年，第 297 页。
④ 孙中山：《在陆军军官学校开学典礼的演说》，广东省社会科学院历史研究所等合编：《孙中山全集》第 10 卷，北京：中华书局，1986 年，第 291–292 页。
⑤ 孙中山：《在陆军军官学校开学典礼的演说》，广东省社会科学院历史研究所等合编：《孙中山全集》第 10 卷，北京：中华书局，1986 年，第 293 页。
⑥ 孙中山：《在陆军军官学校开学典礼的演说》，广东省社会科学院历史研究所等合编：《孙中山全集》第 10 卷，北京：中华书局，1986 年，第 297 页。

没有别的秘诀,秘诀就在不怕死。"①

从这一办学的宗旨和目标出发,黄埔军校采取了与旧式军校根本不同的组织制度的教育训练方法,展示出新型军事学校的鲜明特点:其一,实行了党代表制度,一切重要校务与命令,均要党代表签署后才能生效。其二,建立了政治工作制度。其三,坚持政治与军事并重、学校教育与社会实践紧密结合的教学方针,以培养出有主义信仰、有军事知识、有实战能力的革命军骨干。

黄埔军校第一次上课,每个学员先要填表,集体加入国民党。军校建立了严格的报告制度,举凡人事任免、纪律处分,均由校长蒋中正、驻校党代表廖仲恺呈文国民党总理、陆海军大元帅孙中山报批。

1924 年 6 月 26 日,陆军军官学校校长蒋中正、驻校党代表廖仲恺呈孙中山文报告:"职校各官既经慎重选定,业蒙分别任委。兹拟聘请俄人铁里沙夫、波拉克、赤列巴罗夫、哈罗们四君为职校顾问,庶可博采旁咨,多获裨益。现在均已到校,理合呈请钧座给予委任,俾有遵循。……再,职校现又加聘国文教官王南微,系中校衔;技术教官郑炳垣,系少校衔;并前次请委之教官王俊,现改为中校衔。均请给予委任,合并陈明。"② 6 月 30 日,孙中山以大元帅名义发出给陆军军官学校校长蒋中正的指令,照准。③

7 月 9 日,蒋中正、廖仲恺呈孙中山文:"职校现选聘军事学教官,陆福廷、英文秘书甘乃光系中校衔,均经到校任事。理合造具履历,呈请钧座给予任状以昭慎重。"④ 7 月 15 日,孙中山以大元帅名义发出给蒋中正的指令,称对陆福廷、甘乃光"已有命令任命"⑤。

---

① 孙中山:《在陆军军官学校开学典礼的演说》,广东省社会科学院历史研究所等合编:《孙中山全集》第 10 卷,北京:中华书局,1986 年,第 298 页。
② 桑兵主编:《各方致孙中山函电汇编》第 8 卷,北京:社会科学文献出版社,2012 年,第 305 页。
③ 广东省社会科学院历史研究所等合编:《孙中山全集》第 10 卷,北京:中华书局,1986 年,第 354 页。
④ 桑兵主编:《各方致孙中山函电汇编》第 8 卷,北京:社会科学文献出版社,2012 年,第 345 页。
⑤ 广东省社会科学院历史研究所等合编:《孙中山全集》第 10 卷,北京:中华书局,1986 年,第 414 页。

7月30日，蒋中正、廖仲恺呈孙中山文："职校军医部主任宋荣昌前经呈请任命业蒙在案。现该主任已调别职，而军医部不可无人主持，兹特选定李其芳为该部主任，业已到校任事，理合备文呈请钧座给予任状以昭慎重。"①8月1日，孙中山以大元帅名义发出了准免宋荣昌职务令与准任李其芳职务令。②

在纪律处分方面也是如此。1924年6月25日，陆军军官学校校长蒋中正、驻校党代表廖仲恺呈孙中山文说："职校学生队各队长前经呈请加委以资鼓励，蒙照准在案。兹有第一队队长吕梦熊不知奋勉，反敢私开会议要求加薪、并欲联名要挟，引起同盟罢职之举动，实属不遵命令，违犯纪律。且查吕梦熊学术平庸，性情跋扈，如再姑容，难免滋生事端。现在已将该队长吕梦熊看守，拟即免其职务，永除党籍。并请大元帅通告军政各机关不准录用，驱逐出境，以儆效尤而肃军纪是否有当，伏乞指令祗遵。"③7月3日，孙中山以大元帅名义发出给蒋中正、廖仲恺的指令，予以照准。④

当天孙中山还以大元帅名义发出给广东省省长廖仲恺、中央直辖滇军总司令杨希闵、湘军总司令谭延闿、粤军总司令许崇智、桂军总司令刘震寰、豫军讨贼军总司令樊钟秀、中央直辖第一军军长朱培德、中央直辖第三军军长卢师谛、中央直辖第七军军长刘玉山、北伐讨贼军第二军军长柏文蔚、北伐讨贼军第三军军长胡谦、山陕讨贼军司令路孝忱、赣军司令李明扬：同意蒋中正、廖仲恺对吕梦熊的处理意见，"除指令照准并分令外，合行令仰该总司令、省长、军长、司令遵照，并转饬所属一体遵照，嗣后勿得录用吕梦熊，以肃纪纲而昭儆戒"。⑤

---

① 桑兵主编：《各方致孙中山函电汇编》第8卷，北京：社会科学文献出版社，2012年，第395页。
② 广东省社会科学院历史研究所等合编：《孙中山全集》第10卷，北京：中华书局，1986年，第481页。
③ 桑兵主编：《各方致孙中山函电汇编》第8卷，北京：社会科学文献出版社，2012年，第304页。
④ 广东省社会科学院历史研究所等合编：《孙中山全集》第10卷，北京：中华书局，1986年，第366页。
⑤ 广东省社会科学院历史研究所等合编：《孙中山全集》第10卷，北京：中华书局，1986年，第364-365页。

孙中山为黄埔军校落实武器。黄埔军校开办时，武器奇缺，孙中山曾批示拨发 300 支粤造"七九式毛瑟步枪"。然而，由于把控兵工厂的滇、桂军阀刁难，到军校开学时也只给了 30 支步枪，仅够卫兵使用。应孙中山之请求，当年 10 月 7 日，苏联"沃罗夫斯基号"驶抵黄埔，运来了 8000 支带刺刀的俄国式步枪，每枪配有 500 发子弹，另有小手枪 10 支，这才缓解了困难。军校教授部主任王柏龄回忆说："在一天的下午，总理来了电谕，说苏俄补充我们的枪械船，快到了，叫我们预备收。哈！哈！！天大的喜事，全校自官长以至于学生，无不兴高采烈，尤以一般要革命的学生，喜得无地自容，拍手打掌，说今后革命有家伙了，不愁了。"[1]孙中山特为"沃罗夫斯基号"舰长写了祝词，称："苏维埃联邦共和国与中华民国关系为最密切。且苏维埃联邦共和国以推翻强暴帝国主义，解除弱小民族压迫为使命；本大元帅夙持三民主义，亦为中国革命、世界革命而奋斗。现在贵司令率舰远来，定使两国邦交愈加亲睦，彼此互相提挈，力排障碍，共跻大同，岂为两国之福，亦世界之幸也。"[2]10 月 19 日，孙中山在给蒋介石的一封信里信心满满地说："练兵一事，为今日根本之图……因俄船已来过此地，以后再来，当更容易。如我确有可靠之兵要枪使用，以后不成问题。"[3]

孙中山非常重视黄埔军校学员这批革命的生力军，1924 年 9 月，他和苏联顾问鲍罗廷等人北上韶关时带的卫队就是黄埔一期第一队的学生兵。在第一期学员即将毕业之时，孙中山命令蒋介石"练一支决死之革命军。其兵员当向广东之农团、工团并各省之坚心革命同志招集，用黄埔学生为骨干"[4]。根据这一指示，1924 年 10 月，编成校军教导团队，共两团。教

---

[1] 《苏联援助军校枪械》，《黄埔军校史料（1924–1927）》，广州：广东人民出版社，1985 年，第 71–73 页。

[2] 广东省社会科学院历史研究所等合编：《孙中山全集》第 11 卷，北京：中华书局，1986 年，第 141 页。

[3] 广东省社会科学院历史研究所等合编：《孙中山全集》第 11 卷，北京：中华书局，1986 年，第 207 页。

[4] 孙中山：《致蒋中正函》，广东省社会科学院历史研究所等合编：《孙中山全集》第 11 卷，北京：中华书局，1986 年，第 170 页。

导团实行党代表制，从连队到团设有党代表。

同年 11 月 10 日，孙中山发表《北上宣言》，强调"北伐之目的，不仅在推倒军阀，尤在推倒军阀所赖以生存之帝国主义"。①"第一步使武力与国民相结合，第二步使武力成为国民之武力。"孙中山坦承，"今日者，国民之武力固尚无可言，而武力与国民相结合则端倪已见。"②只有到这时，孙中山才彻底抛弃了对军阀武力的幻想。

11 月 3 日下午，孙中山在操场检阅黄埔军校学生及教导团士兵完毕后，在军校礼堂对黄埔军校和广东大学的学生发表北上告别演说。他说："我今天到此地讲话，是要离开广东北上，临别赠言。没有别的话，就是要大家拿出本钱来，牺牲自己的平等、自由，更把自己的聪明才力，都贡献到党内来革命，来为全党奋斗。"③

11 月 13 日，孙中山在启程北上的当天早上，偕夫人宋庆龄前来黄埔军校，由校长蒋介石陪同检阅黄埔军校第一期毕业生的战术实施演习。他兴奋地说："本校学生能忍苦耐劳，努力奋斗如此，必能继续我之生命，实现本党主义。今我可以死矣！"④就在两天前，孙中山以国民党总理身份下令将黄埔校军"改称党军"⑤，可见他对黄埔期盼之殷切。

四、余论

孙中山 1925 年逝世后，中国共产党人继续发展他在黄埔开创的事业，最终实现了武力与人民相结合。

1925 年 2 月 6 日，周恩来在东莞各界欢迎东征军大会上演说时指出："革

① 广东省社会科学院历史研究所等合编：《孙中山全集》第 11 卷，北京：中华书局，1986 年，第 294–295 页。
② 广东省社会科学院历史研究所等合编：《孙中山全集》第 11 卷，北京：中华书局，1986 年，第 296–297 页。
③ 孙中山：《在黄埔军官学校的告别演说》，广东省社会科学院历史研究所等合编：《孙中山全集》第 11 卷，北京：中华书局，1986 年，第 273 页。
④ 周兴樑编：《孙中山全集续编》第 5 卷，北京：中华书局，2017 年，第 269–270 页。
⑤ 周兴樑编：《孙中山全集续编》第 5 卷，北京：中华书局，2017 年，第 264 页。

命数十年尚未成功者，因多数军队均系前清遗留而来，即有新招之兵，仍仿前清编制，此种军队不知人民痛苦，不知政治意义。吾党总理孙中山先生，如欲使中国和平，须有真正之革命军，须有为人民所用之军队，故特设立党的军官学校于军事教育外，授以政治教育，告以中国如何受列强压迫，军阀压迫，以及农工商各界之痛苦；告以解除压迫与痛苦之途径，要使每个军官每个兵士均能了解此理，此党立军官学校设立之目的。能如此，则军士之打仗是为人民而打的……能如此者为党军，不能如此者非党军。"①

1925 年 4 月，国民党中央根据孙中山遗愿，以军校两个教导团为基础，建立了国民党党军（后来发展成为国民革命军第一军）。这种体制大体延续到 1926 年 3 月。

1925 年 7 月 1 日，周恩来在黄埔军校第三期开学典礼上的讲话中，提及黄埔学生要甘心愿意遵守革命纪律时援引了孙中山的话，"总理曾说：谋人类的自由，就要去掉个人的自由。这一点如果相信不彻底，一定不能革命。各位官长学生，趁此时间努力研究主义，在党的指挥之下，守严格的纪律，能如此做去，将来一定能够得到很好成绩。"②

9 月 6 日，黄埔第二期学生毕业，军校举行了隆重的典礼。共产党员、黄埔军校政治部主任鲁易领着全体即将分赴国民革命军各部任职的毕业生，向孙中山遗像宣誓：

谨遵校训，亲爱精诚。服从党纲，五权三民。

履行遗嘱，国民革命。继承先烈，奋斗牺牲。

发扬光大，赴义蹈仁。言出身随，誓底成功。③

1926 年 9 月 15 日，共产党员、黄埔军校专职政治教官恽代英在《军队中政治工作的方法》一文中指出：我们在军队中做政治工作的目的"便

---

① 中共中央党史和文献研究院、中央档案馆编：《中国共产党重要文献汇编》第 5 卷，北京：人民出版社，2022 年，第 112 页。
② 中共中央党史和文献研究院、中央档案馆编：《中国共产党重要文献汇编》第 6 卷，北京：人民出版社，2022 年，第 1—2 页。
③ 国民党中央陆军军官学校校务委员会：《第二期毕业生誓词》，《中央陆军军官学校史稿》第 4 篇，1936 年。

是根据总理的两句话：'第一步使武力与人民结合，第二步使武力成为人民之武力。'我们便是要从第一步引军队走到第二步。我们的军队名称是国民革命军，然而实际在今天还不能够得上做人民的军队，不过只是与人民结合武力而已。现在的工作便是要用好的方法，努力使它做成人民的军队。""总理说的'民生主义就是共产主义'这句话是很少人理会的。许多人还害怕……有一大批三民主义的信徒，思想上根本是与三民主义相反的……我们若不能根本改变这些旧思想，是不会能为本党造出真正的基础，不会能使总理的希望——化武力为人民的武力，能够完全实现出来的。"普通做政治工作的，一定要"引导军队到我所说的真正三民主义的地方去"。①

1927 年，在国民党蒋介石、汪精卫相继背叛革命后，中国共产党先后发动了南昌起义、秋收起义和广州起义，创建了真正的人民军队，至此孙中山提出的"武力成为国民之武力"的目标最终实现。

（邵雍，上海师范大学特聘教授、校统战理论研究中心专家、中共上海市委党史研究室特约研究员）

---

① 中共中央党史和文献研究院、中央档案馆编：《中国共产党重要文献汇编》第 9 卷，北京：人民出版社，2022 年，第 157–161 页。

民族复兴：第一次国共合作形成与
黄埔军校建立的底层逻辑

俞祖华

摘要： 第一次国共合作形成与黄埔军校建立的底层逻辑是中国共产党和孙中山领导的中国国民党有着振兴中华的共同追求，并在民族复兴目标与实施途径上达成了四大基本共识，即：两党均痛感当时中华民族沦于半殖民地半封建社会的深渊；两党均期盼中华民族实现从落后挨打到民族振兴的大翻身；两党均体认要实现民族复兴必先进行反帝反封建斗争；两党均深知"打倒列强除军阀"须建立军队进行武装反抗。携手致力民族复兴是两党合作的底层逻辑，共同主张反帝反封建是两党合作的政治基础。当然，两党在国民革命的领导权、反帝反封建的彻底性等方面，还是有差异的。

关键词： 民族复兴　第一次国共合作　黄埔军校　底层逻辑

20 世纪 20 年代初期，刚刚诞生的中国共产党很快提出了"民主的联合战线"的主张，决定联合孙中山领导的中国国民党；在中国共产党的大力推动下，以 1924 年 1 月国民党一大的召开为标志，第一次国共合作正式形成；为推动国民革命的开展，在共产党人的建议下，国民党一大决定创办陆军军官学校，6 月，黄埔军校举行了开学典礼。国共合作形成与黄埔军校建立的底层逻辑是中国共产党和孙中山领导的中国国民党（以下称国共两党）有着振兴中华的共同追求，并在民族复兴目标与实施途径上达成了四大基本共识，即：两党均痛感当时中华民族沦于半殖民地半封建社会的深渊；两党均期盼中华民族实现从落后挨打到民族振兴的大翻身；两党均体认要实现民族复兴必先进行反帝反封建斗争；两党均深知"打倒列强除军阀"须建立军队进行武装反抗。

共识之一：痛感当时中华民族沦于半殖民地半封建社会的深渊

鸦片战争以来，中国陷入"国家蒙辱，人民蒙难，文明蒙尘"的深渊。仁人志士发动了以太平天国运动为标志的第一次革命高潮、以戊戌维新和义和团运动为标志的第二次革命高潮和同盟会成立至辛亥革命期间的第三次革命高潮；推进了器物层面、制度层面、文化心理层面的早期现代化，但所有的方案、抗争与努力都没有能够改变中华民族的屈辱命运。中共诞生之时，中华民国成立已近十年，对当时的社会状况，国民党人、共产党人均极不满意，他们沉痛地指出当时的中国已经沦为半殖民地乃至"完全殖民地""次殖民地"。

以孙中山为代表的国民党民主派指出了当时中华民族所面临的残酷生存环境，认为当时所处地位是比殖民地还要低的"次殖民地"。1924年1月23日，中国国民党一大通过的大会宣言指出："自满洲入据中国以来，民族间不平之气，抑郁已久。海禁既开，列强之帝国主义如怒潮骤至，武力的掠夺与经济的压迫，使中国丧失独立，陷于半殖民地之地位。""自辛亥革命以后，以迄于今，中国之情况不但无进步可言，且有江河日下之势。军阀之专横，列强之侵蚀，日益加厉，令中国深入半殖民地之泥犁地狱。"[①]孙中山在1924年的《民族主义》演讲中指出："虽有四万万人结合成一个中国，实在是一片散沙，弄到今日，是世界最贫弱的国家，处国际中最低下的地位。人为刀俎，我为鱼肉，我们的地位在此时最为危险"，"比

---

① 《中国国民党第一次全国代表大会宣言》，《孙中山全集》第9卷，北京：中华书局，1985年，第114—115页。

方高丽是日本的殖民地，安南是法国的殖民地，高丽人做日本的奴隶，安南人做法国的奴隶，我们动以亡国奴三字讥诮高丽人、安南人，我们只知道他们的地位，还不知道我们自己所处的地位，实在比不上高丽人、安南人"，"中国不只做一国的殖民地，是做各国的殖民地"，"中国人从前只知道是半殖民地，便以为很耻辱，殊不知实在的地位，还要低过高丽安南，故我们不能说是半殖民地，应该叫作次殖民地。"

中国共产党人运用刚刚传入的、列宁创立的民族殖民地问题理论，分析中国社会性质，指出在帝国主义的侵略之下中国已沦为半殖民地，甚至要沦为"完全殖民地"。中共文献中较早出现"半殖民"（或"半独立"）提法有：1922 年 6 月，陈独秀在发表于《东方杂志》第 19 卷第 15 号的《对于中国现在问题的我见》一文中称当时的中国财政权、领事裁判权、铁路管理权等国家主权沦丧，"这些政治状况都是半殖民地的状况，不能算是独立的国家"，"此等现状继续下去，国际帝国主义的侵略是要日甚一日的，是要由现在半殖民地状况更变到完全殖民地状况的"；同月发表的《中国共产党对于时局的主张》将当时中国社会性质概括为"名为共和国，实际上仍由军阀掌握政权""军阀每每与国际帝国主义互相勾结"的"半独立的封建国家"，称中国已是事实上变成帝国主义列强"共同的殖民地"；7 月，中共二大通过的《关于议会行动的决议案》称中国已"成为国际帝国主义的掠夺场和半殖民地"；9 月，蔡和森在《中国国际地位与承认苏维埃俄罗斯》一文中使用了"半殖民"提法，称"中国已被国际帝国主义夷为半殖民地，人人知道他实际上已不是独立国了"。1923 年五六月间，陈独秀在广东高师所作演讲中指出"中国表面上虽说是一个独立的国家，其实是个半殖民地"①。1924 年 1 月，李大钊在中国国民党第一次代表大会的发言中提到了"半殖民的中国"一说②，他参与审定的国民党一大宣言（该宣言由共产国际代表鲍罗廷起草，瞿秋白翻译成中文，李大钊参加过审定）

---

① 陈独秀：《关于社会主义问题》，《陈独秀文章选编》中册，北京：生活·读书·新知三联书店，1984 年，第 299 页。
② 杨琥：《李大钊年谱》下册，昆明：云南教育出版社，2021 年，第 470 页。

提到列强侵略使中国"陷于半殖民地之地位";3月,邓中夏在《论劳动运动》一文中指出"中国现在尚是半殖民地"。萧楚女、罗亦农等人当时也认识到了中国是半殖民地。当时也出现了"半封建"的提法:蔡和森在1922年5月的《中国劳动运动应取的方针》一文中称"中国现在半封建的武人政治之下",在同年9月的《武力统一与联省自治》一文中称中国现在处在"半封建半民主的局面",在1923年1月的《四派势力与和平统一》称"现在即使调和四派势力的政策能告成功,结果至多不过是维持半封建半民主的局面";陈独秀在1922年6月的《对于中国现在问题的我见》一文中使用了"半封建半民主的国家"提法。蔡和森还率先将"半殖民地"与"半封建"联用,他在《中国劳动运动应取的方针》一文中除了使用"半封建的武人政治"一说,还认为中国是"被侵略的弱国、殖民地";1926年底蔡和森在给莫斯科中山大学中国学员所作《中国共产党史的发展》报告中提到了中国共产党的政治环境"是半殖民地半封建的"。

中国共产党人与以孙中山为代表的国民党民主派,均为中国沦于半殖民地半封建社会的深渊而深感忧虑,希望中华民族尽快、尽早从"谷底"走出,摆脱其被列强侵略、欺凌的屈辱命运。这是国共两党走向联合的"基点"。

共识之二:期盼中华民族实现从落后挨打到民族振兴的大翻身

20世纪20年代初,国共两党均以拯救中华民族为己任,希望通过国人的努力改变半殖民地、殖民地的屈辱地位,恢复中华民族的独立自主;改变专制制度及所导致的积贫积弱,谋求中国社会的进步,发展民权政治与民生幸福;希望实现中华民族复兴,恢复中华民族的世界领先地位并再次对人类社会作出重要贡献。

为中华民族谋复兴。当时,国共两党都把争取民族独立、实现民族解放作为国民革命的首要目标,作为各自政纲的核心内容;同时,又着眼中华民族的长远大计,勾画了民族复兴远景蓝图。国民党一大通过的宣言指出："革命之目的，非仅仅在于颠覆满洲而已，乃在于满洲颠覆以后，得从事于改造中国……使半殖民地的中国，变而为独立的中国，以屹然于世界"；宣言把民族主义列于"国民党之主义"的首位，强调"国民党之民族主义，其目的在使中国民族得自由独立于世界"，由于列强、军阀相勾结使"中国民族政治上、经济上皆日即于憔悴"，故而"国民党人因不得不继续努力，以求中国民族之解放"。着眼于长远，孙中山阐明了"恢复到头一个地位"的民族复兴目标。他指出，"中国从前是很强盛很文明的国家，在世界中是头一个强国，所处的地位比现在的列强像英国、美国、法国、日本还要高得多"。但到了现在便一落千丈，比较完全殖民地的地位更要低一级，"我们今天要恢复民族的地位，便先要恢复民族的精神"，"恢复我一切国粹之后，还要去学欧美之所长，然后才可以和欧美并驾齐驱"，"到了那个时候，中国便可以恢复到头一个地位"。中共二大通过的宣言在揭露了帝国主义列强侵略中国、宰割中国的种种事实后，提出了"消除内乱，打倒军阀，建设国内和平""推翻国际帝国主义的压迫，达到中华民族完全独立"的民主革命纲领。中国共产党人还为中华民族谋长远，提出建立"真正民主共和国"并进而实现社会主义、共产主义的远景蓝图。

为中国人民谋幸福。在国民革命进程中，国共两党领导人都表示革命的目的，除了外求民族独立，对内就要"为中国人民谋幸福"，包括推进民权保障、民生幸福与国内各民族平等。孙中山在广州商团及警察联欢会的演说中强调，"革命是救国救民的事，是消除自己灾害、为自己谋幸福的事，为四万万人谋幸福的事"；中华民国成立，"民国是公天下"，"论起道理来，民国比帝国公道得多，民国的国民比帝国的子民光荣得多"，然而，中华民国成了空招牌，"人民简直还没有享到民国的幸福，国家还是在变乱的时代，人民还是在水深火热之中，日日受苦痛"，因此，要"从新再造民国""从新建设中华民国"。中共早期领导人明确表达了为人民谋幸福的主张，强调从事救亡斗争、革命斗争的目的是为人民创造幸福的生活。毛泽东强调革命的目的是"为了使中华民族得到解放，为了实现人民的统治，为了使人民得到经济的幸福"①；高君宇在《怎样运用政权为人民谋幸福》一文中明确指出"革命基本问题是怎样善于运用政权为人民创造真正的幸福、物质平等与生活自由"。

为人类社会谋大同。李大钊等中国共产党早期领袖和孙中山都表达了希望中华民族再次对世界作出重要贡献的愿望，并以儒家"大同"思想展望人类社会的美好前景。早期马克思主义者李大钊在《东西文明根本之异点》一文中曾指出："中国于人类进步，已尝有伟大之贡献。其古代文明，扩延及于高丽，乃至日本，影响于人类者甚大。今犹能卷土重来，以为第二次之大贡献于世界之进步乎？"他表示"深信吾民族可以复活，可以于世界文明为第二次之大贡献"。②他以传统文化的大同理想展望人类前景，在《联治主义与世界组织》一文中预言"合世界人类组织一个人类的联合，把种界国界完全打破，这就是我们人类全体所馨香祷祝的世界大同"。孙中山为冯玉祥、张学良等多人书写过"天下为公"四字，使大同理念得以广泛传播。孙中山强调要传承中华民族爱好和平的传统美德与中国先贤"天下为公"的大同理想。他指出，中华民族是爱好和平的民族，热爱和平是中国的传统道德之一，不但要保存，还要发扬光大。他以"王道"与"霸道"区分中西文化，"中国征服别国，不是像现在的欧洲人专用野蛮手段，而多用和平手段去感化人，所谓'王道'，常用王道去收服各弱小民族"；强调中国一旦实现民族复兴的目标，不能走列强恃强凌弱的老路，重蹈其覆辙，而是"要济弱扶倾，才是尽我们民族的天职"，要"用固有的道德和平做基础"。他指出："主张和平，主张大同，使地球上人类最大之幸福，由中国人保障之；最光荣之伟绩，由中国人建树之；不止维持一族一国之利益，并维持全世界全人类之利益焉。"③他相信中华民族复兴，将为人类"普

---

① 毛泽东：《〈政治周报〉发刊词》，《毛泽东文集》第 1 卷，北京：人民出版社，1993 年，第 21 页。

② 李大钊：《东西文明根本之异点》，《李大钊全集》第 2 卷，北京：人民出版社，2013 年，第 312–313 页。

③ 孙中山：《在北京五族共和合进会与西北协进会的演说》，《孙中山全集》第 2 卷，北京：中华书局，1982 年，第 440 页。

遍和平"带来福音。

共识之三：体认要实现中华民族复兴必先进行反帝反封建斗争

　　近代历史面临着开展反帝反封建斗争与推进国家现代化两大历史课题，对如何处理两者关系，国共两党人士不同程度地认识到了要推进国家现代化进程、要实现中华民族复兴，必先进行反帝反封建斗争。

　　早期中国共产党人已初步认识到：帝国主义、封建军阀是推进国家现代化、实现中华民族复兴的两大障碍；在不推翻帝国主义与封建主义、不改变半殖民地半封建统治秩序的情况下，不可能顺利发展实业，不可能顺利推进国家工业化、现代化。1922 年 6 月 15 日发表的《中国共产党对于时局的主张》指出：近代"反对外力压迫之自强运动""包含民族独立及发展实业两个主旨"，没有民族独立，就谈不上发展实业；辛亥革命失败后，"执政的军阀每每与国际帝国主义互相勾结，因为军阀无不欢迎外资以供其军资与浪费……一是可以造成他们在中国的特殊势力，一是可以延长中国内乱，使中国永远不能发展实业，永远为消费国家，永远为他们的市场。在这样状况之下的中国实业家，受外资竞争，协定关税，地方扰乱，官场诛求，四方八面的压迫，简直没有发展的希望"。中共早期领导人纷纷阐述和宣传了推进国家现代化、实现民族复兴，必先反帝反封建、扫除两大障碍的思想。陈独秀在 1922 年 9 月 13 日发表的《本报宣言——〈向导〉发刊词》中指出：军阀"固然是和平统一与自由之最大障碍，而国际帝国主义的外患，在政治上在经济上，更是钳制我们中华民族不能自由发展的恶魔……因此我中华民族为被压迫的民族自卫计，势不得不起来反抗国际帝国主义的侵略，努力把中国造成一个完全的真正独立的国家"。他在同年 11 月发表的《中国共产党对于目前实际问题之计划》一文中强调，要"消除为中国民族发展的两大障碍——军阀及国际帝国主义"；并认为中国资产阶级也受到外国帝国主义势力及本国封建主义势力的压迫，从而使其"有与无产阶级建立联合战线，打倒两阶级的公敌——本国的封建军阀及国际帝国主义——之客观的需要与可能"。①李达在 1923 年 4 月 15 日发表于《新时代》第 1 卷第 1 号的《何谓帝国主义》一文中指出："我们从政治上经济上分析中国的乱源，知道搅乱中国的两大障碍物，一个是国际帝国主义，一个是国内武人政治。我们民众要期待统一与和平，要获得自由与幸福，非首先组织起来打破这两大障碍物，绝对没有成功的希望。"李大钊指出："我们相信在今日列强的半殖民地的中国，也就是本党总理所说的次殖民地的中国，想脱除列强的帝国主义及那媚事列强的军阀的二重压迫，非依全国国民即全民族的力量去做国民革命运动不可。"②

以孙中山为代表的国民党民主派也明确指出，帝国主义、封建军阀是中国发展进步的两大障碍，要实现民族解放与复兴必须发动国民革命进行反帝反封建斗争。1924 年 1 月 6 日，孙中山发表《关于建立反帝联合战线宣言》，谴责"帝国主义之英、美、法、日、意，各皆坚心毅力与中国少部分著名的封建督军、破产的官僚、投机的政客此三种人形成中国之军阀政客，买卖中国矣"，号召形成反帝国主义联合战线。1924 年 1 月 24 日，国民党一大发表的《复苏联代表加拉罕电》指出：会议目的是"继承辛亥革命事业，以底于完成，使中国脱除军阀与帝国主义之压迫，以遂其再造"。

共识之四：深知"打倒列强除军阀"须建立军队进行武装反抗

国共两党要"打倒列强除军阀"，必须建立革命军队，开展反对帝国主义、封建军阀的军事斗争。基于这一共识，中国国民党根据中国共产党的建议，于 1924 年 5 月在广州创办了黄埔军校。黄埔军校成为第一次国共合作的重要成果。

孙中山从过去依靠军阀打军阀所遭受的挫折中深刻认识到了建立革命

---

① 陈独秀：《中国共产党对于目前实际问题之计划》，《陈独秀文集》第 2 卷，北京：人民出版社，2013 年，第 292 页。
② 李大钊：《北京代表李大钊意见书》，《建党以来重要文献选编》第 2 册，北京：中央文献出版社，2011 年，第 13 页。

军队、开展军事斗争的重要性。黄埔军校创办的初衷就是继续辛亥革命的未竟事业，以革命的武装推翻帝国主义和封建军阀在中国的统治，为民族解放与复兴扫清障碍。孙中山在黄埔军校开学典礼的演说中分析了俄国十月革命成功与中国辛亥革命失败的经验教训，指出其中"一个大教训"就是苏俄在革命成功后"马上组织革命军"，"因为有了革命军做革命党的后援，继续去奋斗，所以就是遇到了好多大障碍，还是能在短时间之内大告成功"；而"由于我们革命，只有革命党的奋斗，没有革命军的奋斗，所以一般官僚便把持民国，我们的革命便不能完全成功"；鉴于此，所以要创办黄埔军校来培养"将来革命军的骨干""用这个学校内的学生做根本，成立革命军""今天在这地开这个军官学校，独一无二的希望，就是创造革命军，来挽救中国的危亡"。①

早期共产党人对组织国民军队、进行武装斗争的重要性有了一定的认识。他们深知要实现民族复兴，必须扫除封建军阀与帝国主义两大障碍，而要打倒"武装到牙齿"的两大强敌，只能以武力"造国"，要"用政治战争的手段创造一个真正独立的中华民国"，要"组织真正的国民军，创造真正的中华民国"。② 陈独秀在《世界革命与中国民族解放运动》一文中明确强调"必须是由集中民众的组织，民众取得武装，解除军阀的武装，一直到和帝国主义者武装冲突之胜利，才能够达到民族解放的目的"。③高君宇在 1922 年 9 月 27 日的《勖江西人民》一文中称："中国人民除了打倒军阀与官僚，别没解救的出路；打倒军阀与官僚要人民自己武装起来才得到。"

对于为开展反帝反封建的武装斗争而创办黄埔军校，中国共产党人给予了大力支持与积极肯定。多位中共党员参与了黄埔军校的建校建军活动，军校创建时此前已加入中国共产党的周恩来（政治部主任）、张申府（政

---

① 孙中山：《在陆军军官学校开学典礼的演说》，《孙中山全集》第 10 卷，北京：中华书局，1986 年，第 291–292 页。
② 陈独秀：《造国论》，《陈独秀文集》第 2 卷，北京：人民出版社，2013 年，第 283–284 页。
③ 陈独秀：《世界革命与中国民族解放运动》，《陈独秀文集》第 3 卷，北京：人民出版社，2013 年，第 446 页。

治部主任)、茅延桢(第二队队长)、金佛庄(第三队队长)、郭俊(第三队区队长)、严凤仪(第四队副队长)、胡公冕(管理部卫兵长)、徐坚(特别官佐)、徐成章(特别官佐)等 9 人,就担任了首批教官。中国共产党人对黄埔军校、黄埔精神一直是充分肯定的。毛泽东就非常重视创办黄埔军校以培养反帝反封建斗争的革命军队骨干的经验。苏维埃革命时期,他于 1931 年秋主持创办红军干部学校找何长工等谈话时指出:"我们决心调你们两个军长和四个师长,还有十几个团长和政委来办个学校,北伐时有'黄埔',我们要办个'红埔',开办个培养干部的基地……培养红军干部是一项极其重要的任务,我们必须向部队源源不断地输送经过军校培养的军政素质好的红色指挥员……新旧军阀很懂得有权必有军,有军必治校这个道理……我们是人民的军队,为了战胜反动派,也要学会办校、治军,培养自己的建军人才。"① 抗战时期,他在对陕北公学毕业同学的赠言中还谈到要传承当年黄埔军校的反帝反封建精神。他指出:"从前有个黄埔,那里表现着一种朝气,这种朝气也就代表着一种倾向。黄埔与陕公一样,同学是从各地方来的,又分布到各地方去。那时的黄埔是要打倒军阀和帝国主义,它是那时中国进步的缩影。我们陕公的方向是要打倒日本帝国主义,建立新中国。"② 1944 年 3 月,他又谈道:"过去北伐时期,新军队比旧军队好,同建立黄埔军校就有关系。当时黄埔学生大部分是青年学生,这些青年有革命热情,又有知识,他们有了文化,其他军队就比不上。"③

上述四项共识表明,国共两党对 20 世纪 20 年代处于半殖民地半封建社会的中国现状有着相似的看法,且均认识到帝国主义、封建军阀是导致民国初年社会动荡的根本原因,认识到只有以国民革命"打倒列强除军阀"

---

① 中国军事博物馆编著:《毛泽东军事活动纪事(1893–1976)》,北京:解放军出版社,1994 年,第 97 页。
② 毛泽东:《对陕北公学毕业同学的临别赠言》,《毛泽东文集》第 2 卷,北京:人民出版社,1993 年,第 104 页。
③ 毛泽东:《关于陕甘宁边区的文化教育问题》,《毛泽东文集》第 3 卷,北京:人民出版社,1996 年,第 110 页。

才能开启中华民族解放与中国社会进步的闸门，认识到必须以武装的革命打倒"武装到牙齿"的两大强敌，认识到必须创办黄埔军校来培养"将来革命军的骨干"。因此，携手致力民族复兴是两党合作的底层逻辑，共同主张反帝反封建是两党合作的政治基础。当然，两党在国民革命的领导权、反帝反封建的彻底性等方面，还是有差异的。

（俞祖华，浙江工商大学人文与传播学院教授）

打破地方主义：黄埔军校、国民革命与中国军事教育的近代转型

姜　涛

摘要： 1924 年黄埔军校的成立是国共两党合作的重要产物也是近代中国军事教育转折点。晚清民初，军事教育一直受军阀派系与军事地方主义的影响，各军校普遍带有深刻的地方烙印。20 世纪 20 年代，国民革命兴起，具有全国视野的黄埔军校在广东地方部队杂处的环境中诞生。孙中山不仅认识到党掌握武装的重要性，更明了需要以国民党军校为基础创建一支超越地方性的革命军队。黄埔军校创建之初，不但以北伐与国民革命为目标，而且以政治教育为核心，灌输主义与革命精神，而与国民革命目标相背离的地方主义也逐渐成了"不革命""反革命"的代名词，在黄埔军校早期学生中间逐渐形成了一股反地方主义的革命思想。

关键词： 黄埔军校　军事教育　地方主义　国民革命　孙中山

1924 年，黄埔军校诞生，其成立之初便以打倒帝国主义和军阀为己任，以统一全国的国民革命为目标，成为民国时期最为重要的全国性近代军事教育机关。

有关黄埔军校历史的既往研究多从军校筹建、苏联与中共在黄埔军校的作用、黄埔军校的历史贡献、黄埔军校的政治教育等角度出发，侧重在

史实的重建与考证。[①] 本文拟转换视角，从近代中国军事教育缘起出发，探讨大革命背景下的黄埔军校反地方主义特性。

一、清末民初的军事教育、职业军人与地方主义

晚清中国，国防军备积弱，改革思变的呼声较早地出现在军事领域。从利炮坚船，到军事制度，再及军事教育，清末军事改革逐步深入，开启了中国军事近代化的进程。1885 年，中国第一所近代陆军学校天津武备学堂创立。甲午战败，中国创巨痛深，清廷被迫加大军事改革步伐，开始鼓励各省自建武备学堂。其中，著名的有两江总督张之洞创立的江南陆师学堂、湖北武备学堂，直隶总督袁世凯在天津设立的北洋武备学堂。其余各省如河南巡抚陈夔龙奏办的河南武备学堂，山东巡抚张人骏奏办的山东武备学堂等，一时纷纷效仿南北洋武备学堂，各地共涌现出 20 余所地方军事学校。1901 年，清廷正式下令各省于省会建立武备学堂。清帝在谕旨中表示，北洋与湖北的武备学堂已有一定规模，希望他们进一步扩充训练，完备规制章程，而"其余各省，即著该督抚设法筹建，一体仿照办理，以归划一"。[②] 由此可见，中国近代军事教育初创时即带有地方性，清廷虽然也强调了"划一"办理，但仍赋予地方督抚在军事教育上相当的自主权。在筹建过程中，各地武备学堂的章制各异，也反映出各学堂较强的地方独立性。在近代民族国家中，军事学校均由中央统一办理，为国储备军事人才，而清末中国以省域为限，分散筹办数十个内容各异、互不相属的军事学校，这实际上便是当时中央地方权力格局畸形的一个表征。

1904 年，新政改革拉开帷幕。在军事改革上，清廷启动全国普遍编练

---

① 相关研究参见王肇宏：《北伐前的黄埔军校》，台北：东大图书公司，1987 年；黄振凉：《黄埔军校之成立及其初期发展》，台北：正中书局，1993 年；李翔：《革命的播种者 1924 年黄埔军校的政工群体》，广州：广东人民出版社，2016 年；曾庆榴：《共产党人与黄埔军校》，广州：广州出版社，2013 年；［日］狭间直树：《"三大政策"与黄埔军校》，《历史研究》1988 年第 2 期。

② 朱寿朋编，张静庐等校点：《光绪朝东华续录》第 4 册，北京：中华书局，1958 年，总第 4178 页。卷一百六十八。

新军，同时不断加强中央集权，此前各地自我尝试探索的自下而上的模式逐步让位于自上而下的统一章制。军事教育方面，清廷也一改前例，奏定新的统一的陆军学堂章制，在保留各省自办军事学校的基础上，尝试集中筹划统摄全局。各省武备学堂不久废止，各省在清政府中央督导下创建规章统一的陆军小学堂。有学者认为"光（绪）宣（统）间陆军小学堂的兴办，已经走上了统一的军事教育的路，与从前兴办武备学堂的时代不同了"，[①]这一判断大致是准确的。不过，章制虽然统一，但各陆军小学仍由各省将军、巡抚驻城自办，经费也由各地自筹，并且各招收本省各州县学生，实际上地方主义色彩并未完全褪色。[②]正规的学校军事教育如此，各部队临时性的军官培养中地方的自主权更大。各省新军又为已在军营内带兵军官创办了带讲授基础带兵学问的讲武堂，其性质与随营短期轮训军官相似，带有较为浓厚的本军特点与地方色彩。

相较而言，同时期创设的陆军中学堂、陆军官兵学堂、陆军预备大学堂，则中央直接控制管理的意味更强。陆军中学堂由陆军部会同直隶、陕西、湖北、江苏分设第一至第四陆军中学堂，以数省为一区域进行招收相应省陆军小学堂毕业生，打破了陆军小学堂各省自招的规定。以培养具有近代军事学素养的参谋为己任的陆军预备大学堂一所，虽继承自北洋陆军行营军官学堂，带有北洋六镇的烙印，但是自其成立以来，招收学员逐步由北洋扩展至南洋，全国性的意味更强。[③]陆军官兵学堂为培养初级军官而设，亦由陆军部管辖，招收陆军中学毕业之入伍生。然而，军事教育中央化的努力多在更高层次的军官养成系统中，初级军官的培养仍然权归于地方。清末军事教育因此形成了中央与地方两个区隔明显的系统，中央的军校与

---

① 罗尔纲著：《晚清兵志 第五卷 军事教育志 第六卷 兵工厂志》，北京：中华书局，1999年，第26–36页。
② 《练兵处奏筹拟陆军小学堂章程规则折》，上海商务印书馆编译所编纂：《大清新法令（点校本）》第3卷，北京：商务印书馆，2011年，第578–611页。
③ 陆军大学堂正则班第1期1906年5月开办，正则班第2期1906年12月开办，正则班第3期1908年11月开办。陆军大学堂第1-3期招收直隶籍学员90人，占全部228名学员的近40%，但仍招收了不少南方省籍的学员，如湖北省17人、江苏省10人、四川省9人、浙江省8人、湖南省6人等。《陆军大学同学录》，出版信息不详，第1–12页。

军事教育系统更侧重培养中高级军官与参谋，生员省籍的限制较少，而地方军校与军事教育系统更侧重为地方所在部队培养初级军官，学校教育与部队教育兼而有之。[①]

辛亥后，北洋政府继承晚清新政时期初步建立的近代军事教育体系，军事教育仍分中央与地方两部分。地方军事教育机构中，延续时间较长、独立性较强、军事教育培养较规范的有云南陆军讲武堂（1909–1935 年）、东三省陆军讲武堂（1919–1931 年）、西北陆军干部学校（1925–1930 年），分别为滇军、东北军、西北军培养军官，其地方性与独立性自不待言。

在中央层面，1912 年成立的保定陆军军官学校成为影响深远的全国性军官学校与初级军官养成教育的中心。民国成立初期，保定学校接收清末陆军官兵学堂入伍生及陆军中学堂部分未毕业学生，不久开始录取陆军预备学校（继承自清末陆军中学堂）毕业生，至 1917 年陆军预备学校学生全部升入保定军校。保定军校生源逐步转向从全国各普通中学学生中招收。纵观保定各期毕业生，直隶籍学生仍占多数，受北洋军系影响较深，不过各省均有不同数量学生毕业于保定军校，尤以第三期至第五期为特殊，浙江籍、湖北籍等南方学生占多数。保定军校一方面确有培养全国初级军官的职能，但另一方面北洋政府和北洋军阀并不信任保定军校学生[②]，毕业学生多被分发回原籍，"由各省当局自由录用""由这班学生自谋出路"。[③]加之北洋政府时期以地域和地方观念为纽带形成的地方军阀派系，使保定军校毕业生的出路无法完全摆脱以地缘为主导的各军事集团争权之大环境。

从晚清湘军兴起到北洋军阀，职业军人间往往有血缘、婚姻、地缘、

---

① 陈高华、钱海皓主编：《中国军事制度史　军事教育训练制度卷》，郑州：大象出版社，1997 年，第 269–273 页。

② 保定军校招收的陆军预备学校学生有不少是曾参加过辛亥革命的学生军，北洋军人对他们并不信任。1913 年二次革命期间，两广、两湖、江西、安徽、江苏、福建及四川等省的学生甚至利用军校暑假，纷纷跑到江西等地参加反袁作战，更遭到袁世凯及其北洋亲信的忌惮。李晋阶：《保定陆军军官学校第一期回忆》，中国人民政治协商会议全国委员会文史资料委员会：《文史资料存稿选编》军事机构（下），北京：中国文史出版社，2002 年，第 373 页。

③ 黄绍竑：《五十回忆》，长沙：岳麓书社，1999 年，第 31 页；《陶峙岳自述》，长沙：湖南人民出版社，1985 年，第 20 页。

业缘、学缘等相联系。而中国传统社会中颇受重视的家庭血亲关系与同乡关系则似乎更具重要性。[①] 当然，业缘与学缘同样在晚清民初职业军人与军阀派系的诸多案例中有突出体现，但是，军事教育领域无疑是自晚清以来军事地方主义化的一种镜像投射。尽管近代军事教育逐步在中国生根发芽，但是始终受制于军阀派系林立与军事地方主义影响而畸形发展。

二、革命根据地的再造：黄埔建校与超越地方主义

20世纪20年代初，北方军阀混战之际，孙中山开始以广东为根据地，预备北伐。然而，广东实际上已成为地方军阀争利与吸血的地盘。孙中山和国民党不仅没有自己的武装，更没有一批忠于革命的军事干部。

1924年，孙中山在苏联的帮助下，锐意改组中国国民党。中国国民党改组，加强党权的同时，广东革命根据地内部力量之整合却仍未见曙光，特别是各色武装盘踞其间，各怀目的相互掣肘，始终无法凝聚合力。单是广州市内，便充斥着"各省各色各样的队号旗帜"。

孙中山将广东视为革命再起的根据地，实际上却又高度依赖本省与外省的地方军阀部队。苏联顾问鲍罗廷指出："有40年革命经历的孙逸仙坐守广州，没有任何权力。全部权力掌握在几个将领手中，国民党作为一个政党其实也不存在……我们（指苏联代表与顾问——引者注）到来以前，三四年前，孙逸仙认为，凭借自己的威望和影响，他能够把核心力量，主要是军人中的核心力量聚集在自己周围，并且借助北伐能够推翻北方政府并建立自己的国民政府。"[②] 高度依赖成分各异的地方军阀，却又没有掣肘军阀的武装实力，仅靠"威望"来影响他们，希望其为革命所用，事实上最多仅能结成脆弱的联盟，一旦利益冲突便极有可能从结盟状态走向分

---

① ［美］齐锡生著，杨云若、萧延中译：《中国的军阀政治（1916-1928）》，北京：中国人民大学出版社，2010年，第31-39页。

② 《鲍罗廷在联共（布）中央政治局使团会议上的报告》（1926年2月15日和17日于北京），中共中央党史研究室第一研究部译：《联共（布）、共产国际与中国国民革命运动（1926-1927）》（上），北京：北京图书馆出版社，1998年，第97-99页。

崩离析。1922 年，追随孙中山的陈炯明与孙中山之间因北伐与地方自治两个不可调和的路线，最终矛盾爆发。陈炯明发动军事叛变，孙中山出走广东，标志着以情感与威望联结的脆弱联盟的解体。而在陈炯明叛乱后对广州各界代表谈话中，孙中山仍然认为武力不足恃，公道才能服人。①

不久，以杨希闵为总司令的联军以弱联盟的态势，将陈炯明驱逐出广州，但孙中山的全国性目标与各系军队地方性的矛盾不仅没有褪去，反而越发凸显。在广州及其附近，无论是土著的粤军，还是滇、桂、湘等省客军，都是地方色彩烙印深刻的地方军阀，丝毫没有着眼全国的姿态。这些"军阀们觉得自己在广州，就像是在火车站候车的乘客。每个人都尽力积蓄足够的力量，以便打垮广州的竞争者或收复'各自的'省份"。②

1924 年以前，国民党在广东不仅没有真正从属于党的武装，更没有自己的军校以培养对国民党与国民革命忠诚的军官。而在广东的各色军队却在当地分别举办自己的军官培养机关。如滇军的干部学校、粤军的西江讲武堂、桂军军校以及其他各部队的随营学校、军官讲习所等，皆杂处于粤省。在黄埔军校成立前，国民党曾创办了两所名义上从属于自身的军官培养机关——大本营陆军讲武学校（又名军政部讲武堂，后并入黄埔军校一期）和广州警备司令部军官学校。不过，前者由程潜主持，学生籍贯以湘籍为主，明显透露出其湘军底色。而教学内容中，除军事学术科的训练外，并没有关于国民革命与国民党主义的政治教育，仍是旧军队作风。后者由吴铁城主持，实际仅为广州警备司令部培养军官人才，有私属军校的倾向，同样不具备全国视野。③

晚年孙中山接受苏联顾问的建议，通过建立国民党军校，培养真正属

---

① "今日彼等所恃者，不过武力耳，若武力可以服人，则有十支枪者，可以屈服〈百〉支枪者，若遇有百支者，则彼又须为人所制矣！可以彼等恃武力而挟制人，殊非善计。"《在"永丰"舰接见各界代表的谈话》（1922 年 6 月 26 日），黄彦主编：《孙文全集》第 12 册·谈话（下），广州：广东人民出版社，2021 年，第 193 页。

② ［苏］亚·伊·切列潘诺夫：《中国国民革命军的北伐：一个驻华军事顾问的札记》，北京：中国社会科学出版社，1981 年，第 29 页。

③ 汤季楠：《记大本营陆军讲武学校》，《湖南文史资料选辑》第 6 辑，1963 年 12 月，第 114–116 页。

于国民党的军队，除了认识到武力在实力政治中的极端重要性外，也明白需要创建一支超越地方视野的真革命的军队。

不过，即便是国民党改组和黄埔军校筹备启动后，孙中山似乎仍然认为，地方主义并不绝对妨碍全国视野的实现，不革命的部队同样能在某种条件下转换为真革命的军队。1924 年 3 月，孙中山对驻广州滇军演说，恳切期望滇军能成为"不要地盘"的真正的革命军。孙中山在演讲中以顾品珍为例，赞扬顾氏放弃云南地盘，以北伐为目标。"顾总司令当时要北伐，他的用心是和普通人不同的。普通人的用心，都是想升官发财。……顾总司令不要云南的地盘，立志北伐，就是不要升官，就是不想发财。"① 在对湘军演说中，孙中山不但期望湘军能借机"全体变成革命军"，而且阐明了革命军的底色，即革命军要有"奋斗精神"和"革命主义""革命目标"。在演说中，孙中山通过描绘新的国家蓝图，意图将具有全国视野的革命主义与目标灌输给听讲的湘军官兵。此外，孙中山还在多个场合勉励各地方军队转变为"党军"，同样是期望那些地方色彩的武装能转型为国民党领导下的具有全国视野的北伐军队。

1924 年 5 月，黄埔军校第一期新生正式入学。5 月 3 日，孙中山任命蒋介石为陆军军官学校校长兼粤军总司令部参谋长，9 日，特派廖仲恺为军校党代表。在军中资历尚浅，且与驻广州各地方军队无特殊关系的蒋介石则对地方主义与地方军队颇具微词。早在 1923 年 8 月，蒋介石在致苏俄党政负责人的意见书中便强调，中国革命"不能藉今日南方之革命军为主力军"，这些各色地方军队名曰革命军，实则"囿于一城，已成为地方军队，不惟无革命之精神，而且借革命名义以谋其私人之权力。流弊至极，其障碍于革命之为害，实甚于北方军阀之抵抗吾革命"。② 蒋对地方军队与地域意识亟欲排除的态度，在其刚担任黄埔军校校长与粤军参谋长时也

---

① 《对驻广州滇军的演说》（1924 年 3 月 24 日），广东省社会科学院历史研究室等合编：《孙中山全集》第 9 卷，北京：中华书局，2011 年，第 640—641 页。
② 《蒋中正致苏俄党政负责人员意见书》（1923 年 8 月 5 日），蒋介石档案，台北"国史馆"藏，典藏号：002-010100-00001-001。

曾通电表态。他严厉批评广东各军无统一之精神，各友军相互猜忌，"不外乎各军内部溃烂，滇与滇启衅，桂与桂构兵，而粤军亦无不然"，蒋不仅对滇、桂客军颇有恶言，对粤军内部成分复杂，不堪重用，亦明里暗里有所指涉。[1]1925 年，蒋介石专门向军事委员会上书建议"除旧秽""以新势力之武装，替代旧势力之武装"，以黄埔军校之革命军替代地方军队的主张颇为明显。

黄埔军校筹备时，在招生名额分配上便可以看出，黄埔军校不同于过往一般军校，有着放眼全国的姿态。1924 年 2 月 10 日，筹备处校务会议确定在全国各地区招生的分配名额。预定第一期招考 324 名学生，其中东三省、热河、察哈尔三地共 50 名，直隶、山东、山西、陕西、河南、四川、湖南、湖北、安徽、江苏、浙江、福建、广东、广西，每省各 12 名，共 168 名，湘、粤、滇、豫、桂五军，各 15 名，共 75 名，国民党先烈家属 20 名（其余 11 名不在分配名额中）。[2]在第一期招生时，廖仲恺曾电告蒋介石，招考学生仍以粤、湘、桂、闽、滇五省为主，其中粤省 1200 余人，其余四省数百人。廖仲恺认为这些学生程度较好，但担心这些省份原先分配名额并不多，筛选较难。为此，蒋介石明确表示反对以招考南方数省学生为主，认为"取录学生，宜以各省定额为标准，北人以多取为是，虽程度略低，亦希降格求之"，体现出蒋倾向多录取北方学生，意图使新成立的黄埔军校在学生构成方面超越南方地域色彩。[3]1924 年 5 月 5 日，黄埔一期 350 名学生入校学习，编为第一、第二、第三队，5 月 7 日又有备取生 120 名进校，编为第四队。9 月，四川省招考学生入校。11 月，以湖南籍生为主的军政部讲武学校 158 名学生并入黄埔军校，与第二期学生共同受训（以一期生毕业）。黄埔一期毕业学生实际虽然仍以湖南籍（197 人）、广东籍（108 人）为多数，但仍然包括北方数省在内的多省学生。其中，

① 罗翼群：《蒋介石入参粤幕到出长黄埔军校》，全国政协文史资料委员会：《文史资料存稿选编》军事机构（下），北京：中国文史出版社，2006 年，第 397 页。
② 中国第二历史档案馆供稿：《黄埔军校史稿（影印本）》第 1 册，北京：档案出版社，1989 年，第 3 页。
③ 中国第二历史档案馆编：《蒋介石年谱（1887-1926）》，北京：九州出版社，2012 年，第 158 页。

陕西籍 57 人、江西籍 42 人、浙江籍 37 人、江苏籍 24 人，均超过筹备期预定非西南诸省的 12 名分配名额。黄埔二期毕业 449 人仍以广东籍（107 人）为主，但浙江、安徽、江西、四川等省籍学生同样占比较多（共 167 人）。不过，第二期北方学生较少，最多的山东籍仅 6 人。黄埔三期毕业生浙江籍学生已接近广东籍学生人数，此外江苏、江西、四川籍学生均过百人。黄埔四期招生委员会数人直接分赴开封、汉口两地，并委托北京上海各党员个别招生。来自黄河以北省份的学生迅速增加，四期毕业生中河南、陕西、山西均超百人，共占四期毕业生总数约 15%。黄埔军校成为当时全国唯一一所"籍贯遍于各省"，甚至"各特别区及东方各弱小民族"的军校。"他们共同以同志的资格站在党的观点上，如兄弟一般的研求革命的学问，无论是广东人、蒙古人、高丽人所讲的话，都是中国的普通话。除了党的组织之外，绝无以感情结合的小团体，或以地方主义结合的同乡会等狭义的组织"。[1]

三、革命军与黄埔军校的反地方主义

黄埔军校不同于当时中国一般军校的特点，除了建校之初以国民革命、北伐统一为目标的全国视野与生源的全国性外，更重要的是建立苏俄红军式的政治工作制度。黄埔军校不仅要养成职业军官，而且要培植真正革命的干部，采用政治训练与军事教育并重的办学方法。黄埔军校的政治训练直接围绕"革命"与"主义"，在这些未来将成为革命军官的学生中间灌输进步之政治思想，并以此学生群体为基础，组建真正的革命军——"党军"。

1925 年，黄埔军校党代表训令中曾明确要求学生努力学习与接受党的政治训练。主义的教育与训练不仅是当时国内一般军校所不具备的，更是在一般学生中具有感召力与影响力，能够迅速传播至黄埔军校以外，破坏地方军队内看似牢固不破的旧观念与旧作为，为一般地方军阀所忌惮。

---

[1] 杨其纲著：《本校之概况》，《黄埔日刊》，1927 年 3 月 1 日。

苏联军事顾问观察到："（广东）其他陆军讲武堂虽然实行的是旧军阀制度，但受黄埔军校的影响，也都逐渐开始关心政治了，学员纷纷……要求把政治课列入教学大纲。就连一些老牌军阀一手建立起来的讲武堂也开始强劲地反对军阀制度的宣传"，"不仅使滇军将领，也使粤军将领们感到惶恐不安"。①

1924 年 6 月 16 日，孙中山在黄埔军校开学典礼上发表重要演说。其中，虽未明确指出政治训练及其宗旨、内容，却也反复强调要培养能够真正造就革命军的思想与精神。从"破"的方面，孙中山指出不明白革命主义的军队是不能铲除自私自利的观念，一旦利害相反，马上便靠不住。黄埔学生"要从自己的方寸地做起，要把自己从前不好的思想、习惯和性质，像兽性、罪恶性和一切不仁不义的性质，都一概革除。所以诸君要在政治上革命，便先要从自己的心中革起"。从"立"的方面，便是要有革命志气与救国救民的精神。排除不革命的旧内容，注入革命新精神，使"这个学校内的学生做根本"，成立革命军。在孙中山心目中，"兽性、罪恶性和一切不仁不义的性质"并不单针对北方军阀和一切反革命旧势力，也同样暗指那些在南方革命根据地内的占地抢钱、打着革命旗号实则行反革命之实的地方军人。②

广东根据地内部那些地方主义色彩浓厚的军队，在革命的话语和主义的言说中，越来越与"私利""地盘""叛党"等关键词密不可分。蒋介石在黄埔军校开学后不久，对学生的演说中便挑明了反革命军与革命军的区别。他强调，在中国不但没有真正的革命军，而且革命党员"借着军队来自私自利"。"比方党里委任他练一个团兵，他就争权夺利，耀武扬威，到了后来，什么叛党卖国的事都能做得出来。"蒋介石强调革命要以"主义为中心，国家做前提"，而盲从、自私自利，为个人衣食利禄便是走到

① 《第二号文件：广东战事随笔（1924 年 12 月 –1925 年 7 月）》，《来到东方：加伦与中国革命史料新编》，广州：广东人民出版社，2017 年，第 67–68 页。
② 孙中山：《在陆军军官学校开学典礼的演说》（1924 年 6 月 16 日），《孙中山全集》第 10 卷，第 292–293 页、296–299 页。

"国家""主义""革命"的对立面。在另外一场面向学生的政治演讲中，蒋介石更直白地表示，无论是北方间的混战，还是南方各省联络奉张（作霖）、皖段（祺瑞）反对直系，"只有愈打愈糟"。如果要彻底改造中国，"要有一支真正的革命军出来才好，不然无论南方打胜仗，北方打胜仗，都是只做亡国灭种的工作，于国家于人类决没有福利可言"。蒋介石认为只有黄埔学生才堪革命军的大任。

黄埔学生更以国民革命为己任，反对地方主义和"反革命""假革命"。其中，在中共领导下的青年军人联合会便高唱反地方主义。在杨希闵、刘震寰密谋叛乱前，青年军人联合会便已在滇、桂军中进行秘密宣传，特别在滇桂军军事学校中，已然"多是青军联会会员"。6月初，杨、刘叛乱后，据统计，"滇军干部学校脱离者二十余人，桂军军官学校脱离者学生六十余人，见习官二十四人"。青年军人联合会中的中共党员周逸群便由此认为，在孙中山逝世一年后，青年军人联合会最重要的成绩便是"能使军人打破地方主义而从事全国军人的联合，进而谋工农兵的大联合"。[①]

打破地方主义、打破地方观念一时间成为黄埔学生中的时髦词。这不仅与黄埔军校国民革命、主义为先的政治教育紧密相关，更与黄埔军校及其校军在广东地方军队杂处中的特殊地位分不开。有黄埔学生认为，要保全广东根据地，非集中革命力量，"廓清部落思想和地方主义"不可。他指出，民国建立以来，不仅北方军阀混战，乱象丛生，而南方革命根据地"也不幸有此败类，挂起革命招牌，充满部落思想"，"如果一个革命军人，还带有地方主义和部落思想的色彩，那么就说不上是个革命军人，只可说是个封建社会里的酋长，既然时代错误，那就难逃天然的公例了"。[②]

1926年，署名谭伯燮的黄埔新入伍生投书《黄埔日报》道："受过封建思想洗礼的中国人……大半的脑中总不免常常萦绕着一种根深蒂固牢不可破的'地方观念'……不知不觉就养成一种左祖故乡，轻视他乡的自私观念，一个恶人，如果是他们的同乡，他们可以原宥他，甚而要拥护他。"

---

① 周逸群著：《总理逝世后之中国青年军人运动》，《中国军人》第9期，出版时间不详。
② 壮飞著：《革命军人与地方主义》，《中国军人》第7期，1925年10月10日。

而诸如此类封建思想浸润养成的"同乡""地方"观念，在他看来不仅容易离间革命分子，还易被野心家利用，消磨青年的革命性。①

还有学生将地方主义与军阀画等号，认为地方主义与地方思想是军阀麻痹官兵，使其私有化的毒药。军阀能为所欲为，割据地盘，赞成自治，实则是地方主义恶习的外化表现。"士兵熏染既久，如某省只知道某省的军阀首领。军队变成了私有物，便有了根深蒂固的部落思想。如湖北的军队只知道萧耀南，江西的军队只知道方本仁，湖南的军队只知道赵恒惕。"革命军则反是，"每军每师均有政治部负责训练，使各士兵都能了然当兵的意义和目的"，只知主义、革命而不知其他，"某个人是某省的，或是国家的，我们也不管，只要我们同主义革命，就是我们的好同志"。②

四、结语

有学者敏锐地指出，20 世纪中国有两所学校对中国历史产生了巨大的影响，"一所是众所周知的北京大学，没有北大就没有'五四'的新启蒙，20 世纪中国文化的历史就要改写；另一所却往往被人忽视。那就是黄埔军校"。③黄埔军校在大革命中的创建不仅为中国近现代政治、军事带来深远影响，是国共合作的重要产物，而且黄埔军校可谓是中国军事教育史的近代转型之标志。晚清近代军事教育兴起以来，长期受军事地方主义化的影响。清末民初，虽然近代军事教育以及各军校在中央与地方层面逐步发展，但始终受制于军阀派系林立与军事地方主义影响而畸形发展。黄埔军校诞生前，广东根据地的革命凝聚力同样受地方主义侵蚀，孙中山和国民党不仅没有自己的武装，更没有一批忠于革命的军事干部。在"联俄、联共"的大背景下，孙中山认识到党掌握武装的重要性，更意识到需要以党的军

① 新入伍生团八连谭伯燮著：《打破地方观念》，《黄埔日刊》，1926 年 11 月 22 日。
② 黄鳌著：《革命军》，《革命周刊》1925 年 11 月 6 日。
③ 许纪霖著：《从边缘走向中心——黄埔军校与现代中国的学生知识分子》，《同舟共济》2014 年第 8 期。

校为基础创建一支超越地方性的革命军队。在创建之初，黄埔军校不但以北伐与国民革命为目标，而且以政治教育为核心，灌输主义与革命精神。在主义的言说与政治的话语中，地方主义逐渐与不革命、反革命画等号，成为达成国民革命前必须要排除的一大障碍。

（姜涛，中国历史研究院近代史研究所助理研究员）

陆海军大本营时期孙中山筹备军校的初步尝试

——大本营陆军讲武学校

吴张迪

摘要： 陈炯明兵变后，以孙中山为代表的国民党人意识到以往策动地方军队进行革命的严重危害，时任大本营军政部长的程潜创立大本营陆军讲武学校，培养军事骨干，提升革命军人素质。此后，在苏俄帮助下，孙中山改组国民党、强化党权、以党建军，试图建立一支自己的革命军队，黄埔军校应时而生，两所军校在大元帅府大本营体制内并存，也相互影响。但终因机制不一与财政紧张，大本营陆军讲武学校遭到裁撤。

关键词： 陆海军大本营　军校　程潜

关于黄埔军校的众多研究中，与之同时并存的大本营陆军讲武学校的研究却较少，仅有回忆录有所提及，而对大本营军政部长程潜在其中所处的重要地位与产生影响的研究也非常薄弱；有学者曾对黄埔军校创建前后程潜任大本营军政部长的政绩作简要陈述，[①] 但对其在黄埔军校筹建中所发挥的具体作用缺乏讨论，大本营陆军讲武学校，作为同样由孙中山同一

---

① 陈予欢著：《程潜与黄埔军校》，《黄埔》，2014 年第 1 期。

时期创办的军校，其与黄埔军校又有怎样的关联，本文搜集史料，将试图
解决这两个问题。

一、中央陆军教导团创办与黄埔军校的筹建

陈炯明兵变后，以孙中山为代表的国民党人意识到以往策动地方军队
进行革命的严重危害。1923 年 2 月，孙中山返回广州，重建陆海军大本营，
如何在苏俄帮助下建立一所强有力的军事学校便提上议程。苏俄方面提出
国民党可以利用其援助的军事物资和教练员，建立内部军校。①

与此同时，大本营军政部长程潜针对内部军事干部训练匮乏的问题向
孙中山建议，成立中央陆军教导团，作为培养军队骨干之用，并获得批准。
该教导团实际目的是将新式军队训练基本方法推广至中国国民党所能控制
的部队中，训练方法及内容以军事队列训练和战斗进攻防御实操为主，学
员数量较少，只有两个学兵连三百余人，训练 6 个月后派遣回原部队以加
强战斗力②。教导团虽达到了培养军事干部、加强军事力量的目的，但强
化党权、以党建军的观念尚未得以贯彻。

1923 年 8 月，孙中山派出蒋介石、张太雷等 4 人组成的孙逸仙博士代
表团赴苏考察。考察期间，蒋介石对苏联红军的认知更加深入具体，认识
到红军严守纪律，不骚扰人民，为人民做工作，"回国之后要使军队能为
人民求自由幸福打仗，能为党实行三民主义打仗，非用俄国赤卫军这种编
制不可"。③为了达成此项目标，代表团向苏方建议尽量向中国南方多派人，

① 《苏联政府致孙中山电》（1923 年 5 月 1 日），中共中央党史研究室第一研究部编：《共产国际、
联共（布）与中国革命文献资料选辑（1917–1925）》，北京：北京图书馆出版社，1997 年，
第 414 页。
② 何元恺：《我在广东陆军讲武学校学习和听孙中山先生讲演的回忆》，广东省政协文化和文
史资料委员会编：《广东文史资料精编 下编 第 1 卷》，第 215–218 页；《给程潜的指令》
（1923 年 10 月 21 日），《孙中山全集》第 8 卷，北京：中华书局，1982 年，第 327–329 页。
③ 中国第二历史档案馆编：《蒋介石年谱初稿》，北京：档案出版社，1992 年，第 414 页。

去按红军的模式训练军队。^①代表团回国后，在苏俄的全力推动下，1924年 1 月，孙中山下令成立军校筹备委员会，蒋介石为陆军军官学校筹备委员会委员长，黄埔军校正式进入全面筹建阶段。

相比较而言，大本营陆军讲武学校的筹建相对较早，开始于 1923 年10 月。中国国民党创建该校的目的是训练海外本党回国之青年子弟，以作后备军事人才之用。^②有学者将该校的创建，视为国民党建立军校的开始。^③此说颇有可议之处。众所周知，孙中山历来重视开办军校，兴中会和中华革命党时期就曾办过几个训练班性质的军校^④，也培养了一批军事人才。"六一六"兵变后，在亟须改变军事领导体制的背景下，国民党先是创立中央陆军教导团，继而创办陆军讲武学校和黄埔军校。两所军校的相继建立，造成了一段时间内大元帅府大本营体制内两校并存的军事教育格局。

二、黄埔军校校长之争

黄埔军校虽进入全面筹建阶段，但关于黄埔军校校长人选，并不是一开始就确定为蒋介石。据由桂军讲武堂转入黄埔军校第二期学习的覃异之回忆：

孙中山先生除亲自兼任军校总理外，关于校长的人选，最初决定为程潜，而以蒋介石、李济深为副校长。蒋介石当时无论在党在军，都是后辈，孙中山先生派他为军校副校长，已经是"不次之迁"。但是蒋介石不愿在程潜之下，对这个任命很不满意，就离开广州，跑到上海，表示消极。这时张静江、戴季陶等出来替他撑腰，张还亲自跑到广州找孙中山先生说情。孙中山先生这才改派蒋介石为粤军总司令部参谋长兼黄埔军校校长。^⑤

---

① 《巴拉诺夫斯基关于国民党代表团拜会斯克良斯基和加米涅夫情况的书面报告》（1923 年 9 月 10 日于莫斯科），《联共（布）、共产国际与中国国民革命运动（1920-1925）》，北京：北京图书馆出版社，1997 年，第 284-285 页；转引李翔：《黄埔军校党军体制的创设，以孙中山、廖仲恺、蒋介石为中心》，《近代史研究》，2016 年第 4 期。

② 《党务讨论会议决事项》，《广州民国日报》，1923 年 10 月 16 日，第 6 版。

③ 沈渭滨：《关于孙中山与黄埔军校的若干思考》，《广东社会科学》，2004 年第 5 期。

④ 如 1903 年孙中山依靠日本建立的青山军事学校，1906 年一些中国同盟会成员组成"丈夫团"。

⑤ 《覃异之：黄埔建军》，《文史资料精选》，第 5 册，第 41 页。

此外尚有第三种说法，谓孙中山拟任命粤军总司令许崇智兼任，负责筹备工作，但由于许力不从心，最终未能履任。[①]程潜说、许崇智说这两种说法，笔者并未在他处看到类似记载，未必有上述任命之事，但程潜作为大本营军政部长及陆军教导团团长，成为黄埔军校校长一职的有力争夺者却是不容置疑的，而他本人也一度认为校长一职非其莫属。[②]然而事实却是蒋介石担任了黄埔军校校长，并从此一步步走向权力的顶峰。

程潜最终无法担任黄埔军校校长一职，笔者认为原因有三：一、程潜早年加入同盟会，虽资历较老，军事能力在之前的护国、护法战争中有所展现。但程潜本人与苏俄关系并不密切，联合苏俄、以党建军筹建黄埔军校是国民党开创性的一次举措，意义重大；孙中山也一再强调，建立军校必须"以俄为师"，把政治工作提到最重要的位置。曾任黄埔军校政治部主任的包惠僧在分析蒋介石和程潜这两大人选的优劣时称，蒋介石对开办黄埔军校的认识颇深，提出此次联合办校建军是开创性的局面，结合他与孙中山的关系以及曾经实地考察苏俄军事的各种条件，其在孙中山眼中显然是军校校长的不二人选；与此相比，程潜的日本老派留学经历似乎派不上用场。[③]确如其所见，程潜主导下建立的两所军校均较为忽视政治思想教育，与新时期的建军要求以及孙中山的期望相距较大。

二、程潜非孙中山所领导的革命力量的核心成员，且湘籍力量在国民党内势单力薄[④]，无法获得有效的助力。程潜虽然很早就参加共和革命，但与孙中山的关系并不密切。讨袁失败后，革命党人流亡日本，程潜因追随黄兴参加了欧事研究会，从而游离于孙中山领导的中华革命党之外。护法战争发生后，程潜在湖南各派军事势力的排挤下转而投靠广州军政府，方正式汇流于孙中山领导的革命运动。而就孙中山所领导的革命力量的地缘关系而言，其核心成员多为粤籍，湘籍革命党人为数不多，且多处外围，

① 汪荣祖等著：《蒋介石评传》上册，台北：商周文化事业股份有限公司，1995年，第93页。
② 中国人民政治协商会议湖南省岳阳市委员会文史资料委员编：《岳阳文史第9辑：黄鹤忆实录》，第261-263页。
③ 包惠僧：《包惠僧回忆录》，北京：人民出版社，1983年，第151页。
④ 即使是担任大本营内政部长、建设部长的程潜同乡谭延闿，也由于各种原因与程潜不和。

无法对程潜在国民党内地位的提升提供有效的帮助。

三、孙中山对蒋介石的大力支持。在谁任黄埔军校校长一职争论不休、无法定夺时，孙中山态度明确，甚至放言："如果不叫介石当校长，宁可不办！"①在孙中山眼中，蒋介石显然是黄埔军校校长的最佳人选，甚至是化身。1924 年，蒋介石由于诸多原因再次上演滞沪不归的闹剧，孙中山极为耐心，多次去函规劝，请其回粤筹办军校。背后缘由，有学者归纳为孙中山与陈其美（连带及蒋）的关系、蒋氏个人的历练、"六一六"兵变后相从的经历、蒋访俄后获俄方认可等几个方面。②

三、大元帅府大本营内短暂并存的两所军校

程潜虽无缘担任黄埔军校校长，但其在大元帅府内部仍然起着重要作用，其主导的军政部不仅独立于大元帅府办公地点外办公③，且担负着指挥讨陈战斗及筹划北伐的重任。1923 年冬，在程潜动议及孙中山许可下，为加强军事力量，由军政部职员江西人周鉴宏出资④，大元帅府大本营军政部创办大本营陆军讲武学校。由于这个学校由大本营军政部主办，一般人又称为军政部讲武堂。地点设在广州北较场广东陆军医院旧址。除校本部利用陆军医院原有房屋办公外，食堂、课堂、寝室、浴室等都是利用棕叶、竹条临时搭盖的，条件非常简陋。⑤

大本营讲武学校设校长一人，由军政部长程潜兼任。张振武、胡兆鹏任副校长，但实际并未到校供职。校长之下设监督一人，调军政部军需局

---

① 宋希濂：《参加黄埔军校前后》，《第一次国共合作时期的黄埔军校》，北京：文史资料出版社，第 242 页。
② 李吉奎：《中国国民党"一大"前后孙蒋关系研究》，《孙中山宋庆龄文献与研究》，上海：上海书店出版社，2009 年，第 31 页。
③ 《军政部设于海珠岛》，《广州民国日报》，1923 年 10 月 30 日，第 6 版。
④ 中国人民政治协商会议湖南省岳阳市委员会文史资料委员会编：《岳阳文史第 9 辑：黄鹤忆实录》，第 261–263 页。
⑤ 汤季楠：《记大本营陆军讲武学校》，《湖南文史资料选辑（第 3 集）》，长沙：湖南人民出版社，1981 年，第 114–115 页。

长周贯虹①充任，襄助监督，实际担任教育责任的是教育长李明灏②。讲武学校校本部设秘书室及教务组、总务组、军需组（兼管军械）、医务组，分别掌管有关业务。讲武学校在开办时，军政部即到湖南秘密招生，在长沙就录取了青年学生一百多人。因为人数不够，又在广州以教导团为基础扩大招生，生源大部分是投奔广东寻找革命机会的知识青年，也有一部分是湘军、滇军中的下级军官和军士，他们的年龄一般在18岁以上25岁以下。因此，虽然学校办在广东，而湖南人占绝大多数，两广籍次之。③

1924年春，中央陆军教导团正式并入讲武学校，讲武学校第一期新生四百多人，新生编入第一、第二队，原教导团编入第三、第四队。第一、第二队两队学科术科并重，以大教程（战术、筑城、兵器、地形、交通）为主，规定学习时间一年；第三队、第四队两队注重术科，以小教程（典范令）为主，学习时间6个月。由于军事教官都是旧军校出身，知识结构较为陈旧，教授的也是旧的一套军事知识。曾经在讲武学校学习的学生无不回忆：教官对学生要求相当严格，但教学方法不是以革命的办法来对学生进行说服教育，而是照搬旧军队的传统做法。"当时，队长和区队长都是拖刀的，遇到学生在操场野外有违反纪律的事，就不由分说地用刀背砍。拳打脚踢也是常有的事，罚跑步、罚跪、罚站、打手板，更是家常便饭。特别是第二队区队长黄必强的脾气很坏，对学生动辄拳打脚踢，同学们都很怕他。轮到他担任总值日官时，不遵守纪律的就特别少。"④

讲武学校的政治课程内容，主要是三民主义。由于缺乏理论水平，教官的油印讲义虽然发了一大沓，却只能照本宣科，学生都不乐意听，打瞌

---

① 周系江西南昌人，出身江西陆军讲武堂，后留日习政治经济。1918年任湘南护法军总司令部参议。北伐军克复南昌后，历任江西省警务处长、南昌市政厅长、江西省政府委员兼代建设厅长。

② 湖南醴陵人，日本士官学校毕业，后任国民党中央军校成都分校、武汉分校及二分校主任，第九十七军军长。

③ 汤季楠：《记大本营陆军讲武学校》，《湖南文史资料选辑（第3集）》，长沙：湖南人民出版社，1981年，第116页。

④ 汤季楠：《记大本营陆军讲武学校》，《湖南文史资料选辑（第3集）》，长沙：湖南人民出版社，1981年，第117页。

睡的很多。① 学校管理者欠重视，讲授者不得法，术科分量太重是讲武学校军事教育水平较为落后的主要原因。因此许多学生在黄埔军校招考之际便离开讲武学校去参加黄埔军校的报考。②

与此同时，讲武学校的创办也增加了大本营的财政负担。当时，由于财政税收大权被各军阀分掌，大本营财政严重短缺，讲武学校的维持极为困难。据讲武学校学生回忆："讲武学校经费极其困难，经常有断炊之虞。有时教官和职工的薪水，以及学生每月 3 元零用费都发不出来。教官领不到薪金就不来上课。"③ 学生的日常伙食只有稀饭，住的也是茅棚。条件非常艰苦。为了避免学校停办，程潜只能常常申请调拨军政部其他费用以支持军校的运转④，为保证学生的食宿环境，程潜还专文呈报孙中山要求挪用其他费用以保证军校学生正常上课⑤。

1924 年 9 月 13 日，孙中山由广州进驻韶关，亲自指挥军队北伐，程潜被任命为攻鄂军总司令，随节出征。讲武学校第三、第四队学生，奉命参加北伐，短期内担任过大元帅行辕的警卫任务，毕业后则全体分派到攻鄂军总部卫队营。第三、第四两队开往韶关后，留在学校里的仅有第一、第二两队的两百多名学生。由于校长程潜被派往韶关驻守大本营，学校群龙无首，经费困难，给养无着。而此时刚刚创办的黄埔军校朝气蓬勃，注重思想政治教育，其作风民主、生活条件优于讲武学校的消息已经传遍广州。两相比较后，讲武学校学生产生了严重的抵触情绪，该校维持已是难以为继，后在鲍罗廷支持下，该校难逃裁撤的命运，留校的第一、第二两

---

① 汤季楠：《记大本营陆军讲武学校》，《湖南文史资料选辑（第 3 集）》，长沙：湖南人民出版社，1981 年，第 118 页。
② 宋希濂：《鹰犬将军——宋希濂自述》，北京：中国文史出版社，1986 年，第 8 页。
③ 何元恺：《我在广东陆军讲武学校学习和听孙中山先生讲演的回忆》，广东省政协文化和文史资料委员会编：《广东文史资料精编 下编 第 1 卷》，北京：中国文史出版社，第 215-218 页。
④ 1924 年 4 月 17 日，《准拨广东土丝台炮经费为陆军讲武学校经费》，《大本营指令》第 385 号，《大本营公报》第 12 号。
⑤ 1924 年 5 月 5 日，《呈请将市东红花冈之永济库上盖变卖准将价款拨充讲武学校及海珠修缮事由》，《大本营指令》第 430 号，《大本营公报》第 13 号。

队被编入黄埔军校第一期第五、第六队①。程潜所创办的这所学校最终被纳入黄埔军校，其与黄埔军校之间呈现出别样的关联。

四、讲武学校走出的重要将领

大本营陆军讲武学校学生在后来的历史中起到非常重要作用，该校培养了如左权、陈赓等著名的共产党将领。左权（1905-1942），又名左自林。湖南醴陵人。1923年18岁的左权从醴陵赴广州，进入广州大本营军政部军士连成为一名学兵，改名左权，1924年，他进入大本营陆军讲武学校学习。②1925年加入中国共产党。黄埔军校毕业后，加入国民革命军第六军。参加了统一广东的东征和回师广州诸役。抗日战争爆发后，任八路军副参谋长。1942年6月2日在山西辽县（今左权县）不幸牺牲。而为共和国建立重要功勋的大将陈赓则是这样回忆他加入陆军讲武学校的情况：

> 1923年底，党派我至上海转广东，投入程潜所办之陆军讲武学校。1924年KMT（即国民党）改组，创办黄埔军官学校。我以为革命青年不应分散力量，甚或为私欲者所用，而应集中黄埔训练，积极主张武校合并军校，我并以身作则，首先退出该校，考入黄埔。是后武校同学相率来归，以至全校合并黄埔，改编为军校第一期。③

两位将军虽然后面都并入黄埔军校第一期，但是大本营陆军讲武学校是他们踏上军校的第一步。而军校走出的另外两位将领则是为湖南和平解放事业建立了重要功勋，1923年，李明灏任讲武学校教育长，陈明仁为讲武学校第一期学生。1949年，共产党指派李明灏赴长沙促成旧时好友程潜、陈明仁起义，李明灏赴长沙后，向程潜、陈明仁介绍解放军进军部署及共

---

① 《总理在大本营陆军讲武学校第一期特科毕业典礼摄影》，《中央党务月刊》，第100期；中国人民政治协商会议湖南省岳阳市委员会文史资料委员会编：《岳阳文史第9辑：黄鹤忆实录》，第263页。
② 参照王孝柏、刘元生：《左权传》，北京：人民出版社，1990年。
③ 陈赓著：《我的自传》，《党史研究资料》，1981年第2期。

产党的相关情况。[①]1949 年 8 月 4 日，程潜、陈明仁领衔发出由 37 名将领联名的起义通电。与此同时，程潜、陈明仁还分别发表了《告湖南民众书》《告将士书》等文告，号召全省军民一致联合起来，把湖南和平运动引向深入，以便缩短战争，迅速实现全国解放。湖南和平起义加速了中国革命胜利的进程，不失为中国人民解放事业中的一次伟大胜利。可以说，这些大本营讲武学校的精英们，为中华民族的自由独立立下了汗马功劳。

五、结语

陈炯明兵变后，为加强军事力量，以孙中山为首的革命党人试图创建军校推进革命事业，在大元帅府大本营建立政权及国民党全面改组后，这种努力在苏俄帮助下逐步变为现实，并建立了黄埔军校。

大本营军政部长程潜所主导创办的两所军事培养机构正是在这样的背景下建立的。这两所机构与黄埔军校从建校方式、课程内容都有较大差异，由于大本营财政紧张及其自身不足，导致最终遭到裁撤。但两所机构作为陆海军大本营建立军校的最初尝试，不仅在术科内容、招生方式上对后期建立的黄埔军校有积极作用，而且培养的军事人才对后来的国民革命也产生了一定的影响。

（吴张迪，广东省孙中山研究会常务理事、孙中山大元帅府纪念馆助理馆员）

---

① 李明灏：《奉命去长沙促成程潜、陈明仁起义》，《光荣的抉择——原国民党军起义将领回忆录（下）》，北京：国防大学出版社，1987 年，第 71–77 页。

辛亥革命地域效应与黄埔军校

——广东兴宁考察

李长莉

　　摘要：兴宁地处粤东北偏僻山区，但黄埔军校前五期学员兴宁籍学员人数却位于广东省各县前列，而且被誉为"百将军县"。其原因有多种，客家人家族关系紧密、崇文重教及离乡外出谋生传统，孙中山在广州建政、创办黄埔军校及国民革命军的发展，为兴宁子弟提供了外出发展的机遇。兴梅人较早赴日本，1905 年十多位留日兴宁人参加同盟会，多位兴宁人参加同盟会发动的武装起义。其中何天炯追随孙中山 20 年。1922-1925 年陈炯明军扰乱粤东，黄埔军校学生军东征，在兴宁作战及驻扎。两次东征的胜利，鼓舞更多兴宁子弟投考黄埔军校、加入国民革命军，为北伐和抗日战争作出贡献，并涌现出许多优秀军事人才。这一案例反映了中国近代革命进程的本土特色和地域文化底蕴。

　　关键词：广东兴宁　辛亥革命　黄埔军校　革命军东征

　　100 年前的 1924 年 6 月，孙中山在广州创建黄埔军校。这是他人生最后的重要事业之一。黄埔军校为建立革命军队培养基层骨干，奠定了国民革命军的基石，也成为国共两党军事人才的摇篮，为此后二十余年间先后完成东征统一广东、北伐统一全国及取得抗日战争胜利奠定了军队基础。黄埔军校出身的军官人才群体有一个突出特点是比较集中的地域同乡关系，这一特点对国民革命军内部形成派系关系及近现代历史进程产生了较大影响，因此，了解黄埔系地域同乡关系的渊源及形成是理解国民革命军派系关系的一个渠道。

据资料统计，黄埔军校在广州 1924 年至 1927 年第一期至第五期学员人数共计约 7380 人，虽所属省籍包括全国大部分地区，但各省籍分布很不平衡，甚至可说相差悬殊。如有两个省份人数高居前列，第一位湖南籍 2189 人，第二位广东籍 1036 人，后面为四川、浙江、湖北、江西四省，都在 500–600 人，其余省份或 100–200 人，或个位数。[①]湖南人高居第一位的原因，在此暂不作讨论。广东人数也位居前列的原因，首先是孙中山为广东人，其创建革命组织及进行革命活动中，广东人都是主力之一。其次是孙中山组织多次武装起义，及 1917 年后三次在广州建政，直至北伐成功的十余年间，一直以广东为基地，黄埔军校也创建于广州，周边广东地区自然是革命队伍的主要人员来源地。但在广东省内有一百余个县，这些县的黄埔系军人数量多少并不平衡，有的县人数较多，有的县则偏少，造成各县人数多少不同的原因是多方面的，如可想见的首要原因应当是距广州的远近及交通状况等地缘因素，但实际情况却并非如此。如前述黄埔军校前五期学员广东籍共 1036 人，全省一百余县，每个县平均应为 10 人左右，但资料统计显示，居前列的为兴宁 46 人，梅县 42 人，明显比广东其他县人数多，而这两个相邻的县，都处于远离广州的粤东北山区，是广东比较偏僻、封闭、交通不便地区。那么，这两个县为什么那时有那么多青年考入黄埔军校？特别是兴宁，与明清以来一直作为州属的梅县相比，更属偏僻小县，至今也只是属于梅州市辖的县级市，但当时考入黄埔军校的人数却如此之多，而且在民国时期至 1949 年前有近百位将军，因而后世有"百将军县""将军之乡"的美誉。造成这样的原因显然不是地域远

---

① 广东革命历史博物馆编：《黄埔军校史料》，广州：广东人民出版社，1982 年。

近及交通便利，而应是其他因素，那么是什么原因？"将军之乡"的兴宁与作为军官摇篮的黄埔军校有什么历史渊源联系？本文拟通过对这一问题的考察，探讨黄埔军校及国民革命军与地域关系的历史脉络。

一、兴宁与辛亥革命

（一）兴宁地域特点及人文传统

兴宁所处的粤东北内陆山区，丘陵和山地占 60%，因土地贫瘠、交通不便，魏晋以前为人烟稀少的蛮荒之地。魏晋时期北方及江南长年战乱，大批流民南迁避乱，进入粤东地区，聚族而居，渐成群落。官府设立流民营安置管理，为了将这些南下流民与当地原住民相区别而称"客民""客家""客属"等。后纳入州县官制，东晋成帝司马衍（公元 4 世纪）时，始设兴宁县治，东邻梅县，清代设嘉应直隶州（民国后称梅州），兴宁、梅县属之，故当地人常以"兴梅地区"连称，是客家人聚居地区，至今仍被称为"客家之都"。

兴梅客家人在这种地域环境下世代繁衍生息，形成两个突出的族群特点。第一个特点是聚族而居，亲族关系紧密，尚武好勇。由于是从外地迁入，落地求生，且自然环境恶劣，生存艰难，土客之间、族群及村落之间常因争夺资源而发生争斗，加之山林密布，易藏匪盗，而地处粤、闽、赣三省交界偏远地区，官府管制能力低弱。故民人多聚族而居，以求互助自保，住居形制为外筑高墙、形似碉堡，有防卫设施，内建环绕房屋至多层，族人各家比屋而居，称"围屋"，往往同姓族人数十人乃至一二百人聚居一处，形成资源共享、守望相助的内部紧密关系。民人子弟多自少习武，遇有外族争斗或匪盗来袭，即起而自卫。

第二个特点是崇文重教、男人多外出谋事。兴梅客家人从中原避乱南迁而来，其中不乏旧族世家、官宦士商等中上人家，文教素养及崇文重教的传统传承下来，加之当地土地贫瘠、生计艰难，有余力之家皆让子弟读书，以求上进入仕或出外经商，不惧远行。故虽地处偏僻且交通不便，但并无闭塞固守乡土观念，而是以男子出外谋生闯荡为出息。历代有读书入仕成功者，如宋代兴宁人罗孟郊，早年丧父，但秉承家风，刻苦读书，考中进士，官至翰林学士，其事迹为家乡后世所传颂。外出经商成功者如清乾隆年间嘉应罗芳伯，出身耕读之家，自少学文习武，年逾三十屡试不第，与同乡亲朋百余人结伴远赴南洋婆罗洲（今印度尼西亚西加里曼丹岛），先在这里为挖金矿的华人设塾教书，后组织嘉应客家人为主开办兰芳公司，开发金矿并管理当地事务，形成辖下逾百万民众、势力很大的庞大华人商人聚落，并吸引更多嘉应客家人前来。①

进入清朝以后，兴梅地区这些民风特点形成了对清朝统治的疏离与潜在抗拒，这里一直有民间秘密帮会"三合会"等会党活动。晚清时期祖籍梅县、后迁花县的洪秀全，领导席卷半个中国的太平天国运动，太平军曾先后两次进入兴宁，有不少兴宁人加入太平军队伍。所以兴梅地区民间一直有反清势力的影响。

（二）兴宁青年赴日留学

日本是孙中山领导建立同盟会、举行武装起义等辛亥革命活动的早期基地，兴宁人参与孙中山领导的革命活动也是首先从日本开始的。

兴梅虽东邻潮汕而近海，但清代长期实行海禁政策，仅广州一口对外通商，故兴宁人到海外并不方便，只能沿东江南下从广州出海。第二次鸦片战争后，1860 年汕头开口通商，打开了兴梅地区海上交通通道，中外商船由汕头来往香港、上海等口岸，进而与日本、南洋等海外航路连通，中外人员往来，信息风气开通。1876 年清廷任命首任驻日本公使何如璋，即是同属嘉应州、与梅县相邻的大埔客家人。他时任翰林侍讲，当时出使外国既非任官"正途"，且被鄙为待奉"外夷"，于仕途上进并不看好，故为士林官场所不屑，而何如璋愿当此任。他还招募了数位嘉应同乡作随使人员，其中有刚考中举人的梅县人黄遵宪，放弃继续科考上进，跟随何如璋赴日任参赞，成为何如璋的得力助手。还有黄锡铨、梁诗五两位贡生，

---

① 郭真义主编：《梅州文化通史》，北京：中国文联出版社，2018 年，第 172 页、302—309 页、318—324 页。

他们此后都长期担任出使外国的外交官。① 他们是最早走向日本进而走向世界的嘉应人。他们的使日也带动了兴梅乡人与日本的联系，如黄遵宪的弟弟黄遵楷、儿子黄冕及侄辈多人赴日留学，有的后来从事对日外交职业。② 黄遵宪在驻日期间编撰《日本国志》，提倡学习日本仿效西方进行改革以图强，此书在甲午战争后出版问世，风行一时，成为维新变法的模本，黄遵宪也成为名满天下的维新名士。慈禧镇压维新运动后，黄遵宪被贬斥回乡，在家乡办新学堂，培养新学人才，促进了兴梅地区新学、新思想的传播。这些最早走向日本的嘉应人，为乡人与日本之间建立了人员往来联系。

庚子国变后，清朝统治已丧失民心，清廷被迫实行新政，科举制度已趋废止，读书青年为个人及救亡图存寻找新出路，开始兴起留学日本热潮，这股风气也影响到兴宁。1903 年，兴宁青年何天炯、刘维焘、饶景华等，在家族资助下自费赴日留学，开启兴宁青年留学日本先河。1904 年，南洋潮汕籍华侨集资兴建潮汕铁路，日本人企图夺取路权，激起当地绅民反对，留日学生也起而响应，派何天炯返乡调查谋求抵制。他回乡鼓励家乡亲友来日留学，回日本时携堂兄何天瀚、堂弟何铁群等赴日留学。何天炯自称："居家不及一月，偕堂兄公博（何天瀚）等复渡日京。""我兄弟育此家庭，好古敏求，日有新知，遂倡留学，为邑人范。"③ 在他们的影响下，几年间兴宁赴日留学的青年就有十多人。

（三）兴宁人与辛亥革命

1. 兴宁留日学生与同盟会

何天炯等兴宁青年怀抱救亡图存志向赴日后，多人参与留日学生的反清革命运动。1905 年 8 月，孙中山和黄兴在日本东京创建反清革命组织——中国同盟会，就有多位兴宁青年加入，有的被任命为干部。如何天瀚任司法部判事，刘维焘任本部会计，因他不在东京，由何天炯接任。何天瀚、

---

① 郭真义主编：《梅州文化通史》，北京：中国文联出版社，2018 年，第 172 页、302–309 页、318–324 页。
② 郑海麟：《黄遵宪传》，北京：中华书局，2006 年，第 417 页、422 页。
③ 何天炯：《山居一年半》（1924 年），《建国》第 14 期，1928 年，第 14–16 页。

何天炯兄弟先后担任同盟会广东支部长。① 同盟会各省支部长的主要职责是发展会员并主持入盟仪式。在何天瀚、何天炯兄弟的引介与主持下，兴宁籍同乡留日学生在 1905 年 8 月至 1906 年末约一年半时间里即有 14 人相继入会。在此期间，在东京入盟的 17 省登记在册者共 860 人中，他们主持接收入会的广东籍入会人数有 112 人，仅次于湖南和四川而位居第三，其中兴宁籍 14 人入会，在广东籍会员中占 1/10，也是人数较多的县。② 后来有些人陆续回国，在兴梅地区发展同盟会员，吸引更多国内乡人加入同盟会，进行革命活动。

2. 兴宁人与武装起义及护法运动

1907 年后，孙中山、黄兴等离开日本南下组织武装起义，至 1911 年 4 月广州黄花岗起义，4 年间先后发动 8 次武装起义，有 6 次是在广东省内，其中 2 次在广州以东的惠州，1 次在与兴梅地区相邻的潮州黄冈。虽然这些起义都以失败告终，但为最后的武昌起义、辛亥革命奠定了基础。在这些起义中，兴宁人也是其中的参与力量。

加入同盟会的留日学生是参加起义的重要力量。兴宁人首推一直担任同盟会东京本部会计兼广东支部长的何天炯。他自 1905 年加入同盟会后担任此职，1907 年后孙中山、黄兴及多数同盟会员离日参加起义，何天炯一直留守东京本部，一方面联络在日同盟会员、接应来往革命同志，另一方面与日本友人宫崎滔天等筹集资金、购买武器运送到起义地方。1911 年 4 月，黄兴在香港筹备广州起义（即黄花岗起义），何天炯先在日本购运武器送港，随后奉黄兴之招来香港参加起义，负责招募敢死队"选锋"。起义之日，他率五十多人的敢死队前往广州。不料到达广州时，黄兴领导起义已先期发动并已失败，遂与黄兴一起返回香港。③ 武昌起义爆发后，黄兴前往武昌指挥与清军作战，何天炯随后也赶往上海，后受黄兴派遣，

---

① 田桐：《同盟会成立记》，罗家伦主编：《革命文献》第 2 辑，台北："中央"文物供应社，1978 年，第 3 页。
② 罗家伦主编：《革命文献》第 2 辑，台北："中央"文物供应社，1978 年，第 53-59 页。
③ 李长莉：《何天炯与同盟会东京本部》，《近代史研究》，2012 年第 3 期。

前往日本筹款及购买枪械，购得野炮 50 门、机关枪 50 挺、弹药及 300 万日元，装船发回国内，支持革命军与清军作战。孙中山回国在南京就任中华民国临时大总统，委任何天炯为驻日代表，在日本继续进行筹款及购械，至南北和谈才被孙中山召回国。①

参加同盟会武装起义的还有在国内的兴梅人。如在日本留学时加入同盟会的嘉应州人谢逸桥、温靖侯，两人 1906 年回国后，分别担任同盟会岭东地区正、副主盟人。他们在嘉应松口师范学堂任教，向学生传播同盟会反清革命主张，并物色吸收其中优秀分子入盟。还有留日学生黄信回国后，成立桂里学堂，办新式教育，并联络吸收多人入同盟会，后来此校成为同盟会岭东分会的活动联络点。1907 年，同盟会发动潮州黄冈起义，嘉应籍同盟会员多人参加。起义失败后，谢逸桥、温靖侯等创办松口体育传习所，以培养起义军事人才，由留日学生担任教师，首批招生 120 人，加入同盟会的六十余人，后来在广东各地举行的起义中，多有该校师生参加。1911 年春，广州黄花岗起义前夕，有嘉应籍南洋华侨温生才，在广州刺杀署理广州将军孚琦，被捕后被杀。在随后黄花岗起义人员中，多有嘉应州人，已知姓名的就有包括兴宁的嘉应籍三十余人参加。此次广州黄花岗起义虽然失败了，但在全国产生很大影响，各地革命志士受到鼓舞，仅数月之后，就发生武昌起义，各省纷纷响应，形成波澜壮阔的辛亥革命。武昌起义爆发后，嘉应同盟会员也联络组织地方光复，对驻州巡防营策反，组织人员武装起来，成立梅州军司令部，到处张贴《讨满檄文》，宣布独立，迫使知州等清官投降，组成州议会，宣布改名梅州，下属兴宁等各县也随之和平光复。②

在兴宁当地参与辛亥革命的代表人物如张花谷（1877–1966 年），1898 年考录秀才，1903 年参与何天炯族叔何子渊等乡贤在兴宁创办兴民学堂，

---

① 《何天炯年谱》，李长莉、［日］久保田文次、［日］宫崎黄石编：《何天炯集》，北京：中国社会科学出版社，2018 年，第 283–385 页、132 页。
② 郭真义主编：《梅州文化通史》，北京：中国文联出版社，2018 年，第 172 页、302–309 页、318–324 页。

培养新学人才。1906 年加入同盟会，1907 年参加潮州黄冈起义。次年与萧惠长等嘉属同盟会员在梅县松口密谋起义。辛亥武昌起义后，张与萧惠长、罗鹗技等组织民众拥护辛亥革命，驱逐清廷兴宁县令。尔后，张被推举负责组织民团，任营长，招兵 500 名。1914 年袁世凯加紧筹备称帝活动，孙中山在日本建立中华革命党，发出讨袁号召，张即召集嘉属同盟会员商议组织讨袁军。事泄，被袁任命督理广东军务的军阀龙济光通缉，张星夜出走南洋苏门答腊。①

　　长期追随孙中山参与辛亥革命及反袁运动、护法运动的有何天炯（1877–1925 年）。他在辛亥革命胜利后，一直跟随孙中山，作为其助手。1913 年 2 月至 3 月，他随同孙中山赴日本进行实业考察。二次革命失败后，孙中山、黄兴等革命党人受到袁世凯下令通缉追捕，何天炯作为核心人员，袁世凯政府下发通缉令到兴宁县，悬赏 5 万元抓捕。何天炯没有回乡，随同孙中山等再次流亡日本，何天炯作为孙中山秘书，协助创建中华革命党及反袁活动，任广东支部长。后孙中山返国于 1917–1925 年在广州三次建立政权期间，何天炯一直跟随孙中山，任秘书、顾问、参议等，协助办理对日关系及筹款财政等事务。直至 1925 年孙中山病逝，何天炯代表广州国民政府赴日本主持日本各界友人追悼孙中山大会，他也在此打击下心力交瘁，扶病回粤，于同年 7 月病逝于广州。新成立的国民政府要员汪精卫、胡汉民领衔为其举行追悼大会，其遗体归葬家乡。何天炯是与孙中山关系最为密切的兴宁人，在家乡广为人知，在广州建政期间担任要职，因此有不少亲友乡人来投奔他，求职考学从军等。②

---

①　兴宁县志编修委员会：《兴宁县志》第 6 卷，广州：广东人民出版社，1992 年，第 881 页、860–861 页、867–884 页。

②　《何天炯年谱》，李长莉、［日］久保田文次、［日］宫崎黄石编：《何天炯集》，北京：中国社会科学出版社，2018 年，第 283–385 页、132 页。

二、兴宁与黄埔学生军东征

（一）兴宁与陈炯明军在粤东

民国建立以后，袁世凯称帝、军阀纷争、张勋复辟等一幕幕丑剧，孙中山领导辛亥革命追求的民主共和受到损害，孙中山于1917年从上海南下广州，组织建政，反对北京军阀政府，进行护法运动，但受到桂系军阀排挤而离粤返沪。1920年8月，孙中山指示陈炯明率领驻闽粤军回师广东，驱逐了桂系军阀。11月，孙中山回到广州二次建政，重举护法旗帜，并筹备北伐。但陈炯明主张联省自治，拒不执行孙中山北伐命令，并于1922年6月炮击孙中山驻地，孙中山被迫离开广州赴上海。陈炯明回任粤军总司令，占据广州。1923年1月，滇、桂、粤联军将陈炯明逐出广州。2月，孙中山从上海回到广州重建陆海军大本营，任大元帅，统理军政。陈炯明率部退往粤东东江一带盘踞，与广州孙中山政府相对抗。

在陈军盘踞粤东地区期间，兴宁遭受战乱及各军骚扰和劫掠。何天炯自1922年6月陈炯明发动广州兵变、孙中山离粤赴沪后，即携眷离广州回乡避乱，直至1924年夏返回广州，在乡两年时间，亲身遭受兵乱。他记述家乡兵乱情形：1923年"一月，（滇桂）联军由梧东下广州，陈炯明出走，其残部由惠州溯老隆（即兴宁西邻、东江边的龙川县南部）而至兴宁，其他一部，则会自潮汕。东路许军闻之，遂由福建永春，回师进迫，陈军复退江西寻乌等处，以待时机。未及二月，陈军得曹吴之助，则大举而回袭兴宁，自是吾乡遂为修罗场矣。吾乡石马，为往来梅县、兴宁之孔道，许军已退，而残害吾乡者，实为陈军"。"吾乡已陷水火，鹤唳风声"，"吾乡小学被焚"。因何天炯身为国民党元老，陈军曾派人至其家请其出山协助，被他断然拒绝，但陈军也不敢对其家抢掠。亲族村邻见状，遂纷纷扶老携幼聚其家中以求庇护。他记述道："陈军已退，乡愚哗然，以为是乃保护之所，今而后吾侪得所庇矣。此半年中许去陈来，如代飞燕雁，乡人之避兵祸者，遂拜集于吾家"，聚其家者多至超过300人，在其庇护下得免于兵祸。其他村则多遭兵祸，"及陈军去而四出调查，则遭蹂躏者，又比屋而然"。① 他在 1923 年 4 月致友人信中说："去冬陈氏败亡，其残党退驻兴宁、江西交界之间，弟乡即在此包围之中，其骚扰害民之事，纸不胜书。"② 在陈军离开兴宁、兵乱稍息后，1924 年夏，何天炯奉孙中山之招重返广州，被任命为参议，继续辅助孙中山对日及财政工作。兴宁人遭受陈军兵乱劫掠，成为此后支持革命军东征、平息兵乱的潜在动力。

（二）黄埔学生军东征与兴宁

陈炯明军盘踞粤东地区，对广州政权形成很大威胁，滇、桂军有其自身利益考虑，讨陈并不积极。孙中山感到必须建立自己掌握的军队，才能指挥得力，尽快实现铲除陈军统一广东进而北伐的目标。1924 年 1 月 4 日，孙中山通电讨陈，陈炯明通电下野，退居香港，其余部仍在粤东地区活动。1 月 17 日，中国国民党在广州举行第一次全国代表大会，孙中山提出"联俄、联共"政策，多名共产党人加入国民党。国民党一大决议创办陆军军官学校。1 月 24 日，孙中山任命蒋介石为陆军军官学校筹备委员会委员长，选任 7 位筹备委员中，有兴宁籍人林振雄，他是蒋介石在日本振武学校留学时的同学。6 月，黄埔军校建校，孙中山兼任军校总理，蒋介石任校长，廖仲恺为国民党驻黄埔军校代表，林振雄任管理部主任，梅县人叶剑英担任军官教导团团长，后任教授部副主任。1924 年 11 月刚从欧洲回国的周恩来出任军校政治部主任。他们都对黄埔军校的创建及发展作出了贡献。

1924 年冬，陈炯明趁孙中山离粤北上之机，自封为"救粤军总司令"，纠集洪兆麟、林虎等部三万余人，准备进攻广州。1925 年 2 月，广东革命政府决定进行东征，讨伐陈炯明部，以黄埔军校学生军和粤军为右路军，由军校校长、粤军参谋长蒋介石统领，周恩来任政治部主任，作为东征的主力。黄埔军校第一期及第二期学员共一千余人组成学生军，其中有兴宁籍十余人、梅县籍十余人。兴宁人罗翼群任东征军总指挥部总参议，叶剑英任第二支队长。东征军自 1925 年 2 月开入粤东地区征伐陈军，从广东

---

① 何天炯：《山居一年半》（1924 年），《建国》第 14 期，1928 年，第 14—16 页。
② 《何天炯年谱》，李长莉、［日］久保田文次、［日］宫崎黄石编：《何天炯集》，北京：中国社会科学出版社，2018 年，第 283—385 页、132 页。

南部沿海东进，连战皆捷，先后进占海丰、普宁、潮安、汕头、五华等地，3月20日攻占兴宁。第一次东征打垮了陈炯明军主力。其间孙中山在北京病逝，当时蒋介石、周恩来正率领东征军在兴宁一带作战，在兴宁县城与当地官绅民众举行追悼孙中山大会。

1925年6月，在广州的滇军和桂军发动武装叛乱，广州形势危急。黄埔学生军和粤军立即回师应战，在广州工人和市郊农民的配合下，迅速平定叛乱。7月，广东革命政府由大元帅府改组为国民政府，黄埔军校编练的军队及粤军、湘军、滇军等编为国民革命军第一军至第五军。8月18日，国民政府军事委员会将辖下各地方军队名目取消，统一更名为国民革命军，简称国军。由黄埔军校学生组成的黄埔军校校军为第一军，蒋介石任军长。

这时，陈炯明利用革命军队回师广州平定杨刘叛乱的机会，以3万之众重新占领东江一带，并企图勾结盘踞在粤北的川军熊克武和粤南的邓本殷进攻广州。国民政府为了彻底消灭陈炯明军队，统一广东革命根据地，决定第二次东征。蒋介石任东征军总指挥，周恩来任东征军政治部总主任兼第一军党代表。东征军自1925年10月1日起陆续出发，经过激烈战斗，一举攻占惠州。11月初，收复潮安和汕头，全部歼灭了陈炯明军在东江的主力，革命军第二次东征取得胜利。两次东征胜利的同时，粤北、粤南等地小股军阀也陆续被消灭，1926年初革命军统一了广东全境，为后来的北伐战争建立了稳固的后方基地。

在东征军作战期间，兴宁县官绅民众给予支持。如时任兴宁县长的罗幼山，1903年参与创办兴民学堂，1920-1923年任兴民中学校长。1922年2月，中国国民党兴宁分部成立，罗为首任分部部长，后任兴宁县长。1925年在任内正值国民革命东征军攻克兴宁，他筹集军饷大洋2万元支援东征军。①兴宁地区经过1922年冬至1925年3月的陈军盘踞兵乱及革命军东征，民众与广州国民政府的联系更加紧密，以黄埔军校校长蒋介石及政治部主任周恩来率领的黄埔学生军两次东征取得胜利，特别是在兴宁作战

---

① 兴宁县志编修委员会：《兴宁县志》第6卷，广州：广东人民出版社，1992年，第881页、860-861页、867-884页。

驻扎，受到当地政商绅民各界支持，在当地民众中产生很大影响，许多青年受到鼓舞，纷纷投考黄埔军校，加入国民革命军。

广东统一后，1926 年初广州国民政府军事委员会决定统一军事教育，将国民革命军各军军校与黄埔军校合并，改组为国民革命军中央军事政治学校。为培养更多国民革命军基层干部，军校先后在潮州、南宁、长沙、武汉开办 4 所分校，后统称黄埔军校，有更多兴宁青年走上投考军校、加入军队之路，在此后的北伐和抗日战争中作出贡献。

三、兴宁籍黄埔国民革命军人物

除了前述黄埔军校初期参与建校及参加东征的兴宁人之外，还有其他及后来更多兴宁子弟陆续考入各地黄埔军校、加入国民革命军，参加北伐及抗日战争，涌现出不少军事人才，有的成为将官。民国时期兴宁人授将军衔的就有近百人，其中中将 23 人、少将 67 人，故被誉为"百将军县"。其他中下级军官更是不可计数。下面列举一些有一定代表性的人物及其事迹。

林振雄（1888–1964 年），祖籍广东兴宁，后移居惠州。1907 年考入河北保定陆军速成学堂，1908 年保送赴日入振武学校学习军事，与蒋介石是同学。留学期间加入同盟会，武昌起义爆发后返国参加起义。后任云南陆军讲武学校教官、广州孙中山大元帅府少将参谋等职。1924 年 1 月，任黄埔军校筹备委员，黄埔军校成立时任管理部主任。1925 年 9 月任东江警备司令，1929 年任黄埔军校教育长。1930 年为惠州修建"黄埔军校东征阵亡烈士纪念碑"题字。1932 年后任参谋本部高级参谋等职。1937 年离职返乡，在惠阳组织民团抗日。1949 年组织"惠州维持会"维持城内治安，并派员联络迎接解放军入城。①

罗翼群（1889–1967 年），兴宁县龙田镇人。1907 年在广州加入同盟会，1912 年任广东都督府军事委员，1917 年任广州孙中山大元帅府参军，

---

① 　惠州市地方志编纂委员会：《惠州市志》，北京：中华书局，2008 年，第 46 页。

1920 年任粤军总部及省长公署参议。1924 年协助廖仲恺筹办黄埔军校。1925 年任东征军总指挥部总参议。1937 年全面抗战后，任广东省民众抗日自卫军统率委员会委员，组织民众抗日自卫队。抗战胜利后，反对蒋介石搞内战，1949 年初在广州联络参议员十余人，向省参议会提出拥护李宗仁与中共和谈、结束内战的提案。1949 年中国国民党革命委员会第二次代表大会在北京召开，罗被选为中央委员。广州解放后，先后任广东省文史馆馆员、省人民委员会参事室副主任、全国政协委员、省政协常委、民革广东省委会社会人士联络委员会主任等职。

钟斌（1899–1950 年），兴宁县龙北人。1922 年考入广东省立工业学校读书，1924 年考入黄埔军官学校第一期学习，毕业后参加革命军两次东征和北伐战争。1931 年九一八事变后，任国民党第八十八师某旅旅长，负责南京外围警备。1938 年任师长，在武汉抗日会战中，率部歼敌千余人，被授予抗战荣誉勋章。1942 年升任第七十一军军长，驻防滇缅公路保山地区，率部与友军联合反攻据守缅甸的日军，迫使日军败退。

黄文杰（1902–1939 年），兴宁县大坪镇人。1925 年春考入黄埔军校，不久加入中国共产党。同年 10 月，由军校党组织推荐到苏联莫斯科中山大学就读，毕业后分配到苏联伯力、海参崴一带从事党的工作。1931 年，他奉调回国，在上海从事党的秘密工作。"一·二八"淞沪抗战中，黄发动工人和广大群众组织义勇军支援十九路军抵抗日军侵略。1933 年 9 月，中共中央决定成立上海中央局，黄文杰任代理书记、书记。1935 年 2 月，上海中央局遭到严重破坏，黄文杰被捕入狱，被判处 15 年徒刑。抗日战争爆发后，经组织营救出狱，在八路军南京办事处任职。后任中共长江局组织部副部长、秘书长。1938 年初到广州成立八路军广州办事处，与廖承志等开展抗日活动。[1]

在兴宁民间，有不少如上述这些关于黄埔军校、国民革命军人物的事迹被人们讲述流传，如前述"百将军县"的说法，还有一些有关家族人物

① 兴宁县志编修委员会：《兴宁县志》第 6 卷，广州：广东人民出版社，1992 年，第 881 页、860–861 页、867–884 页。

的佳话。如"一屋五将军",指兴宁县石马镇何天炯家族子弟,有多人考入军校、进入国民革命军,参加北伐及抗日战争,出了五位将军:

何廼英(1885-1953 年),曾任孙中山大元帅府参谋,国民革命军第一师少将师长。何天祥(1900-1960 年),曾任国民党少将军法处处长、广州北较场少将无线电台台长。何学植(1908-1979 年),曾任国民革命军第二十军第一三三师少将师长。何宝松(1911-2002 年),曾任国民革命军第一五七师少将师长,新中国成立后任广东省政协副主席、民革广东省委会副主委、全国政协委员。何孟淳(1916-1994 年),1937 年任广州行营政治部少将主任秘书,新中国成立后任广东省政府参事室参事。

何天炯家族子弟上军校从军至校官的有十余人,多在抗日战争中作出贡献。如何晋元(1911-1959 年),1934 年毕业于黄埔军校第十一期工兵科,后任第十二集团军军官教训团助教、第四战区司令部军务处参谋、第四战区独立营第二营营长等职,官至上校。1938-1945 年先后参加广州战役、桂南会战、桂柳会战、桂柳反攻战等四次较大规模的抗日战役。何晋元与中共领导的东江纵队副司令王作尧是黄埔军校同班同学、同居一室的好友。抗战期间,王作尧曾多次派何晋元的亲戚、中共地下党员与其联络,为东江纵队输送药品和物资。①

四、结语

兴宁作为地处粤东北偏僻山区的小县,之所以参与黄埔军校及国民革命军的人数位居广东省前列,并成为著名的"百将军县",其原因可归纳如下:

首先,兴宁自然环境困苦及客家人家族关系紧密、崇文重教及离乡外出谋生传统,使人们到外面去闯荡谋生、寻求发展的意愿强烈,且亲族乡人之间相互影响、引介,如有在外发展机会,易于形成联袂群趋效应。因此孙中山领导辛亥革命、在广州建政、创办黄埔军校及国民革命军的发展,

---

① 何星亮:《追忆父亲何晋元抗战事迹》,《团结报》,2015 年 8 月 6 日,第 6 版。

为兴宁子弟提供了外出发展、实现个人抱负和家国情怀的机遇。

其次，兴宁人与孙中山革命产生关系较早且深远。自 1903 年何天炯等赴日留学，1905 年十多位兴宁人参加孙中山在日本东京创建的同盟会，几位担任干部及广东支部长。还有多位兴宁人参加同盟会发动的武装起义，是辛亥革命的积极支持者和参与者，对于孙中山革命有较深厚的民众基础。此外，何天炯追随孙中山 20 年，长期在其身边担任助手，成为国民党元老，在家乡有一定的影响力和带动效应。

最后，1922 年后陈炯明军扰乱兴梅地区，黄埔军校学生军东征，在兴宁作战及驻扎，两次东征的胜利，进一步拉近了兴宁民众与黄埔军校及国民革命军的关系，鼓舞、吸引更多兴宁子弟投考黄埔军校、加入国民革命军，为北伐和抗日战争作出贡献，并涌现出一批杰出的军事人才。

通过对广东兴宁人与黄埔军校及国民革命军关系的回顾，可以看到在孙中山开创的革命事业中，蕴含着丰富的地域关系历史脉络，反映了中国近代革命进程的本土特色和地域文化底蕴，启示我们应重视地域关系对于社会变动的重要作用。

（李长莉，中国历史研究院近代史研究所研究员）

第二部分 ————————————————

共产党人与黄埔军校

中山舰事件后共产党人维护
黄埔军校的若干举措

曾庆榴

摘要：中山舰事件后，共产党人对蒋介石的反共、分裂活动作了有力的抵制，通过一系列工作，化解危局，在巩固和发展该校共产党组织的同时，维护并大力推进了国共合作的黄埔军校。

关键词：中山舰事件　国共合作　黄埔党团

黄埔军校校长蒋介石 1926 年 3 月制造的中山舰事件，是国共合作建立以来，也是黄埔军校创办以来发生的最为严重的反共、分裂事变。事变发生后，为维护革命统一战线，维护国共合作的黄埔军校，在中共广东区委统一领导下，共产党人在黄埔军校开展了大量破局与开拓的工作，维护并推进了黄埔军校。此为黄埔军校校史上一页重要的篇章。

一、成立中共黄埔党团，加强党在军校的工作

黄埔军校是一所国共合作的学校，从筹创之日起，即有共产党员在该校工作和学习。该校共产党组织原称中共黄埔直属支部，至第四期称特别支部。中山舰事件后，熊雄（黄埔军校政治部负责人）向中共广东区委领

导人陈延年、周恩来汇报情况。鉴于紧急事变突如其来，广东区委当即决定设立由熊雄、恽代英（政治部主任教官）、聂荣臻（政治部秘书、教官）、陈赓（一期毕业生、步兵科连长）和饶来杰（区委特派员）组成中共"黄埔党团"。①"党团"是中共广东区委为应对中山舰事件而授权成立的，是黄埔军校共产党的"核心组织"，统领黄埔军校中央的工作。

黄埔军校"党团"首要的任务，是针对重大事变的骤然发生，统一思想认识，稳定内部，巩固党的组织。对惊恐不安、茫然失措者，帮助他们认清是非，辨明方向；对出于激愤、不顾后果、盲目而动者，进行严肃批评教育，及时制止鲁莽行为的发生和蔓延。当时，党内难免有茫然失措，激于义愤，盲目而动的人。公开质疑中山舰事件，硬怼蒋介石者，党内不乏其人。其中第四期政治科学生王襄（当时是共产党员）在大会上质问蒋的举动，尤为轰动，"有如晴天霹雳，全场为之一惊"。②此为不顾后果、鲁莽无益的做法。黄埔军校"党团"立即布置各党小组召开会议，及时加以引导。政治部主任熊雄专门找王襄谈话，对他不讲策略、不顾后果、个人狂热的举动，提出了批评。③霍步青、裘树藩（均为第四期学生、共产党员）等，也是敢于公开挑战蒋介石的人物。据第四期炮科学生裘树恺（裘树藩弟，当时是共产党员）回忆：霍步青、裘树藩受到党组织的告诫，"一起挨了批评"。④通过一系列工作，党内统一了思想认识，制止了惊慌情绪、冒失行为的继续蔓延，党的组织得以稳定和巩固。与此同时，军校党组织有针对性地开展纪律教育，教育党员坚定信念，认清方向，站稳立场，坚守红线。由于保持定力，沉着应对，军校党组织经受了突发事变的冲击，稳定和巩固了党的组织。显而易见，军校共产党组织的稳定和发展，是黄

---

① 饶来杰：《回忆中共党组织在黄埔军校的活动情况》，《广东文史资料》第 37 辑，广州：广东人民出版社，1982 年，第 14 页、15 页。聂荣臻、陈赓后调离黄埔军校，恽代英亦于 1926 年 12 月离粤赴汉，黄埔党团由熊雄主持。

② 文强：《我在黄埔军校的见闻片断》，《广东文史资料》第 37 辑，广州：广东人民出版社，1982 年，第 171 页。

③ 熊巢生等：《熊雄》，《中国大革命中的熊雄》，南昌：江西人民出版社，2002 年，第 49 页。

④ 裘树恺：《我和我的二哥裘树藩》，1992 年 6 月 6 日，打印稿，笔者收藏。

埔军校的统一战线大局得以维护的基础。

二、维护黄埔军校国共合作大局

中山舰事件后，中共广东区委指出军校"党团"的中心任务是："团结左派，争取中间力量，反对极端势力，积极宣传孙中山'联俄、联共、扶助农工'三大政策和国民革命运动，加强军校政治教育工作，培养配备国民革命军各军的军事政治骨干与后备力量，为国民革命军出师北伐做好充分准备。"①广东区委指示的要点，是继续举孙中山之旗，坚持国民革命，实行三大政策，维护黄埔军校统一战线大局。这为军校"党团"工作指明了大方向。

当时，蒋介石以做"纯粹党员"为词，引诱、逼使兼具双重党籍的共产党员或者退出共产党，或者退出国民党。本来，"党内合作"（兼具双重党籍）是孙中山的既定决策，蒋却置此于不顾，运足机谋，挖坑设阱，企图以此既削弱、整垮共产党，又全盘否定国民党改组的方针方向，推翻"党内合作"，达到其不可告人的目的。针对蒋介石对共产党员退出共产党的诱逼，军校共产党人进行了有力的抵制。当时，黄埔军校有共产党员500 多人。②蒋诱逼的结果，已经暴露的共产党员，有 39 人退出了共产党，却有 250 多人退出了国民党，同时退出了黄埔军校和蒋掌控的第一军。③蒋劳心日拙，不但未能达到削弱和整垮共产党的目的，反而为渊驱鱼，为丛驱雀，削弱和孤立了他自己。

当军校"党团"为如何应对蒋的"退党"诱逼而请示广东区委时，区

---

① 饶来杰：《熊雄献身革命气壮山河》，《中国大革命中的熊雄》，南昌：江西人民出版社，2002年，第 185 页。

② 周恩来 1943 年 11 月 27 日在中共中央政治局会议上的发言，中山舰事件时"黄埔有五百余党员"。引自中共中央文献研究室编：《毛泽东年谱》上卷，北京：人民出版社，1993 年，第 159 页。

③ 周恩来：《关于一九二四至二六年党对国民党的关系》，《周恩来选集》上卷，北京：人民出版社，1980 年，第 121 页。

委书记陈延年斩钉截铁地说："一个都不要向所在单位国民党党部表态，尤其是一向没有暴露中共党员身份的人，更应保持常态。"①陈延年这一指示的关键词，就是"保持常态"，也就是指示共产党员不暴露身份，不向国民党表态，既不退出共产党，也不退出国民党，坚持孙中山既定的"党内合作"政策。黑云压城城欲摧之际，"保持常态"是一条良策，是一条定海神针。当时，如果不是"保持常态"，如果让共产党员全都亮明身份，全部退出国民党和黄埔军校，那就等于按蒋介石的意图，抛弃国共两党的合作（"党内合作"）。那样一来，黄埔军校就不再是国共合作的军校了（当时未能"保持常态"，轻率地亮明共产党员身份的一些人，当蒋介石发动反共"清党"时，等于自投罗网，被按名就逮）。是故，中山舰事件后，顾全大局，维护黄埔军校的统战大局，是共产党人对黄埔军校的一大贡献。

三、调整策略，有退让，有坚守

中山舰事件后，从顾全统一战线大局出发，中共广东区委和黄埔军校党组织调整策略，主动对一些问题做出了退让。4月10日，中国青年军人联合会（左翼军人团体）发表"自动解散通电"，宣布即日起，自动解散。②5月间，国民党黄埔军校特别党部重新成立时，仅3位共产党员（熊雄、蒋先云、范荩）选为执行委员和监察委员。凡此，是共产党人顾全大局，避免统一战线破裂，维护黄埔军校之举。

北伐出师之前，蒋介石成立"黄埔同学会"。这是以蒋为中心、由蒋一手掌控的组织，其《简章》规定，"校长为本会会长""一切会务均听命于会长"。③该会成立时，军校共产党人除蒋先云声明"不受选"外，其他人未正面做出反对和抵制，而是有选择地参加了其中的工作。列名于

① 饶来杰：《回忆中共党组织在黄埔军校的活动情况》，《广东文史资料》第37辑，1981年12月。
② 广东革命历史博物馆编：中国青年军人联合会《宣布解散通电》，引自《黄埔军校史料》，广州：广东人民出版社，1982年，第347页。
③ 广东革命历史博物馆编：《黄埔同学会简章》，引自《黄埔军校史料》，广州：广东人民出版社，1982年，第383页。

该会干部名单的游步瀛、刘仇西、蒋友谅、杨新民、杨其纲、魏亮生、李联珍、胡秉铎、余洒度等，当时均为共产党员。有的人还担任该会刊物《黄埔潮周刊》《黄埔旬刊》的编辑和撰稿人（游步瀛、杨新民、吴善珍等）。

7月26日，蒋介石离穗北上前，将"禁绝小组织——小团体"作为临别赠言，指令印发全校，企图将共产党定性为"小组织"或"小团体"，进而加以"禁绝"。对此，黄埔军校政治部代主任、"党团"负责人熊雄在《黄埔日刊》发表《对于校长"临别赠言"的说明》：第一，孙中山"主张容纳各派革命分子"原则是"不可移易"的，必须坚持；第二，所谓"小团体"是"纯以乡土或感情而结合"的团体；第三，CPC（共产党）"既是代表工农的政党，自有其独立性"。①熊雄将蒋介石的"赠言"作了有利于维护革命团结的解读；对"小组织""小团体"作了明确的界定，严正维护了共产党的独立性。

蒋介石当时提出的"真诚团结"之类口号，实际只在黄埔学生中讲"团结"，包含有构建黄埔宗派的意图。对此，第一期毕业生、共产党员黄鳌发表文章说：第一，团结并非只是因为黄埔同学的关系，而是因同为国民革命效力，同在一条战线上奋斗的关系；第二，不能只在黄埔同学中讲团结，对非黄埔同学的革命同志也要团结，不能歧视非黄埔同学的同志；第三，团结的要旨是维护国民革命联合战线。②经过这样的解读，实际上抵消了蒋以封建、宗派思想控制黄埔学生的企图。

经过一系列工作，黄埔军校教官、职员、学生的政治识别力提高，左翼阵营的力量与声势不断提升。当时，右翼孙文主义学会在中国青年军人联合会解散后，亦已宣布解散，但孙文主义学会分子仍在暗中活动，挑动是非，拨弄暗潮。在正气张扬的政治气候下，孙文主义学会分子这类地下活动，不断被举报，其成员不断分化。例如，第四期学生符琇，入伍训练时在惠州加入过孙文主义学会。1926年9月，符琇还在《向导》发表文章，

---

① 熊雄：《对于校长"临别赠言"的说明》，《黄埔日刊》，1926 年 8 月 13 日。
② 黄鳌：《黄埔同学应注意之点》，《黄埔潮》周刊第 8 期，1926 年 8 月。

公开批评陈独秀《论国民政府之北伐》一文。① 是年 11 月 18 日，符琇在《黄埔日刊》刊出"早已退出孙文主义学会"的启事；② 次年 1 月 7 日，符琇又在《黄埔日刊》发表了他的反思文章——《我过去的错误》，表明反戈一击，并"披露孙文主义学会的恶迹"。③ 之后，有学生（粟亢麟、潘质、王为、贺奎年、李培、梁文芳、谢斌等）陆续在《黄埔日刊》发表声明，宣布与孙文主义学会划清界限，退出其暗中操纵的组织。④

总之，在中共广东区委的统一领导下，黄埔军校党组织正确掌握了既坚持原则，又顾全大局；既坚守底线，又实行必要的退让；既有斗争，但斗而不破的方针和策略，开展了一系列斗争，在化解危局中稳步前行，维护了黄埔军校统一战线的大局。

四、坚守和加强黄埔军校政治部

黄埔军校政治部主要是共产党人主持的一个部，在该校中居于举足轻重的地位。"政治部"的工作包括：主持军校政治教育；军校教导团成立后开展军队政治工作；两次东征和北伐战争期间，开拓战时政治工作。军校政治教育和军队政治工作成效卓荦，在军校内外素有好评。中山舰事件后，面对逆变，共产党人任凭风浪起，坚守政治部，致力于加强政治部的各项工作，对坚持国共合作，维护黄埔军校，起了至为关键的作用。

当时，有的已经暴露的共产党员退出了黄埔军校；蒋介石并且公开斥退了该校政治主任教官高语罕（国民党第二届中央监察委员、时为共产党员），重拳打压共产党人。在极其严酷的情况下，共产党人沉着应对，坚守政治部的各种岗位。该校第三期政治部在册 30 人，已知共产党员 14 人；

---

① 水如编：《陈独秀书信集》，北京：新华出版社，1987 年，第 412 页、419 页。
② 符琇"启事"："我在去年入伍的时节，被人嵌入孙文主义学会，在校长未下解散学会令以先，我早已明后退出。至今还有许多同志，疑我为孙文主义学会会员，故特此声明。第四期学生符琇，11，16."《黄埔日刊》，1926 年 11 月 18 日。
③ 符琇：《我过去的错误》，《黄埔日刊》，1927 年 1 月 7 日，第 4 版。
④ 《黄埔日刊》1927 年 2 月 24 日、25 日、28 日，3 月 23 日。

第四期在册 86 人，已知共产党员近 30 人（政治部部分人员未登记在册）。可见中山舰事件后，政治部地位稳定，在政治部工作的共产党员人数增加，共产党人在该部的作用未被弱化。在组织上，政治部设"政治部主任"（熊雄）、"政治主任教官"（恽代英）和"政治教官"三层架构，其中"政治主任教官"是前三期未有之设置。"政治主任教官"恽代英，"政治教官"于树德、陈启修、安体诚、李合林、张秋人、王懋廷等，均为第四期后（中山舰事件后）调入该校工作的共产党员。在政治部的职员中，杨其纲、饶来杰、谭其镜、邝鄘、欧阳继修、毛泽覃、宛希先、王尚德等是共产党员。随后陆续调入该校的孙炳文（政治主任教官）、韩麟符（军官政治研究班政治主任教官）、萧楚女、熊锐、李求实、罗懋其、陈日新、黄松龄、施存统等，也是共产党员。

　　最值得注意的，是政治部主持的"政治科"的开办。黄埔军校前三期，未有"政治科"之设。该校更名为中央军事政治学校后，增设"政治科"（与步、工、炮、经理各科并列），由政治部主办，在第四、第五期各计划招生 500 人，等于在黄埔军校内，设置了一个二级学院。"政治科"办学规模大，教学团队强，开设政治理论课达 20 多门，在教学上，实行"政治与军事打成一片"和"理论与实际打成一片"的方针，致力于运用革命理论武装人、提升人。"政治科"是黄埔军校新质、活力的代表，是朝气、锐气的象征。"政治科"的创办，有力打破了中山舰事件后军校政治低迷的局面，盘活了黄埔军校的整个教育。

　　蒋介石曾经对第二期毕业生说："你们现在所学的军事学，还没有到陆军中学程度。"[1]对第三期毕业生说："（你们的）实际程度还比不上陆军中学。"[2]可见在蒋介石看来，军事教育并非黄埔军校之强项。黄埔军校的强项或优势，毫无疑问，就是共产党人主持的军校政治教育和军队

---

[1]　《蒋介石训第二期毕业生》（1925 年 9 月 9 日），中国第二历史档案馆编：《蒋介石年谱初稿》，北京：档案出版社，第 421 页。

[2]　《蒋介石第三期同学点名》（1926 年 1 月 12 日），中国第二历史档案馆编：《蒋介石年谱初稿》，北京：档案出版社，第 517 页。

政治工作。中山舰事件后，共产党人努力坚守、充实和加强军校政治部，积极推进、深化政治教育和政治工作。这样，国共合作的黄埔军校遂得以稳步前进，并得到巩固和发展。

五、开辟宣传阵地，掌握舆论导向，引领政治工作

黄埔军校原有《中国军人》《革命军》《黄埔潮半周刊》等期刊。中山舰事件后，该校共产党组织加大了办报、办刊工作的力度。《黄埔日刊》、《黄埔潮周刊》、《先声旬刊》（《民众的武力》）、《黄埔旬刊》、《革命画报》等报刊，如雨后之春笋，适时破土而出。其中《黄埔日刊》尤为引人注目。该刊原名《国民革命军中央军事政治学校日刊》，创办于军校改组（1926年3月）时，至5月26日，该刊改名为《黄埔日刊》，此为整理党务案出笼、形势十分低落之时。黄埔军校"党团"和政治部于此时加大《黄埔日刊》办刊的力度，是共产党人占领舆论宣传高地、引领政治思想的重磅之举。《黄埔日刊》由安体诚（政治部宣传科长）主编，宋云彬（政治部编纂股长）、陈日新（陈涛）、黄松龄（黄克谦）、张竞若（张鸿沉）、罗懋其（罗髯渔）、李元杰、尹伯休（三期生）、叶书（李逸民，四期生）等任编辑和主要撰稿者。当时，这些人均为共产党员。《黄埔日刊》发行量达二三万份，发行于校内外乃至全国各地，对驱散中山舰事件、整理党务案的阴云，掌握舆论导向，加强革命思想、文化、理论的探索与研究，发挥了积极、重大的作用。

宣传、理论工作的加强，推动了黄埔军校讲坛、文坛的活跃。熊雄、恽代英、萧楚女、孙炳文、韩麟符、陈启修、王懋廷、安体诚、熊锐、张秋人、李求实、黄克谦（黄松龄）、陈日新（陈涛）、施存统、欧阳继修（阳翰笙）、舒治平（苏怡）等教职员；各期学生杨其纲、曾中圣（曾中生）、郭俊英（郭化若）、叶书（李逸民）、袁裕（袁国平）、吴善珍（吴奚如）、陶铸等，于中山舰事件后，在该校（及校外）之文坛、讲坛上，发表了大量文章或讲演稿，其中不乏宣传马克思主义，坚持联俄、联共，维护国共

合作之作。黄埔军校堪称精神产品之高产区，当时推出的作品，有的放矢，激浊扬清，有破有立，亦有一定的思想、学术深度。凡此，均为该校教官、学生在思想、理论领域勇于探索并有所建树的表现。

六、加强党的自身建设

针对中山舰事件后的新形势、新情况和新问题，中共广东区委和黄埔党组织运用各种条件，通过各种渠道，采取各种形式，在党内开展经常性的教育。广东区委定期于每星期日在广州农民运动讲习所，集中党小组长以上骨干，或召开会议，或组织讨论，或听取周恩来、陈延年、熊雄、恽代英、邓中夏等人讲课或作时事、政治报告。黄埔军校赴农民运动讲习所参加学习者，每次均有七八十人至百来人，来回派电船接送。[①] 第四期学生李联珍（当时是共产党员）回忆："1926 年在广州农民运动讲习所学过一年党义。"[②] 第四期生裘树恺回忆："凡是中共党员，规定（每星期日）上午在农民协会礼堂上党课一至三小时。"[③] 由于认真组织学习，抓紧党内教育，从而增强了党员的政治鉴别力，提升了思想理论水平。

除加强党的思想建设外，中共广东区委、黄埔党组织还抓紧了组织建设。当时，蒋介石特别提防共产党人在国民党内和黄埔军校吸收党员和发展共产党的组织。蒋介石在中山舰事件后所拟《请整军、肃党、准期北伐》中，规定"如有运动本党党员加入共产党者，一经检举，则处于严律"。[④] 但是，在历史潮流推动下和共产党正义事业的感召下，仍有许多革命、进步青年面对险情，逆袭而上，毅然申请加入共产党。该校第四期学生饶绘峰，在共产党员李鸣珂、胡成杰（均为第四期生）帮助下，于 1926 年 5 月加入共产党。这正是蒋的整理党务案出笼之时。饶绘峰的入党宣誓仪式，是

① 王世英：《共产党人在黄埔军校》，《广东文史资料》第 37 辑，广州：广东人民出版社，1982 年，第 148 页。
② 李联珍手写笔记，复印件，李晓光（李联珍孙）提供。
③ 裘树恺：《我和我的二哥裘树藩》，1992 年 6 月 6 日，打印件。
④ 中国第二历史档案馆编：《蒋介石年谱初稿》，北京：档案出版社，第 555 页。

在广州农民运动讲习所举行的。①上海大学社会系学生罗懋其，来穗后于1926 年 9 月间由团转党，由广东区委书记陈延年主持，在农讲所举行入党仪式。②罗懋其随后到黄埔军校任政治教官。著名共产党人陶铸的简历显示：1926 年入黄埔军校第五期学习，同年加入中国共产党。他也是在中山舰事件发生后入党的。

据粗略估算，至 1927 年大革命失败时，先后在广州黄埔军校工作、学习过的共产党员，共达千人以上，目前能查到姓名者，有 780 多人（未包括武汉等分校），比中山舰事件时的 500 多人，增加了数百人。党组织日益健全、发展，在"党团"之下，政治部、入伍生部、各期各科成立了支部。可见经过中山舰事件，黄埔军校共产党组织不但未被削弱，反而得到了巩固和发展。

1927 年 3 月，中共黄埔军校特支书记杨其纲发表《本校之概况》一文，其中说，"有了无产阶级群众，当然也有无产阶级政党的组织"。杨其纲公开宣布：黄埔军校每期学生中，都有共产党员。③

黄埔军校党组织的党建实践，具有开创性的意义。在前进的道路上，特别是在紧急事变突发、黑云压城、人心动荡之时，党内应大力加强统一领导，抓紧党的建设，从思想上、政治上、组织上和党纪、党风上，切实管好党、巩固党和发展党。只有这样，才能化解危局，战胜困难和敌人，推进党和革命的事业。

或者有人会以为，经过中山舰事件的打压，共产党人在黄埔军校已经一蹶不振，黄埔军校也已经走向衰落了。这一看法有失偏颇。历史事实表明，中山舰事件后，共产党人对蒋介石的反共、分裂活动进行了有力的抵制，思想上辨明了方向，政治上站稳了脚跟，组织上得到巩固和发展。共产党组织在黄埔军校的稳定、巩固和发展，同时也就稳定了黄埔军校统一战线

---

① 《忠州党史人物·饶绘峰》，《忠州日报》，2023 年 11 月 29 日。
② 戴逸：《革命疆场驰战马，功成杏坛执教鞭——记罗鬓渔的风雨征程》，《炎黄春秋》，1997 年第 11 期。
③ 杨其纲：《本校之概况》，《黄埔日刊》，1927 年 3 月 1 日。

的大局，坚持了国共合作办校的原则和方向。北伐出师后，在共产党人不懈的努力下，并在革命潮流节节高涨的推动下，笼罩于广州和黄埔上空的中山舰事件阴云被逐步驱散；各地热血青年"到黄埔去"的浪潮，仍在日益升温。第四期学生 2200 多人，于 1926 年 10 月准期毕业；第五期于同年 11 月开学，招生 2260 多人；第六期入伍生招生 4400 多人。黄埔军校依旧热气腾腾，一派兴盛。

至 1927 年上海"四一二"、广州"四一五"，蒋介石不惜通过发动流血政变，绞杀了中国大革命，也摧毁了国共合作的黄埔军校。至此，一代名校——黄埔军校发生了质的变化。然而，此前共产党人为维护国共合作、坚持团结办校所作的不懈努力，则是不应抹杀的。

（曾庆榴，中共广东省委党校教授）

国共合作的大革命时期中国共产党人对武装斗争的认识

郑大华

摘要：中国共产党成立之初，把主要精力放在组织和发动工农运动上。随着革命形势的发展，共产党人开始对武装斗争有了一定的模糊认识，也开始了对军事理论的初步探索。从第一次国共合作到大革命失败这段时期，共产党人对武装斗争理论的探索，主要呈现以下几个特点：首先，逐渐认识到武装斗争在中国革命中的重要性，意识到"军事工作是党的工作的一部分"。其次，阐明了必须武装工农、建立以工农为主体的革命军队。最后，初步探索了如何建设革命军队的基本理论。随着蒋介石反动面目逐渐暴露，共产党内不少人认识到右倾机会主义错误路线对国民党"新右派"一味妥协退让的危害。但遗憾的是，党内的右倾机会主义者没有采纳这些人的正确主张，只知一味妥协退让，其结果是轰轰烈烈的大革命走向了失败。八七会议总结了大革命失败的经验教训，确定了土地革命和武装反抗国民党反动派的总方针。

关键词：国共合作　大革命时期　中国共产党　武装斗争

中国共产党对武装斗争认识的主要依据是马克思主义的暴力革命学说，它是早期马克思主义理论家在领导国际工人运动的长期革命实践中得出的科学理论,是科学社会主义理论的重要内容,也是俄国十月革命成功的一条重要经验。

武装斗争是科学社会主义的主要内容,也是中国革命斗争的主要形式。1939 年 10 月 4 日,毛泽东在《〈共产党人〉发刊词》一文中将统一战线、武装斗争、党的建设,称为"中国共产党在中国革命中战胜敌人的三个法宝,三个主要的法宝",认为它们"是中国共产党的伟大成绩,也是中国革命的伟大成绩"。① 就"武装斗争"而言,他指出:"在中国,离开了武装斗争,就没有无产阶级的地位,就没有人民的地位,就没有共产党的地位,就没有革命的胜利。""没有武装斗争,就不会有今天的共产党。"② 然而从 1921 年中国共产党成立到 1927 年八七会议确定土地革命和武装反抗国民党反动统治的总方针前,中国共产党对武装斗争则经历了一个从初步认识到开始认识到它的重要性的过程。

一

在中国共产党成立之初,把主要精力放在组织和发动工农运动上,没有把直接准备战争和组织军队放在重要位置上,认为"宣传、组织、训练,究竟是比军事运动十百倍重要的事"③,主张应该先有强大的革命党,然后才能有革命军队,最后才能有革命政府。随着革命形势的发展,中国共产党人逐渐开始对武装斗争有了模糊的认识,也开始了对军事理论的初步探索。

1922 年 12 月 15 日,周恩来在《评胡适的"努力"》一文中批驳"好人政府"的主张,文章强调革命武装的重要性,"真正革命非要有极坚强极有组织的革命军不可!没有革命军,军阀是打不倒的"。④1923 年 2 月,

---

① 毛泽东:《〈共产党人〉发刊词》,《毛泽东选集》第 2 卷,第 606 页、610 页、609 页。
② 毛泽东:《〈共产党人〉发刊词》,《毛泽东选集》第 2 卷,第 606 页、610 页、609 页。
③ 张羽等编校:《恽代英书信集:来鸿去燕录》,北京:人民出版社,1981 年,第 190 页。
④ 中共中央党史研究室编:《周恩来年谱》(1898–1949),北京:中央文献出版社,1998 年,第 59 页。

在中国共产党的领导组织下,举行了震惊中外的京汉铁路工人大罢工,掀起了中国第一个工人运动的高潮,然而随即被军阀吴佩孚血腥镇压,著名共产党人林祥谦被枭首示众,另有数十名工友被杀。"二七惨案"的沉痛教训让共产党人意识到"劳动者能有武器,岂能任他们如此杀戮?又何以军队方面无一死伤?"①1923年2月,瞿秋白在《新青年》上发表《现代劳资战争与革命——共产国际之策略问题》一文,认为革命与反革命的冲突之中,军事问题是不可避免的,"所以要求转移军事武装机关于有职业有组织的工人",必须令"革命军"的训练确实能有战斗力,"而后一致的向敌"。②

对于孙中山利用军阀进行革命的做法,共产党颇有微词,认为武装革命必须有真正的革命军队,否则不可能取得最终的胜利。早在国共合作之前,中共中央就曾经致信孙中山指出:南方军阀对人民犯下的罪恶不比北方军阀少,即使将这些人烧掉,在骨灰里也找不到半点民主革命的痕迹,即使偶然取得了胜利,也会给人民造成与军阀是一脉相承的印象。陈独秀对孙中山这一做法批评最甚,在《西南团结与国民革命》一文中,指责孙中山想把艰难的革命事业黏附在利用南北军阀冲突的机会上面,而西南将领没有一个能走上革命道路,很多还是反革命人物,他们顶争气也不过是利用孙中山的盛名与北方军阀争夺地盘到底,"我们实不愿看见一个革命的领袖为投机的军人政客所玩弄!"③

1924年1月,国共开始第一次正式合作,同年5月,黄埔军校正式创办。国共合作的建立大大推动了国民革命运动的发展,武装斗争的问题日益突出,共产党的军事实践"从一九二四年参加黄埔军事学校开始,已进到了新的阶段,开始懂得军事的重要了"。④经过1925年五卅运动的实践,

① 《二七大屠杀的经过》,中华全国总工会工运史研究室等编:《二七大罢工资料选编》,北京:工人出版社,1983年,第206页。
② 瞿秋白:《现代劳资战争与革命——共产国际之策略问题》,《瞿秋白文集·政治理论编》第1卷,北京:人民出版社,2013年,第479–480页。
③ 陈独秀:《西南团结与国民革命》,《向导》周报第84期,1924年9月24日。
④ 毛泽东:《战争和战略问题》,《毛泽东选集》第2卷,北京:人民出版社,1991年,第547页。

共产党对武装斗争的认识有了进一步的提高。共产党人在黄埔军校各部门任职并几乎承担了军队的所有政治工作，周恩来主持的广东区委还直接领导了一支革命武装——大元帅府铁甲车队，并以此为基础成立国民革命军第四军独立团，这是中国共产党直接领导的第一支正规部队。军事实践活动日益丰富，对军事理论的探讨逐渐深入。从第一次国共合作到大革命失败这段时期，共产党对武装斗争理论的探讨，主要呈现以下几个特点：

首先，逐渐认识到武装斗争在中国革命中的重要性，意识到"军事工作是党的工作的一部分"。正确认识武装斗争的地位和作用，是共产党在领导革命斗争过程中必须首先解决的一个极为重要的问题。1924 年 1 月，邓中夏指出：在国民群众的革命思潮和革命行动已到极其剧烈和汹涌的时候，"军事活动不特不可废，而且是重要工作之一"。[①] 现实是最好的教员。让共产党人震惊的是黄埔军校的学生军在东征陈炯明、南征邓本殷和平定广州商团叛乱中的表现。在东征陈炯明时，战局进展出人意料的顺利，共产党总结"新训练的国民党党军奋勇当先"是最主要的原因。[②]1925 年 5 月 30 日爆发了反帝爱国运动，瞿秋白在领导五卅运动中深刻体会到仅靠和平的方式，而无"平民的武装"做后盾，反帝斗争无取胜的希望，只有组织起自己的武力，"才能抵御英日帝国主义及奉直军阀的压迫和侵略"。[③] 五卅运动中，领导共青团工作的恽代英也感受到青年学生赤手空拳，手无寸铁，"打天下是不成的"。在 1925 年 7 月召开的全国学生代表大会上，恽代英提出了一个重要议题：在学校里建立学生军议案。他认为全国中等以上的学校应该组织学生军，进行军事教育，以为领导工农武装起来，以暴力革命手段，打倒帝国主义准备。[④]

1926 年，北洋军阀在制造惨绝人寰的"三一八惨案"后，继续搞政治欺骗，在此背景下，瞿秋白发表了《中国革命之武装斗争问题——革命战

---

① 邓中夏：《论兵士运动》，《邓中夏全集》（上），北京：人民出版社，第 349 页。
② 心诚：《孙中山逝世与广东战况》，《向导》周报第 107 期，1925 年 3 月 21 日。
③ 瞿秋白：《五卅屠杀后之奉系军阀》，《瞿秋白文集·政治理论编》第 3 卷，北京：人民出版社，2013 年，第 307–308 页。
④ 人民出版社编辑部：《回忆恽代英》，北京：人民出版社，1982 年，第 21 页。

争的意义和种种革命斗争的方式》，比较系统地、全面地论述了武装斗争
的必要性，提出了武装斗争是中国革命的主要方式这一重要论断，是共产
党人最早全面论述武装斗争的一篇文章，代表了大革命时期共产党人对武
装斗争问题的认知水平。文章指出：中国革命斗争的经验已经创造了武装
斗争的必要条件，现时已经到了武装直接决战的准备时期，因此，革命运
动的中心问题是实行准备革命战争，以求在最短时间内推翻帝国主义在中
国的政治统治——军阀制度。① 随着北伐战争节节胜利，工农武装运动在
全国蓬勃发展，1926 年 7 月共产党召开第三次中央扩大执委会，通过了党
的第一份《军事运动议决案》。决议指出：从前我们的同志不注意军事行
动，最近本党同志虽然注意军事运动，但未能了解目前本党军事工作的责
任，和获得有条理的准备武装暴动的经验的意义，以后"随时都须准备武
装暴动"，"军事工作是党的工作的一部分，各地军事工作负责同志，应
与当地党的书记发生密切关系，向书记报告工作情形，并和书记商量自己
工作"。② 这个决议的作出和它的基本思想说明共产党对武装斗争重要性
的认识又上了一个台阶，从此随着革命形势的发展军事工作在党的各项工
作中越发重要。

在决议精神的推动下，在江浙区委罗亦农、赵世炎和中央军委书记周
恩来的领导下，上海工人从 1926 年 10 月到 1927 年 3 月先后举行了三次
武装起义，为共产党开展武装斗争进行了勇敢的尝试，武装斗争的实践进
一步提高了共产党的认识。周恩来在总结第二次起义失败的教训时指出：
"过去我们只指导罢工、示威，没有很注意武装自己，这就无法战胜敌人。"

其次，阐明了必须武装工农、建立以工农为主体的革命军队。充分认
识武装工农的重要性，建立强大的工农武装力量，是共产党进行武装斗争
必须正确认识的又一个重要课题。在建党前后，共产党内的一些同志就已
经开始研究俄国十月革命的成功经验，提出了发动群众、武装工农的主张。

---

① 瞿秋白：《中国革命之武装斗争问题——革命战争的意义和种种革命斗争的方式》，《瞿秋
白文集·政治理论编》第 4 卷，北京：人民出版社，2013 年，第 50 页。

② 《中共中央文件选集》第 2 册，北京：中共中央党校出版社，1989 年，第 227–229 页。

李大钊很早就提出了"非把知识阶级和劳工阶级打成一气不可"的主张。1922 年 9 月，蔡和森便强调："假使能够鼓起人民武装的自卫和抵抗，使各大城市的市民全副武装或工人全副武装，那么，民主革命没有不成功，封建的武人政治没有不崩倒的。"① 瞿秋白在《国民革命中之农民问题》一文中指出：要武装农民，组织农民自卫军，让农民有自己的武装保卫切身利益，"让农民参加政权，乡村的政权归农民"。② 从事农民运动的彭湃等人最早从斗争实践中体会农民武装的重要性，"不建立农民的武装队伍，不把好的武器发给他们，我们的工作就得不到必要的结果。从我抵达广州的第一天就对此深信不疑"。③

国共合作后，工农运动在全国各地轰轰烈烈展开，客观的实践使越来越多的共产党人意识到武装工农的重要性。1924 年 10 月，当广州商团企图发动叛乱时，中共广东区委立即派党员干部组织工团军和农民自卫军，周恩来在群众大会上满怀信心地指出：共产党有工人可以武装，有农民可以自卫，就可以打败帝国主义及其走狗。五卅惨案发生后，陈独秀提出："亟须武装学生、工人、商人、农民，到处组织农民自卫军"，"民众取得武装，解除军阀武装"，一直到在武装冲突中战胜帝国主义，才能达到民族解放的目的。④1925 年 10 月，共产党在《告农民书》中提出了组织农民协会，再由农民协会组织农民自卫军，并公布了农民协会章程及如何具体组织农民自卫军提出了指导意见："非协会会员不得加入农民自卫军"，"各级执行委员会均得指定会员若干人组织特殊团体，办理自卫军"。⑤ 但是《告农民书》中将农民自卫军的功能仅限于抵抗土匪和乱兵，这是有很大局限性的。毛泽东在实地考察了湘潭、醴陵、长沙等地，写成《湖南农民运动

---

① 蔡和森：《武力统一与联省自治——军阀专政与军阀割据》，《蔡和森文集》，北京：人民出版社，1980 年，第 106 页。
② 瞿秋白：《国民革命中之农民问题》，《瞿秋白文集·政治理论编》第 4 卷，第 386 页。
③ 彭湃：《彭湃文集》，北京：人民出版社，1981 年，第 85 页。
④ 陈独秀：《我们如何应付此次运动的新局面》，《陈独秀著作选》第 2 卷，上海：上海人民出版社，1993 年，第 888 页。
⑤ 《告农民书》，《中共中央文件选集》第 1 册，北京：中共中央党校出版社，1989 年，第 516–517 页。

考察报告》，强调了在农村建立农民政权和农民武装的重要性，主张将农民武装一律改为"挨户团常备队"，建立农民协会和农民武装，农村一切权力归农会。蔡和森也指出武装农民的重要性：军事上虽然可以胜利，但军队非完全的武装基础，因军事领袖随时有可能叛变革命，根本的问题是将农民武装起来，充分使农民得到武装，"惟有占全国人民百分之八十以上的农民是革命的中心军队"，"革命基础方不致动摇"。① 湖北省农民协会扩大会议作出的《武装问题决议案》指出："只有真正的农工武装才能保证已得的胜利，只有真正的农工武装，才能抵抗以至消灭反革命的武装——使革命得到新胜利。"②

一些共产党人还利用一切机会来进行武装工农的实践工作。1925 年 6月省港大罢工爆发时，在广东区委军委书记周恩来的主持下，从黄埔军校抽调大批共产党员帮助工人建立了一支两千多人的武装纠察队，并派党员干部徐成章、邓中夏对工人纠察队进行领导和政治、军事训练。在长达 15个月的罢工斗争过程中，工人武装纠察队无论是打击帝国主义的挑衅还是封锁香港，都显示了工人武装起来的伟大力量。1925 年海丰成立农民自卫军，爆发了农民武装起义，建立了人民政府和"常备军"，各乡都组织了赤卫军，农民常备军的出现说明了海丰武装农民的工作已经突破了自卫范畴，已经进步到武装夺取建立政权的新阶段，是一个重大历史进步。

最后，初步探索了如何建设革命军队的基本理论。军队是武装斗争的主要组织形式，是国家政权的主要成分。马克思指出："无产阶级专政的首要条件就是无产阶级军队。"列宁也指出："革命军队所以必要，是因为只有强力才能解决伟大的历史问题，而现代斗争中强力的组织就是军事组织。"国共合作之后，斯大林在《论中国革命的前途》中提出："在中国，和旧政府的军队对抗的，是以革命军队为代表的武装的人民，是武装

---

① 蔡和森：《在国民党湖南省党部欢迎会上的讲演词》，《蔡和森文集》，北京：人民出版社，1980 年，第 767 页。
② 《湖北省农民协会扩大会议重要决议案》，《汉口民国日报》，1927 年 6 月 30 日。

的革命反对武装的反革命。"① 但斯大林提到的革命军队是指国民革命军，因此大革命时期苏联只是在帮助国民党建立武装，并没有要求共产党建立自己的武装。但是这一时期共产党对革命军队作用、任务、创建原则等一系列重大问题做了一系列富有成效的探讨。

1922 年 9 月，陈独秀在《造国论》中提出要"组织真正的国民军，创造真正的中华民国"。几乎与此同时，蔡和森总结了法国大革命与中国辛亥革命经验教训，指出只有彻底遣散旧军队，建立革命军队才能巩固政权，否则革命迟早会像辛亥革命一样被顽固势力推翻。五卅运动爆发后，面对帝国主义和封建军阀血淋淋地屠杀手无寸铁的平民，共产党感受到建立"真正的人民武力"的重要性，提出"要武装平民，成立全国统一的国民革命军"，使"武力真正成为人民的武力"，"以人民的力量促成全国政治的统一和军事的统一"。② 需要指出的是，这里的"国民革命军"是指国共合作建立起来的国民革命军，不是共产党独立领导和指挥的武装力量，共产党没有特别强调军队的阶级性质，没有突出无产阶级的独立领导。当然在当时国共合作的前提下，建立共产党独立领导的人民军队也不具备历史条件。

二

随着国民党右派在国共两党内部不断制造摩擦，特别是随着北伐胜利进军，蒋介石的反动面目逐渐显现，国共合作破裂的迹象不断明显，共产党内不少同志意识到机会主义不断妥协退让的危害，开始对无产阶级掌握军事领导权进行了积极的理论探索。周恩来在《军队的性质与组织》一文中提出了"革命军的行动要依着党的政策"，"服从党的主义"等无产阶级领导军队的初步理念，尽管在当时没有能够提出党对军队的绝对领导这一原则，但也十分可贵。"三一八惨案"后，张太雷指出：在革命运动中，

---

① 《共产国际有关中国革命的文献资料》第 1 辑，北京：中国社会科学出版社，1981 年，第 181 页。
② 瞿秋白：《五卅后反帝国主义联合战线的前途》，《瞿秋白文集·政治理论编》第 3 卷，北京：人民出版社，2013 年，第 314 页。

一个有领导能力的党要有可靠的军队才能避免重蹈辛亥革命的覆辙，而这一切需要在军队中实施行之有效的制度和工作来实现党的领导。①1927 年 2 月，瞿秋白写出了一本《中国革命中之争论问题》的小册子，其中就无产阶级争夺军事领导权的问题进行了比较系统的论述。他认为：无产阶级在同资产阶级争夺革命领导权的斗争过程中，争夺军队的领导权是其中一个十分重要的工作。"军队是民族资产阶级手中最有力的工具，劳农平民决不能放任他永久的握住这些武力；劳农平民应当取得这些武力，然后能真正建立革命的独裁制。"因此，"革命发展到现时的阶段，工人阶级争取革命军队是尤其紧急而重要的责任了"。②蔡和森在反对妥协退让时也明确地指出："我们不要再为他人作嫁衣裳，伐来伐去，依然两袖清风，一无所得！这便是说现在我们必须坚决地自觉地来干我们自己的事，来找我们自己的地盘与武力。"③可惜这些正确的建议没有被中共中央接受，没能改变机会主义妥协退让的方针。

对于具体怎样建立一支军队以及革命军队的创建原则，周恩来认识得比较早，论述得较为详细与充分。周恩来是共产党最早从事军事工作的领导人，并且长期是中央军委的主要负责人。毛泽东军事思想史上尤其是关于军队建设问题上的许多"首创""第一"往往是与周恩来联系在一起的。大革命时期，周恩来的军事建设思想主要体现在《军队中的政治工作》《军队的性质和组织》《国民革命军及军事政治工作》等一系列文章中。周恩来运用马克思主义的基本观点，分析了军队的产生、形成及作用，全面分析了军队的性质和任务。他指出："军队是工具，不是一个阶级"，压迫阶级可以利用，被压迫阶级也可以利用；革命军队是为人民而打仗，目的是消除人民的痛苦，增加民众的福祉，所以军队必须与工农大众联合起来，取得人民的支持，否则就是"不足负大责任"④；无产阶级军队的历史使

---

① 张太雷：《张太雷文集》，北京：人民出版社，1981 年，第 279 页。
② 瞿秋白：《中国革命中之争论问题》，《六大以前》，北京：人民出版社，1980 年，第 715 页。
③ 蔡和森：《党的机会主义史》，《顺直通讯》第 2 期。
④ 周恩来：《在东莞商务分会及市民联欢大会上的演说词》，《上海民国日报》，1925 年 2 月 18 日。

命在于消灭剥削压迫、消灭阶级、实现共产主义；保持军队的革命性质，离不开思想政治教育工作，革命军队是党的军队，军队将官要巩固革命观念，一般士兵要有革命常识，一切行动要按照党的指示进行，遵守党的政策；士兵自觉遵守纪律是战胜敌人的一个基本要素，在作风上要以身作则。担任黄埔军校政治部主任后，周恩来对军队政治工作的目的、方法和任务等做了比较全面的论述，认为应该学习苏联红军中的党代表、政治部一整套政治工作制度。此外，恽代英指出：“党军”必须具备两个条件：一是要“服从党的主义”，二是要“有充分作战的能力”；不肯受党的指导，不肯为党的主义作战，不遵守党的纪律，再英勇善战的军队也不能称党领导的军队；所谓党高于一切，是说军队不能违背党的主义，军纪是在党纪监督之下的，而非只要党纪不要军纪。①

通过对以上三个方面问题的阐述，我们可以看出共产党在大革命时期对武装斗争已经有初步认识，取得了一定的成绩，积累了一定的理论经验，是中国共产党整部武装斗争史的开端。在这个探索过程中，周恩来、瞿秋白、蔡和森、彭湃、毛泽东、恽代英、邓中夏等人作出了较大的理论和实践贡献。正如朱德所说：“大革命时代，许多进行军事运动的同志，当时中央军委的负责同志……对我军的创建是有功劳的。没有他们所进行的军事运动，就不能有独立团，就不能有南昌、秋收、广州、湘南等起义。党的军委当时也曾选派干部到黄埔军校学习，好些人后来成了红军的骨干。”②

但是，总的来讲，如毛泽东后来在《〈共产党人〉发刊词》中所指出的：“这时，我们党虽已开始懂得武装斗争的重要性，但还没有彻底了解其重要性，还没有了解武装斗争是中国革命的主要斗争形式。”③ 在军事理论上还是有许多缺陷：首先，缺少掌握军队的领导权和创建党独立领导的军队的意识，正如李维汉所言：“无论是中央，还是湖南，都没有认识到要

---

① 恽代英：《恽代英文集》（下），北京：人民出版社，1984 年，第 797–798 页。
② 朱德：《朱德选集》，北京：人民出版社，1983 年，第 126 页。
③ 毛泽东：《〈共产党人〉发刊词》，《毛泽东选集》第 2 卷，第 606 页、610 页、609 页。

争兵权，要大力抓自己领导的军队"；① 其次，过于重视民众运动而忽视军事工作，缺少武装夺取政权的意识，正如毛泽东在八七会议上所言"对军事方面，从前我们骂孙中山专做军事运动，我们则恰恰相反，不做军事运动专做民众运动"；最后，没有正确处理统一战线与武装斗争的关系，没有坚持既联合又斗争的方针。② 这些缺陷的存在是历史进步的客观规律，不可能一下子就认识到"枪杆子里出政权"。

之所以如此，大致有以下几个方面的原因。首先，此时的中国共产党还处于幼年时期，没有革命经验，还不善于将马克思主义的基本原理与中国革命具体实践相结合。毛泽东在《〈共产党人〉发刊词》中总结道："这时的党终究还是幼年的党，在统一战线、武装斗争和党的建设三个基本问题上都没有经验的党，是对于中国的历史状况和社会状况、中国革命的特点、中国革命的规律都懂得不多的党，是对于马克思列宁主义的理论和中国革命的实践还没有完整的、统一的了解的党。"③ 其次，国民党不允许共产党染指其赖以生存的武装力量，在国共合作的大框架内，根据合作协议的分工，国民党主要从事政治军事活动，共产党专事宣传和组织民众运动。从孙中山一直到蒋介石，压根就不允许共产党直接掌握军政大权，国民党不断向苏联和共产国际施压，以"破坏合作"为名阻止共产党控制军队。再次，此时的共产党也没有足够大的组织力量和精力去组建军队。在成立初期，共产党对发展党员要求极为严格，党的三大时只有党员 420 人，党的四大时不足千人，党的五大时发展到 5.8 万人。④ 所以这个时期共产党将主要精力放在组织发展上，没有余力立即建立自己的武装。最后，共产国际把中国胜利的希望主要寄托在国民党身上，要求共产党全力协助国民党军队的政治工作。大革命时期，苏联和共产国际对国民党援助总计约 1400 万卢布，而对共产党的援助只有区区 26 万卢布。1926 年春，陈独秀特派

---

① 李维汉：《回忆与研究》（上），北京：中共党史资料出版社，1986 年，第 130 页。
② 崔国才：《1921–1927：中国共产党对军事理论的探索》，《军事历史研究》，2003 年第 3 期。
③ 毛泽东：《〈共产党人〉发刊词》，《毛泽东选集》第 2 卷，第 606 页、610 页、609 页。
④ 邵建斌：《大革命前后中共对武装斗争的认识与实践》，《党的文献》，2016 年第 5 期。

彭述之代表党中央到广州和共产国际索要 5000 支枪武装工人，共产国际代表不赞成，并且还继续武装蒋介石。李维汉后来也指出："共产国际在实践中把注意力集中于国民党身上，没有无产阶级夺取政权的思想准备，当然更不会有夺取军队领导权的思想准备。"[①]鲍罗廷也曾沮丧地提及："叶挺是带领一个团从广州出发进行北伐的，他的团在北伐期间应扩编成一个师，如果可能的话，也可以扩编成一个军。"但"这项任务没有完成。本来是可以完成这项任务的，因为在打败吴佩孚、孙传芳及其他任何军阀的情况下，是有机会扩充武装的"。[②]

随着蒋介石反动面目逐渐暴露，共产党内不少同志认识到右倾机会主义错误路线对国民党"新右派"一味妥协退让的危害，瞿秋白、周恩来、毛泽东、蔡和森等人进行了坚决的批评和抵制，他们对武装斗争的见解更加务实，更加符合实际。早在第四军独立团建立的时候，毛泽东和周恩来就建议在国民革命军每个军都建立这样的独立团。1927 年初，一些同志利用武汉的有利形势，准备再建立一个由党直接领导的独立师，人员、装备、粮饷甚至都已准备就绪。1927 年 4 月以后，国民大革命的局势急转直下，"四一二"反革命政变、"七一五"反革命政变、夏斗寅叛乱、"马日事变"等一系列反革命事件接连发生。血淋淋的事实，令许多共产党人对武装斗争有了更加清醒和深刻的认识，提出了许多正确的见解和主张。在当时，共产党内部对国民党右派叛变革命存在着"东征"和"南征"的争论。蔡和森既不赞成东征，也不赞成南征，而是提出了"以暴动对暴动"，以湖南湖北为根据地深入开展武装斗争的策略。毛泽东则提出"在山的上山，靠湖的下湖，拿起枪杆子保卫革命"。瞿秋白则发表《论中国革命中之三大问题》一文，指出中国革命已经到了危急关头，对于过去所谓无产阶级领导权问题急需深入，现在无产阶级领导权仅仅指群众运动中的领导权已经不够了，无产阶级应当参加革命政权，应当指导革命中的武装力量，应

---

① 李维汉：《回忆与研究》（上），北京：中共党史资料出版社，1986 年，第 132 页。
② 中共中央党史研究室：《共产国际、联共（布）与中国革命档案资料丛书》第 4 卷，北京：中共党史出版社，2007 年，第 486 页。

使军队中的指挥成分继续由真正忠于革命的人员来代替和补充，使军队本身直接关顾劳动群众的利益。[①]针对蒋介石公开叛变革命，瞿秋白主张：团结全国一切革命势力，巩固工农商学军的革命联盟，武力讨伐蒋介石，击毁反革命中心南京政府，肃清一切反动势力，使革命取得真正胜利。[②]针对马日事变，瞿秋白认为"应当奋起斗争，以实力颠覆蒋介石第二的许克祥"。[③]为了改变党内右倾妥协投降错误的做法，瞿秋白强烈建议："锻炼一支广大的强有力的勇敢善战的军队，这是中国革命的无价之宝，是中国将来革命得到胜利和成功的保障。"[④]

遗憾的是，党内的右倾机会主义者没有采纳瞿秋白、蔡和森、毛泽东等人的正确主张，对汪精卫妥协退让，没有采取措施夺取军队的领导权，建立自己的革命武装。妥协退让并没能将汪精卫挽留在革命的阵营内，1927年7月，轰轰烈烈的大革命在"宁汉合流"的喧嚣声中失败了。

三

然而，在严峻的考验面前，中国共产党人并没有被吓倒、被征服、被杀绝。1927年8月1日，"南昌起义"的爆发打响了武装反抗国民党反动统治的第一枪。以周恩来为书记的前敌委员会及贺龙、朱德、叶挺、刘伯承等人，率领共产党掌握和影响下的北伐军2万多人一夜之间占领了整个南昌城。这标志着中国共产党进入了独立领导革命战争、武装夺取政权和创建人民军队的新阶段。

为了总结大革命失败的经验教训，在共产党内许多同志的强烈要求和共产国际代表罗明纳兹的督促下，1927年8月7日，中共中央在汉口秘密召开紧急会议，会议对武装斗争问题极为重视，检讨了大革命过程中共产

---

① 瞿秋白：《论中国革命中之三大问题》，《瞿秋白文集·政治理论编》第4卷，北京：人民出版社，2013年，第570–580页。
② 瞿秋白：《革命的国民政府之危机》，《向导》第198期，1927年6月15日。
③ 瞿秋白：《长沙政变与郑州开封的克复》，《向导》第197期，1927年6月8日。
④ 《瞿秋白与农民》，《人民日报》，1950年6月18日。

党的武装斗争政策。会议由瞿秋白代表中央常委作新任务的报告。报告指出：不能以退让的手段争得民权，要以革命的方法来争得民权，共产党的策略，是独立的工农阶级斗争，农民要求暴动，各地还有许多武装，共产党必须要点燃这爆发的火线，以领导的军队来发展土地革命，以后应注意与资产阶级争领导权。毛泽东则尖锐地指出："对军事方面，从前我们骂孙中山专做军事运动，我们则恰恰相反，不做军事运动专做民众运动。蒋、唐都是拿枪杆子起家的，我们独不管。现在虽已注意，但仍无坚决的概念。比如秋收暴动非军事不可，此次会议应重视此问题，新政治局的常委要更加坚强起来注意此问题。湖南这次失败，可说完全由于书生主观的错误，以后要非常注意军事。须知政权是由枪杆子中取得的。"①毛泽东的发言切中要害，指出了以往革命中对武装斗争重视的不足，提出了"枪杆子里出政权"的著名论断，突出了武装斗争的极端重要性。

八七会议讨论通过了《告全党党员书》《最近农民斗争的议决案》等决议，对于武装斗争的问题，会议总结认为："中国共产党对于武汉政府军队及武装工农的问题之观点，也是完全错误的。"一直以来党的指导机关只是和国民党将领办外交，实际上在士兵当中没有任何工作，党中央"始终没有认真想到武装工农的问题，没有想着武装工农的必要，没有想着造成真正革命的工农军队"，中央军委没有提及一般共产党员的军事训练——这实是我党第一等重要的责任，没有系统地集聚零碎散乱的工农武装队伍，没有想尽方法去取得武器以武装工农，甚至还主动解除了汉口工人纠察队的武装。至于为何没有认真对待武装工农的问题，八七会议认为："中央那时认为武装工农是难以实现的，甚至于以为是有害于与国民党军队领袖联络的。"②

八七会议是共产党历史上一个重要的转折点。八七会议确定了土地革命和武装反抗国民党反动派的总方针，给正处在思想混乱和组织涣散的中

---

① 毛泽东：《在中央紧急会议上的发言》，《毛泽东文集》第 1 卷，北京：人民出版社，1993 年，第 47 页。

② 《中国共产党中央执行委员会告全党党员书》，《中共中央文件选集》第 3 册，第 286–287 页。

国共产党指明了新的出路，使中国共产党在对武装斗争这个问题的认识和实践上大大前进了一步，为挽救共产党和中国革命作出了巨大贡献，开始了从大革命失败到土地革命战争兴起的转折。八七会议一结束，毛泽东就作为中央特派员到湖南去改组中共湖南省委并领导秋收起义。从此，中国革命进入了第二次国内革命战争时期，亦即土地革命战争时期。

（郑大华，中国历史研究院近代史研究所研究员）

黄埔军校与中国共产党广州时期的实践

赵立彬

摘要：黄埔军校的创办以及围绕军校展开的斗争，是中国共产党在广州时期政治、军事实践的重要组成部分，是中国共产党统一战线政策的有力成果。共产党人参与黄埔军校的创建、组织、教学，利用军校培育杰出人才，反映了中国共产党在广州时期力量发展的重大事实。黄埔军校为中共领导军事工作提供了宝贵的经验教训，印证了中国共产党在广州时期的实践所具有的鲜明特征和重要地位。

关键词：黄埔军校 中国共产党

黄埔军校的创办是国共合作的国民革命中一段重要的历史，它凝聚着国共两党、苏联和共产国际各方的积极参与和共同努力，共产党人在其中发挥了重要的作用。黄埔军校的创办以及围绕军校展开的斗争，是中国共产党在广州时期政治、军事实践的重要组成部分，集中反映了中国共产党在广州时

期实践的重要特征，对中国共产党后来的斗争和发展产生了深远的影响。^①

一、黄埔军校与国共合作统一战线

黄埔军校是在国共合作的背景下，由苏联和共产国际促成与援助开办的。共产党人在黄埔军校的创建、组织、教学，特别是政治教育中能够发挥重大作用，是中国共产党在广州实行统一战线政策的结果。

黄埔军校是马林向孙中山建议开办的。马林的建议："1. 改组国民党，与社会各阶层尤其与农民、劳工大众联合。2. 创办军官学校，建立革命军的基础。3. 谋求中国国民党与中国共产党的合作。"这三项内容非常清晰地表明军校创办与苏联、与中国共产党的关系。在此背景下，孙中山依靠苏联的支援，联合共产党人，在确立第一次国共合作的国民党一大召开期间，就宣布成立陆军军官学校筹备委员会，布置各地代表为军校推荐考生。

中国共产党对于军校给予了高度的重视。在国共合作开始不久，中国共产党人就注意到需要在兵士中开展工作。在中共中央的《农民兵士间的工作问题议决案》中指出："中国北部及中部的兵士里的宣传，最先便要注意军官学校，至少要组织小小的 C.P. 小组织，除此之外，必须印发关于兵士利益的出版物，最好是这种出版物上有我们队里的同志，记载军界生活的新闻消息。这种出版物，不必一定是定期的。再则应当时时向兵士发传单，反对帝国主义和军阀，宣传国民革命，尤其要趁国内各种政治运动

---

① 关于黄埔军校的一般论述，除部分专史外，在学术界影响较大者，有王奇生著《中国近代通史（第七卷）：国共合作与国民革命》（江苏：人民出版社，2009 年）；关于中国共产党与黄埔军校的重大关系，曾庆榴著《共产党人与黄埔军校》（广州出版社，2013 年）一书有全面系统的论述。关于中共早期的军事工作，以往学术界一般以"右倾机会主义的教训"作为总结，但这并不意味着中国共产党在这一时期没有意识到军事工作重要性，或在军事工作方面无所作为。已有学者认识到，在国民革命时期，中共在以工农运动为中心的前提下，始终没有放弃军事方面的工作，并在军事理论、军事人才培养和军事实践方面作了大量的工作和积极有益的探索（参阅王光银：《对大革命时期党的军事运动历史地位的再认识》，《史学集刊》2006 年第 3 期；王光银、朱俊瑞、魏永强：《国民革命时期中共军政人才培育路径探析》，《浙江社会科学》，2010 年第 9 期）。

式的纪念日。广东政府的领域里，应当要做国民党军队里的有规划的宣传，便（使）在'军人'手里的兵士变成真在（正）拥护民族解放运动的战士——要求国民党做这件事。"①

正是基于这样的认识，大批共产党人在黄埔建校之初大量地参与军校各方面工作。加伦记道："中国共产党对军校极为重视，派遣了相当数量的干部到军校工作，整个军校的政治工作很快就转到了共产党手中。"②特别是对军校意义最大的政治教育中，周恩来等一批共产党领导人在一定时期内发挥了主要的作用，黄埔军校的政治工作主要由共产党人主持，军校政治部的主任、副主任、秘书、科长、科员、政治教官、各级党代表，多由共产党员担任。在中山舰事件之前，"在国民革命军的各个军中，从纪律性和政治成熟程度来说，居第一位的当是第一军，即所谓黄埔'党军'。这是因为这个军队从最初组建时起，就把政治工作提到了应有的高度，并从中国共产党内专门挑选出来的一些同志从事这项工作。……事实说明，国民革命军的一切政治成就都应完全归功于共产党人。这一点哪怕以黄埔军校为例也是显而易见的，黄埔军校是共产党人最多的地方，因此也是国民革命军最稳定的一部分。"③

正因为如此，黄埔军校建立后，在相关英文报纸上，总是被称为"广州布尔什维克学校"（the Bolshevik School in Canton）、"红军学校"（Red Army School）④。无独有偶，从黄埔军校筹备开始，与广东革命政权持反对立场的《香港华字日报》就传言黄埔军校是"为将来训练赤军之预备""盖

---

① 《农民兵士间的工作问题议决案》，中央档案馆编：《中共中央文件选集》第 1 册，北京：中共中央党校出版社，1989 年，第 249–250 页。

② 加伦：《广东战事随笔》，载阿纳斯塔西娅·卡尔图诺娃著：《来到东方——加伦与中国革命史料新编》，广州：广东人民出版社，2017 年，第 66 页。

③ 《古比雪夫和拉兹贡给中共中央执行委员会的信》，中共中央党史研究室第一研究部译：《联共（布）、共产国际与中国国民革命运动（1926–1927）》上册，北京：北京图书馆出版社，1998 年，第 17–18 页。

④ From Day to Day, The North-China Daily News, October 19, 1925; Local Recruits for Red Army School, The Shanghai Times, August 27, 1926.

为造成赤卫军将官人才""赤卫军之训练"。^①这或许从反面说明了黄埔
军校在当时的革命色彩。

二、黄埔军校与中国共产党早期军事工作

中国共产党利用黄埔军校培育了杰出的军事人才，是党在这一时期尝
试领导军事工作的重要实践。

黄埔军校的创办给了中国共产党极其重要的军事工作实践的机遇。据
曾庆榴先生的研究，早期参加军校工作的中共党员人数虽然不算多，但中
共党内早期实际从事过军事工作的人员，几乎囊括已尽。^②共产党的各地
组织运用组织措施，为军校选送优秀青年。李大钊、毛泽东、周恩来等都
为军校推荐过考生，选派了一大批优秀青年进入军校，培养了许多中共党
员学员。^③在中共控制的国民党直隶等党部，则采取中共党组织物色人选、
以国民党名义派送。众所周知，在黄埔军校第一期学员中，共产党员和青
年团员比重比较大。1925 年以后，中国共产党在选派推荐考生的工作中
发挥的作用越来越突出。1925 年 11 月，中共中央向各地通告："广州黄
埔军校正拟招收三千名入伍生，望各地速速多选工作不甚重要之同学，少
校同学及民校左派同学，自备川资和旅费，前往广州投考，以免该校为反
动派所据。此事关系甚大，各地万勿忽视。"1926 年 10 月，虽然已是整
理党务工作案之后，中央又通过动员非中共党员、但可以由中共影响的国
民党左派青年和其他进步青年投考军校，通告云："黄埔军校现在正招收
大批的入伍生，除湖南、四川两地一因已去千人不必再派，一因道路太远
派送不及外，其余各地均应鼓动 K.M.T. 左派青年及无党派青年之有革命倾
向者前往投考，使此国民革命的军事训练机关勿为右派分子所拿去，造出

---

① 《最近政潮中之景象（专访）》，《香港华字日报》，1924 年 2 月 26 日，第 3 版；《如是
我闻之传统问题（专访）》，《香港华字日报》，1924 年 3 月 2 日，第 4 版；《广州共产党
之进行及其现状》，《香港华字日报》，1924 年 4 月 12 日，第 3 版。
② 曾庆榴：《共产党人与黄埔军校》，广州：广州出版社，2013 年，第 23 页。
③ 参阅樊学庆：《李大钊选送黄埔军校第一期学员情况考订》，《广东社会科学》，2016 年第 3 期。

一般反动的军事人才。……我们的同志宜少派人前往，总以多找左派为原则。"① 这是在与国民党右派斗争的形势下一种更有利于维护统一战线、同时也更有利于中共继续保持对军校影响力的方式。有学者详细列举了中国共产党发动党团员和推荐进步青年投考黄埔军校和派遣优秀党员、干部参与军校招考和管理工作的情况。② 需要强调的是，这些都是在国共合作的统一战线背景下，才能够顺利实现。

中共所需军事工作人才，从黄埔军校毕业生中补充。1926 年 9 月，中共中央通知湖南区委，"所需军事工作人才，请开明用途，可以向粤中调取，因黄埔最近毕业了一批学生"。通过从军校毕业生中抽调骨干，改组大元帅大本营铁甲车队，成为中国共产党掌握正规武装之嚆矢。黄埔军校也为当时的工农运动提供军事训练人才，农民运动讲习所的许多军事课程教学人员，由黄埔军校的学生充任；各地的农民自卫军，也由他们负责训练。农民运动讲习所第一届学生"以农民运动之人才不能缺乏军事智识，故现定将其修业期延长一星期，并商定黄埔陆军军官学校蒋校长，于此星期内准该所学生前往学习军事，俾将来服务时便于应用"。送各生到黄埔军官学校学习军事，共计 10 天，除有少数学生因有特别工作不能同去外，共有 25 名学员参加。③ 黄埔军校专门开设了"黄埔陆军军官学校农训班"，李之龙为班长，严凤仪为教官。④ 第二届、第三届也都采用同样做法，第三届还从受训人员中再选拔人员承担第四届学员的军事训练。第六届的学习，更是政治与军事并重，"六期共有学员 300 多人，实行军事组织管理，整编为 1 个营、3 个连、9 个排。各级军事长官都是黄埔军校出身的军事

① 《中国共产党通告第六十二号》、《中国共产党通告（钟字第二十二号）》，广东革命历史博物馆编：《黄埔军校史料（1924–1927）》，广州：广东人民出版社，1985 年，第 70 页、79–80 页。
② 参阅刘育钢：《从黄埔军校看大革命时期中共对武装斗争的认识》，《中共党史研究》2009 年第 5 期。
③ 《农民讲习生学习军事》，《广州民国日报》，1924 年 8 月 1 日（八）；《农生学习军事之经过》，《广州民国日报》，1924 年 8 月 21 日（八）。
④ 陈雄志：《在第一届农民运动讲习所学习概况》，广东农民运动讲习所旧址纪念馆编：《广州农民运动讲习所资料选编》，北京：人民出版社，1987 年，第 287 页。

人员"①。一直到北伐取得重大进展后，1927 年 2 月，苏联方面还认为有
必要再招收 10 名黄埔军校毕业的中共党员入军事学院学习。②黄埔军校为
中国共产党培育了一批杰出的军事人才，这是中国共产党广州时期在军事
工作方面先行一步的重要体现。

三、黄埔军校与第一次国共合作中共产党力量的壮大

黄埔军校的创办，以及围绕黄埔军校的斗争，反映了中国共产党在广
州时期力量发展的重大事实。中国共产党在黄埔军校所形成的重要力量和
产生的巨大影响，或许可以从敌对一方来得到观察。1933 年出版的《当代
史剩》中载有一篇署名杨甫所写的《周恩来在 C.P.》中说："因为那时黄
埔军官学校刚才成立，'党军'刚才发生，而军队的政治工作，亦刚才萌
芽，共产党在各方面有机会可以混到军队或军校去，特别是军校方面，成
了共产党活动的大本营。而周恩来的中心工作，也就转移到黄埔来了。他
是代表广东区委来指导黄埔支部的，这是后来造成他的赤色黄埔系领袖的
起点。"③

1936 年，刘天在《社会新闻》又发表《赤黄埔系的形成与没落》一文，
同样提出了"赤黄埔系"的说法，后来在许多关于共产党人与黄埔军校的
专题研究中被引证。文中指出："黄埔陆军军官学校，是革命的大本营……
共产党为要在本党革命大本营中造成潜势力，故对于黄埔军校的工作，特
别重视。……（周恩来）以黄埔的共产分子来作他事业的基础，形成所谓'赤
色黄埔系'。"④

---

① 胡济：《回忆在广州农民运动讲习所听毛主席讲课的经历》，中共六安市委党史资料研究室编：
《皖西党史资料辑要》第 1 册，2011 年 12 月，第 12 页。
② 《联共（布）中央政治局会议第 84 号（特字第 63 号）记录》，中共中央党史研究室第一研究部
译：《联共（布）、共产国际与中国国民革命运动（1926–1927）》下册，北京：北京图书
馆出版社，1998 年，第 103 页。
③ 杨甫：《周恩来在 C.P.》，《当代史剩》，上海：上海周报社印行，1933 年，第 273 页。
④ 刘天：《赤黄埔系的形成与没落》，《社会新闻》第 10 卷第 7 期，1936 年。

黄埔军校建立后，中国共产党的力量迅速在军校和以军校学生为骨干编制的军队中发展壮大。在黄埔军校内部，中共掌握的青年军人联合会的发展远远超过国民党右派掌握的孙文主义学会。1925 年 2 月 1 日，中国青年军人联合会举行成立大会时，到会会员有黄埔军校 600 多人、滇军干部学校 700 多人等总数 2000 余人，会后组织游行参加人数达 5000 人，[①] 极一时之盛。正是看到共产党力量在各方面的发展尤其是黄埔军校学生中的发展风起云涌，国民党右派势力充满担忧与戒备，深感"如任此以往，不必一二年，共产党就可以偷天换日地替代国民党了"，出于这种"大难危情之下"的忧虑，国民党右派才组织了所谓孙文主义学会，作为对抗。[②] 鲍罗廷已经看到了这一点，在 1926 年 2 月向联共（布）中央政治局使团会议的汇报中提到在国民党的军队中国共关系不好，"共产党人在军队中势单力薄时，问题不是特别突出，但最近几个月，在军队中的共产党人相当多，正因为如此，很难避免某些共产党人犯错误，没有分寸。共产党人看到一些指挥官的盗窃、玩忽职守行为，而他们工作出色、诚实，他们不能保持沉默，如果可以这样说的话，他们不能以恰当的分寸来对待，至少是没有足够的经验在由老指挥人员组成的军队中的复杂情况下玩弄权术，所以也产生一些误会"。鲍罗廷虽然是从工作的策略方面来认识的，但也一定程度上揭示了国民党军事指挥人员（当时指的还不是蒋介石，而是李福林等）对共产党人在军队中力量的壮大的担忧。中山舰事件后，1926 年 6 月，共产党员被迫退出黄埔军校，青年军人联合会宣布结束，但总体而论，蒋介石的反共势力其实并不能占据绝对优势。《晨报》一方面报道"黄埔军校中之共产派退出"，同时也观察到："蒋最近对于驱共问题，忽露其游移态度。日昨蒋鉴于环境，以黄埔仍非安全之地，特将该处所存军械，全数移落安福舰中，率同中山舰，出驻虎门，以冀先立于不败之地，而后徐图解决之策。"尽管后期黄埔军校为国民党右派所集中控制，极力在军校排斥共产党，但是在中国共产党人的努力下，仍有不少共产党人在军校工作

---

① 《中国青年军人联合会成立大会记》，《中国军人》创刊号，1925 年 2 月 20 日。
② 王柏龄：《黄埔创始之回忆（续）》，《黄埔季刊》第 1 卷第 3 期，1939 年 7 月，第 4—5 页。

（而且后来还有许多共产党员继续从各地调入军校工作），"第四期学员竟受左派健将、总教官恽代英之陶镕，尽变作共产主义之信徒，因而该校之左派势力，又复膨胀，对于主持黄埔军校同学会之'右派'，辄施以排斥，务欲去之而后已"①。而且左派的力量获得其他形式的发展，"黄埔军校中，自我们同志一百六十余人退出后，左派学生在我们指导之下已经组织起来，并且发展到广大（按：广大指广东大学，1926 年为纪念孙中山改称中山大学）中去，又企图扩大到全国"。"黄埔军校内部，百分之九十几变成左派而反对黄埔同学会的负责人（中派分子）。"反而为中共后来辅助国民党左派独立地形成自己的群众基础，提供了经验。②

从国际共产主义运动的视角看，中国共产党能够直接参与军校的创办、参与"党军"的创建，派遣叶挺等党员指挥的部队进入作战序列，进而参与领导广东境内的统一战争和全国的北伐战争，这在国际共产主义运动史上，为其他各国共产党的实践所不得见、不可见。

四、结语

中国共产党广州时期以国共合作的统一战线作为革命实践的主要形式，构成了不同于其他历史时期的显著历史特点，也决定了这一时期军事工作，包括围绕黄埔军校斗争的特点。黄埔军校对于中国共产党而言，不仅从争夺军事教育权方面，而且在建军、治军、攻敌作战等方面，为中共提供了宝贵的经验教训，军校培养的共产党员军事人才在后来各革命时期发挥了重要的作用。毛泽东指出："我们党虽然在一九二一年（中国共产党成立）至一九二四年（国民党第一次全国代表大会）的三四年中，不懂得直接准备战争和组织军队的重要性；一九二四年至一九二七年，乃至在

---

① 《党政府危机暗伏》，《晨报》1926 年 4 月 21 日，第 5 版；《国民党左右派暗斗尚烈》，《晨报》1926 年 11 月 1 日，第 5 版。

② 《陈独秀关于国民党问题的报告》、《中央局报告（十、十一月份）》、《中央复粤区信——关于对国民党左派的政策等》，中央档案馆编：《中共中央文件选集》第 2 册，北京：中共中央党校出版社，1989 年，第 426 页、498 页、374 页。

其以后的一个时期，对此也还认识不足；但是从一九二四年参加黄埔军事学校开始，已进到了新的阶段，开始懂得军事的重要了。经过援助国民党的广东战争和北伐战争，党已掌握了一部分军队。"[1]黄埔军校从各方面印证了这一时期在党的历史上所具有的鲜明特征和重要地位。

（赵立彬，中山大学历史学系教授）

---

[1] 毛泽东：《战争和战略问题》，中共中央文献研究室、中国人民解放军军事科学院编：《毛泽东军事文集》，北京：军事科学出版社、中央文献出版社，1993 年，第 422 页。

周恩来与黄埔军校政治文艺工作探微

王小丫

　　摘要： 1924 年 11 月，留洋归国的周恩来在广州正式就任国共两党合作创办的黄埔军校政治部主任。在校期间，周恩来一改从前政治部的沉疴旧疾，提出并落实了诸多具有开创性的政治举措。他以政治部为支点，对黄埔军校全校各个领域的工作开展提供了强有力的参鉴与支撑。同时，周恩来在校内负责的"血花剧社"不但起到了良好的宣传作用，还随军东征北伐，成为军中不可或缺的文艺力量。周恩来所主持组织的政治工作和文艺活动为治校、东征和北伐皆提供了切实有效的制度保障，为军队和民众创造了丰富的精神生活。本文将通过梳理周恩来的政治、文艺思想与其任黄埔军校政治部主任（1924-1926 年）和两次东征期间开展政治、文艺工作的成功案例，与中国古代军政案例进行对比，分析周恩来在军事、政治两方面的成功建树与原因，以及军事与政治在同一组织内的相互补益的可行性与优越性。

　　关键词： 黄埔军校　周恩来　政治　文艺

一、黄埔军校政治部早期形态与青年周恩来的思想变迁

（一）黄埔军校政治部早期形态

黄埔军校建立之初，曾有戴季陶、邵元冲两位政治部主任，周恩来是第三任。而在周恩来因任东征军政治部主任离开黄埔军校政治部后，又有卜士奇、包惠僧、邵力子、熊雄四任主任。[①]政绩最为卓越的周恩来任期恰好处于历任政治部主任的前中段，在两次东征与北伐之前。既有前任工作者的经验教训对比，又处在关键历史节点的前端。可以说，周恩来在黄埔军校履任的短短一年，既向前追溯、修正了前两任工作者的经验与失误，又为黄埔军校后续军事实践的开展进行了开创性的政治制度确立与政治工作部署，留下了可参鉴的成熟范例，是承上启下、不可或缺的一年。黄埔军校建立之初，校长孙中山曾发表演讲，[②]明确指出军校宗旨是培养革命的军事人才，组成以军校学生为骨干的革命军，重新创造革命事业。"我们今天要开这个学校……就是要从今天起，把革命的事业重新来创造，要用这个学校内的学生做根本，成立革命军。"即便作为一所以军事教学为重的学校，政治工作的长期搁浅亦会造成工作的凝滞。黄埔军校成立初期，第一任政治部主任戴季陶存在作风问题，就职一个月便卸任离去；而第二任政治部主任邵元冲的政治宣讲则更倾向于陈旧的讲课做派，又有怠政、懒政之弊，并未对政治部工作做出有创新性的贡献。最终，邵元冲也在学生们的强烈抗议与反对之下离任。起初，黄埔军校的政治部架构非常简单，只设有政治部主任和负责讲课的教官。在戴季陶、邵元冲接连卸任后，政治部主任之职位出现了几个月的悬空，只有两个负责记录工作的书记，也就更谈不上开展政务工作。由此可见，在周恩来就任黄埔军校政治部主任前，黄埔军校的政治部形同虚设，而校内的政治工作也如死水一潭，不但引发了广泛的校内抗争，还对学校的人才培养进程造成了一定程度的阻碍。

---

① 中共中央文献研究室编，金冲及主编：《周恩来传》（第一卷），北京：中央文献出版社，2008年，第 10–126 页。

② 和璐、樊建功：《徐向前的入党之路》，《党史文汇》，2011–3–12。

（二）青年周恩来的政治思想变迁

1920 年前后，游历诸国的青年周恩来一直积极探索着救国之策，他对不同的意识形态、为政方略都有过涉猎与思考。在庞杂的政治体系与政治思想中，周恩来也曾有过茫然，也经历过在意识形态领域长期且多次的自我否定与自我重塑。

1917 年 9 月，周恩来赴日留学。他不慕荣华，渴求知识，租住在便宜的"贷间"，积极地通过阅读与实践、社交等渠道获取着各种信息。在此期间，他曾经对"军国主义"与"贤人政治"抱有幻想，先后认为二者或可成为救国良策。但他很快敏锐地注意到军国主义的致命弊端——军国主义支持"有强权而无公理"，这岂不是意味着恃强凌弱？那么，当两强相遇，则必要爆发出惨烈的冲突。自欧战始，军国主义的战争是一次又一次强权、暴力的碰撞，冤冤相报何时了？而柏拉图极具理想主义精神的"贤人政治"，也并不适合当时军阀混战的中国。对此，周恩来很早便进行了否认。

1920 年 11 月 7 日，周恩来旅法期间，在法国无政府主义者的浪漫情怀感染下，周恩来也曾向往过自由的社会形态。然而，他很快便抓住了无政府主义的致命弊端，那便是过度的理想主义导致的空谈。马克思说："社会劳动生产力，首先是科学的力量。"周恩来出生于清朝末年，见证过晚清因科技发展水平低下从而与世界严重脱节导致的落后，明白只喊口号、批判制度无法从根本上救国兴邦。而徒劳地延续农耕社会的生产方式与意识形态，根本无法与新兴的资本主义对抗。这也是周恩来对马克思主义的深入认识后得出的结论。周恩来在《共产主义与中国》说："只会高谈那空想的艺术，高谈'真''善''美'的名词。"[①] 徒有意识形态领域的政见，没有具体的主张，则会如摇摇欲坠的空中楼阁，一旦和社会现实相碰撞，则很容易自相矛盾。周恩来也曾指出，空洞的政治思想对真实存在的政治问题近乎于无所助益。"无政府主义既这样空洞，一遇到当前的政治经济问题，才会手忙脚乱，弄出与无政府主义相反的主张出来。"

---

① 戴安林：《论周恩来赴欧勤工俭学期间对中国共产党创建的贡献》，《上海革命史资料与研究》，2013-12-31。

当时各种庞杂纷繁的社会思潮，周恩来都曾主动学习接触并考虑过。包括费边社会主义、国家社会主义、工团主义、行会社会主义等。最终，周恩来在主办刊物《少年》上逐一进行批驳否认。周恩来曾说"谈主义，我便心跳"。但坚定的共产主义信念，于青年周恩来而言并非是一次简单的心动，而是历时 3 年左右，周游各国、对众思潮进行学习、比对后审慎选择的一条正确道路。并在以后的人生当中，将共产主义信念进行到底。周恩来留洋期间，和其表哥陈式周有着频繁的书信往来，他曾向表哥写信明志，表明了自己初入异国，暂时不会确定自己追随的主义志向，而是要好好观察。《致陈式周》："弟之思想，在今日本未大定，且既来欧洲猎取学术，初入异邦，更不敢有所自恃，有所论列。"①

在考辨无政府主义思想的过程中，周恩来也意识到了纪律的重要性，明白共产党要的纪律绝非无政府主义者眼中的"宗教狂热"，而是有着统一意志的、具备包容性的组织纪律，不必强加于思想禁锢与行为限制。推荐他担任黄埔军校政治部主任的张申府也曾强调，纪律对共产党而言是不可或缺的。张申府："纪律是共产党之魂。失此，共产党是不能活的。"

周恩来《宗教精神与共产主义》："共产党当然不要既不能令又不受命的自由论者，但共产党也决未曾想造出蠢如鹿豕、只知服从的党员。"

带着确认的信念，周恩来在 1921 年正值春日的法国加入了中国共产党，从周恩来给自己组建的"觉悟社"成员的信件中，可以看出当时的周恩来的喜悦、对此信念拥有无尽的信心，愿意为之终生不渝加以奋斗落实。"我认的主义一定是不变了，并且很坚决地要为他宣传奔走。"

（三）周恩来早期话剧活动与文艺观

1914 年，16 岁的周恩来就读的南开中学成立了南开新剧团，这也是中国最早的非专业话剧团体。②周恩来在剧团中担任的工作非常全面，可以分为新剧理论与创作实操两个方面。他的戏剧理念具有很强的进步性、实用性，"含极高之理论，施之有效之实事"，他将新剧当作爱国情怀在艺

---

① 周恩来：《周恩来给陈式周的信（节选）》，《党史文汇》，2014-1-12。
② 邢照华：《黄埔"血花剧社"及其社会动员功能探析》，《云南艺术学院学报》，2010 年第 4 期。

术方面的具象化表现。认为话剧这种通俗的形式，可以达到更为广泛的教育效果。《吾校新剧观》："是知今日之中国，欲收语言文字统一普及之效，是非借通俗教育为之先不为功。"

新剧，即新式话剧。周恩来的进步思想，让他对旧戏的落后洞若观火，他认为，旧戏的立意不高，故而很难单单从剧本着手去改良。如果这样通俗又容易传播的艺术形式持续存在，则会对国民精神、国家风气造成损失。那时周恩来对于艺术的看法和追求，已经是站在国家进步的角度去要求大刀阔斧的改革。同时，周恩来也并不是对旧戏全盘否定，对新戏来者不拒。新戏之中不加打磨的草台班子、一味迎合观众而拉低的创作下限，周恩来也并不认同。"演者、编者，类多率尔操觚之士，数时练习，便自登场。情节之未合也，言辞之支离也，布景之未周也，动作之失措也，均无暇计及。借一二之滑稽辞句，博观者欢迎，间复加以唱工，迎合社会心理。……以此而言新剧，与新剧之主旨，相去日远。"周恩来认为，"堕落"的新戏，并未习得真正新剧的主旨，反而会背道而驰。在他看来，新剧应是"大成若缺"的法自然相，"……其意在不加修饰而有自然实际及客观之趣味。此种剧旨，更为锐进而成空前之发达"。

除却后期理论上的积极立意，周恩来在话剧的前期创排、中期呈演上都负责过各种各样的工种，这也是他从小的爱好。据周恩来堂兄回忆，周家是一个大家庭，周恩来小时候就喜欢组织兄弟姐妹们编排话剧，自己总喜欢饰演正面角色。在南开剧团里，他除了担任布景部副部长，还参与了话剧编剧。因当时剧团缺少女性成员，形象俊美、又颇具演戏天赋的周恩来便承担了反串女角的工作。如《仇大娘》中的范慧娘、《恩怨缘》中的烧香妇、《一元钱》中的孙慧娟、《华娥传》中的华娥①等。"于新剧尤其特长，牺牲色相，粉墨登场，倾倒全场。原是凡津人士之曾观南开新剧者，无不耳君之名，而其于新剧团编作布景，无不赞助之功。"

周恩来归国前夕，广东已成为全国革命中心，1924年，革命形势迅速发展。然而，广东党组织的状况却远远跟不上风云变幻的时势，广州的共

① 梁秉堃：《周恩来与话剧的不了情缘》，《中华儿女》，2008-4-3。

产党员仅有 20 人左右。而从周恩来早期的论文、日记当中，不难看出他当时的注意力还着重放在共产主义学理和建党基本原则的探讨上，没有来得及对中国革命的实际问题作更具体的研究，仍需回国进行实操，这正与黄埔军校成立前夕的广州形势非常类似。而周恩来落地广州后，首先担任中国广东区委委员长、宣传部部长，会同孙中山开始筹备革命武装。此时满怀着救国热情，拥有着丰富政治见地的 26 岁的周恩来，与草创阶段、政治工作亟待开创完善的黄埔军校，即将完成"金风玉露一相逢"般的结合。周恩来感叹："呜呼，处今日神州存亡危急之秋，一发千钧之际……一种爱国热诚，似已达沸点。"①

此时的周恩来，带着确认的共产主义信仰、完备的艺术创排体系，等待着一次革故鼎新的尝试——正如周恩来诗中所说："风雪残留犹未尽，一轮红日已东升！"

二、周恩来在黄埔军校政治部的文艺与政治工作

1924 年 11 月，兼任黄埔军校政治教官的周恩来正式就任黄埔军校政治部主任，且立时开展了一系列卓有成效的政治工作部署，建立了一套成熟且完备的政治体系。但是，周恩来的政治思想与文艺才能亦是积少成多，聚沙成塔，绝非一蹴而就。可以说，在黄埔军校开展的政治与文艺工作，是周恩来厚积薄发的一份答卷。

（一）政治工作：政治部的开创性整饬

1924 年，孙中山在中国共产党和苏联的共同帮助下创办了中国国民党陆军军官学校，即黄埔军校。蒋介石任校长，廖仲恺为党代表。时年 26 岁的周恩来在张申府的推荐下出任军校第三任政治部主任。据黄埔四期学员周恩寿的女儿，在周恩来、邓颖超夫妇身边生活了十多年的侄女周秉德回忆，当时的周恩来归心似箭，参加国内革命的热情高涨，还没有等到组

---

① 中共中央文献研究室编、金中及主编：《周恩来传（1898-1949）》，北京：人民出版社、中央文献出版社，1989 年，第 14 页。

织的资助，便乘坐环境恶劣的交通工具回了国。[①]

周秉德说："当时伯伯收到了黄埔军校给他的很丰厚的路费，但他急于想回国来参加实际的革命工作，没有等到寄路费来，就借了钱，买了最低等的船舱，路程要一个月，又闷又热，俗称就叫'烤黄鱼'回来的。"

而周恩来与黄埔军校的结合，原因离不开他对于掌握武装的高度重视。他曾在《少年》杂志中表明这种态度："真正革命非要有极坚强极有组织的革命军不可。没有革命军，军阀是打不倒的。"这与毛泽东"枪杆子里出政权"的思想不谋而合，也为二人日后几十年如一日的战友情埋下了坚实的共事基础。

周恩来在校担任教官时期，为第一期学生讲授的课程是政治经济学。履任政治部主任后，周恩来又分别从组织架构、宣传教育、人事任命、联合发展等数个方面着手，[②]重整黄埔军校政治部一应事务。政治部早期的废政，在周恩来大刀阔斧的改革下，不但没有成为阻碍，反而为他施展拳脚提供了广阔的空间。

组织架构方面，周恩来将原本在校外的政治部搬迁至校内，与军校各项活动紧密对接，并重新设立了政治部的架构，明确了工作制度和秩序，他设立指导、编纂、秘书三股。确立基本架构后，周恩来又明确了各股的基本工作任务，细化为条例。还针对校内师生制定了不同的调查表。宣传教育方面，周恩来一改从前邵元冲陈旧的风格，选择了更有针对性的教学内容。他敏锐地意识到，黄埔军校培养的军人，不能只是一根筋的、没有信仰的莽夫。作为革命家，他们需要明确为什么要革命，革命要打倒谁，谁是敌人，谁是朋友。除此之外，革命军与从前封建帝制的国家军队有何不同，这样的不同如何体现在作风上。为此，周恩来每周都会组织政治演讲活动，通过问答、讨论形式保障学生的参与度。同时，他扩建了图书室，广泛采买各类读物。除此之外，他还利用丰富的新剧创排经验，组建了"血

---

① 侄女周秉德：《周恩来毕生心系黄埔军校》. 中国新闻网，2024 年 1 月 30 日。
② 中共中央文献研究室编，金冲及主编：《周恩来传》(第一卷)，北京：中央文献出版社，2008 年，第 10–126 页。

花剧社"。制定政治教育各项指标，有目的、有规划地进行思想教育。

周恩来在《国民革命军及军事政治工作》中说："我们做政治工作的使命，对于官长官佐要巩固其革命观念，对于士兵要使之有革命常识。"

联合发展方面，周恩来为积极调动校内外力量，指导建立中国青年军人联合会，将会员发展至二千多人。1924 年秘密成立的中共特别黄埔支部也由周恩来直接负责。

人事任命方面，周恩来在设立政治部三股架构后，特意分别选调黄埔第一期毕业生中的共产党员担任各股主任。把第一期毕业中的共产党员蒋先云、许继慎等委派到各连担任国民党的党代表。任命蒋先云为中国青年联合会负责人，广泛地联合广州当地桂军军官学校、滇军军官学校等军事学校中的青年军人。①

而之所以能开展诸多行之有效的政治活动，除周恩来极强的能力与丰富的实践经验、理论基础外，还得益于他的个人魅力。周恩来乐于社交、善于社交，他天然具备卓越的领袖气质，如中国古代同为政治家、军事家、改革家的吴起一般"尽能得士心"。

周秉德说："他跟每个人都很诚恳、深入、亲切的交谈，有的人合适了，他就发展成共产党员。有些人虽不能发展成共产党员，但是他们之间的友谊还是很深厚，在抗日时期他有好多次遭遇危险都是被他的学生给救出来。"

他重视因材施教，也重视教学方法的多元化。不仅常常聘请国共两党主要人物和社会各界名流到军校做报告或讲演，还亲自举办并主持政治讨论会，如两汉时的私塾，让学生们在讨论中学习，并据实际情况编印了《政治问答集》。每每爆发叛乱甚至是实际战争，周恩来也非常鼓励学生们切身参与进去，在战火与斗争之中成长。

凡此种种，皆切实有效地提高了黄埔军校政治工作的开展效率，拓宽了政治部的正向辐射范围，把政治部从行将就木的状态中重新塑造成黄埔军校不可或缺的部门。经过这样一番整顿，黄埔军校政治部一扫从前的沉

---

① 徐行、李俐：《周恩来与孙中山》，侯杰主编：《"孙中山与中华民族崛起"国际学术研讨会论文集》，天津：天津人民出版社，2006 年。

疴旧象。周秉德曾手持一张周恩来的戎装照片回忆说："这个照片是我伯伯在黄埔军校的照片，26岁就做了军校政治部主任，在政治工作（方面）做了很大的推动，让黄埔军校整个氛围活跃多了。"

时任黄埔军校政治部指导股主任的王逸常的看法亦能佐证当时政治部欣欣向荣的景象，证明周恩来政治实践工作的有效性。"从此以后，黄埔军校的政治工作蓬蓬勃勃地开展起来了。……他思考事务周密，处理问题敏捷，原则性和灵活性掌握适度，他经办的事没有不水到渠成的。"

（二）文艺工作：血花剧社的建立与壮大

1925年1月，在周恩来的组织与校长蒋介石的支持下，血花剧社正式建立，由黄埔一期留校的共产党员李之龙担任总干事，而实际领导血花剧社的部门，也正是黄埔军校政治部。社名一说来自黄埔军校校歌"以血洒花，以校为家，卧薪尝胆，努力建设中华"；一说认为来自廖仲恺所题"烈土之血，主义之花"对联而来。剧社创排了不少优秀话剧，包括《血泪湖》《黄花岗》《鸦片战争》《革命军来了》等。黄埔军校上下都被广泛地带动进去，杨其纲、蒋先云、伍翔、胡宗南、贺衷寒、王一飞、余洒度、关巩、廖开、张维藩、李靖源等军校一期、二期学生都曾参与其中，在讽刺剧《皇帝梦》中，开国大将陈赓曾饰演袁世凯五姨太。

血花剧社剧本的核心内容与救国、革命等主题紧密相关，宗旨是"用革命的艺术来改造社会"，以"艺术到民间去，艺术之革命化"为宣传手段，[①]长期负责通俗政治教育的任务。演出场所也并不拘于校内，军校大礼堂、操场以及校外都是血花剧社的舞台。

吴若、贾亦棣编的《中国话剧史》中介绍说：这时革命的发源地——黄埔军校，已有一二三期同学入伍，在一二期同学中有十几位同学对于舞台话剧发生兴趣，乃发起组织"血花剧社"……首任总干事为一期同学李之龙……革命形势大好，革命军迅速进驻武汉，"血花剧社"也到达了武汉，为纪念"血花"一路宣传的功绩，还成立了一个"血花世界"游艺场。

---

① 陈祖燕：《血花剧社与向培良、白薇关系新论》，《戏剧艺术》，2021-12-15。

1928 年，李之龙在广州被杀害，建社两年多的血花剧社也随之沉寂。

三、周恩来政治、文艺工作对东征的影响及与古代军政案例对比

古今中外，类似于黄埔军校政治部、血花剧社的组织并不罕见。而周恩来在其中的贡献与作为，比起广泛的案例也具有其优越性与可参考性。在革命军两次东征之中，周恩来的政治、文艺工作仍在有效进行，并对军队的征伐起到了方方面面的助力。在这些有效政举的背后，是周恩来对中国传统政治、军事智慧的批判性继承与改良。"那时中国共产党和国民党合作组织新制度的军队……有一种新气象，官兵之间和军民之间大体上是团结的。"[1]

而革命军之所以能够达到这样高效、同心同力的团结态势，可以从军队纪律、军民关系、民众教化三个方面分析。

（一）"乱世重典"：周恩来对军纪的制定与落实

对于一支庞大的、崭新的、国共合作建立的军队，军纪就好比是野马的缰绳一般。严明切实的军纪，可以最大限度发挥出军队的威力；而松散的、陈旧的军纪，则很容易流于陈弊，和老式军队无法区分。历史上，诸葛亮治蜀[2]是一个类似的法治案例。《三国志·蜀书·伊籍传》："与诸葛亮、法正、刘巴、李严共造蜀科；蜀科之制，由此五人焉。"

而诸葛亮也表述过自己施行法治的意义，是要通过恩威并施的手段，达到上下有节、治隆教化的作用。《资治通鉴》："吾今威之以法，法行则知恩；限之以爵，爵加则知荣。荣恩并济，上下有节，为治之要，于斯而著矣。"

周恩来要求革命军保持严明的纪律。在穿戴方面，革命军一律系红巾，军服整齐；在生活方面，禁止随意抓壮丁、留宿民房、干扰当地市场等[3]。同时坚决纠察士兵的违纪行动，还邀请广大群众监督。《告百粤父老兄弟

---

① 《毛泽东选集》，北京：人民出版社，1991 年，第 380 页。
② 陈公雨：《诸葛亮的法治思想》，《公民与法》（综合版），2017 年第 4 期，第 25–26 页。
③ 于兴卫：《大革命时期周恩来军队政治工作思想及其实践》，《军事历史研究》，1996–5–15。

姊妹》中说："有违反我们所宣告的行为者，请不必客气，具实向我们的官长报告，定必依法惩办。"

在这样明确且严格的纪律下，革命军真正做到了军纪严明、爱民恤民。"军行所至不扰民间一草一木，老妪妇孺，喜而挤观。鸡犬不惊，商市安堵。入夜无公家空房，则扎篷营露宿。"

其实，在中国古代也不乏明正军纪的将领。然而，真正能够长期有效落实的却非常少。在攻取城池后，除了士卒的私心，将领本身也往往希望借当地的粮草、器械充实军需。所以，古代发生了不少屠城的残酷案例。李自成率领的农民军，起初也是军纪严明，甚至会活剐违反军纪的士兵示众。但是，由于缺乏有力的管理方式，最终也未能坚持[①]。

《明季北略》："贼初入城时，先假张杀戮之禁，如有淫掠民间者，立行凌迟。假将犯罪之寇，杀死四人，分为五段，据称以淫杀之故也。民间误信，遂安心开张，店市嘻嘻自若。……四五日后，恣行杀掠。……闯贼自行点取籍没，其中下之家，听各贼分掠。又民间马骡铜器，俱责令输营。于是满城百姓，家家倾竭。"

而革命军军纪之严明能够从一而终的原因，与周恩来早期在黄埔军校的政治宣传工作关系密切，他重视意识形态的建设，更重视系统的政治教育工作。在内部的宣传和教化方面能够自成体系，将有效的管理延续到战争前线，并从攻取到战后安抚都对军队实行有效的控制。《东征纪略》："革命军与别的军队的最大不同点，就是他军队内面的政治宣传，这是革命军打胜仗的根本原因。这种政治宣传工作，在平时要紧，在战时更发要紧。在战时要使人民与军队合作以协力对付敌人，全靠这种工作做得好。此次东征，组织了伟大的政治宣传队，设立东征军总政治部为之统率，以第一军政治部主任周恩来为总政治部主任。"

（二）"上兵伐谋"：新型军民关系的建立

1925年，周恩来在第二次东征军中兼任总政治部主任。率领着一支已

---

① 刘永强：《李自成与多尔衮在北京时期所实行的政策的得失》，《牡丹江师范学院学报（哲学社会科学版）》，2006-1-25。

有作战经验，且在政治、文艺工作方面颇有建树的革命军，在征战途中，开始广泛联络群众，向民众展开政治宣传。组织战时宣传队、举行各种平民联欢大会、安排军队中的本地人先行到达当地进行宣传工作、张贴标语、散发传单、传唱《国民革命歌》、召开各界联欢大会等。《东征参战报告》中介绍："于是由政治部召集当地民众，开军民联欢大会，宣布我国民政府之政策，及本军东征之意义。并张贴各种图画、标语。"

在周恩来领导与教育下，革命军真正做到了荀子所倡导的爱民、政令信、赏罚分明。《荀子·议兵》："爱民者强，不爱民者弱；政令信者强，政令不信者弱；民齐者强，民不齐者弱。"革命军驱除列强军阀，打倒欺压百姓的贪官污吏，查办地主张谷山、陈卓人等。大得民心，号为"义师"。"军行所至，人民均箪食壶浆以迎义师。关千给养及运输，遂感莫大之便利。"

另外，周恩来充分肯定人民群众的力量并加以宣传，对组织民众力量、赋予民众组织实权非常上心。"此次军校出发，是为人民解除痛苦而来，但全恃本校军队，力量太小，若无人民援助，仍不足负重大责任。故本校极希望东莞人民通力合作，以促革命成功。"他主持组建学生会、工会，实行政治民治、干部民选。同时，随军的血花剧社在东征、北伐之中始终沿途演出，就地取材，以其通俗的表现形式获得了广泛的"收视率"①。北伐期间，军校政治部在汉口接管了一个叫新市场的游乐场，并将其改名为"血花世界"。《广州民国日报》曾评价："本社自去岁正月一日成立以来，一年有奇……工作颇受军民之欢迎。对于唤起民众联合军民感情，实有圆满之结果。兹以事实要求本社有扩大组织之必要……讨论改组及以后进行事宜。"②

（三）"征以战，服以德"：东征后的行政工作

第二次东征胜利后，革命军面临着战后抚民、设施重建、新政权立足等棘手的问题。1925 年 11 月，周恩来兼任东江各属行政委员，正式设立行政委员公署，负责地方行政工作。就职后，周恩来在一番通电中简明扼要地

---

① 贾晓明：《1925 年 12 月 6 日血花剧社赴潮州演出》，《黄埔》，2015 年第 5 期。

② 邢照华：《黄埔"血花剧社"及其社会动员功能探析》，《云南艺术学院学报》，2010 年第 4 期。

表达了行政工作的两条要义，即宣传与基建两手抓。"限期召集各种行政会议，引导人民参加政治。""至于建设计划，一以总理建国方略为依归，首重物质建设，疏河筑路，开港筑堤，先谋交通方便，再期实业之发展。"①

周恩来表明地方行政工作的落实，实际上需要调动广大人民群众的力量②，而非政府孤军奋战。"革命基础已稳固，如教育、实业、水利、交通诸大端已定计划，从事建设。惟政府之力仍恐有所未逮，尚望各界加以督促与援助，俾建设计划均得实施。"③为了实现群众、政府的齐心共事，周恩来不再以公文等形式理政，他不畏苦累，长期组织、主持各界行政会议，要求各界选派代表出席，真正落实民众参政理政，保障各界人士权益，打下了当地坚实的群众基础。"……徒恃一纸公文，终嫌隔阂……召集所属各县长、各教育局长，届时亲自出席，农工商学妇女各界之有组织者，每县得派代表一人参加。"④

四、总结

周恩来在黄埔军校所开展的政治、文艺工作，是有理论依据且自成体系的。在治校期间，周恩来从组织架构、宣传教育、人事任命、联合发展四个层面，将黄埔军校废弛日久的政治部整饬一新；而在两次东征与北伐中，革命军在周恩来的政治教育、纪律维护下，有着远超前人的优异表现，建立了新型军民关系，取得了战时与战后整顿的两方面胜利。这正是周恩来政治、文艺工作的优越性所在。

（王小丫，青年学者、自由撰稿人）

---

① 中共梅州市委党史研究室，梅州市中共党史学会编：《周恩来在梅州》，内部资料，1998年，第26页。
② 江沛主编：《大革命时期周恩来同志革命活动纪要》，《南开史学》，1980-9-15。
③ 汕头市社科联编：《周恩来在潮汕》，北京：中央文献出版社，2004年，第91-92页。
④ 汕头市社科联编：《周恩来在潮汕》，北京：中央文献出版社，2004年，第96页。

熊雄在黄埔军校时期的统一战线
思想及启示

尤永盛

摘要： 在如火如荼的大革命中，中共涌现出一批又一批灿若繁星的英雄人物，熊雄作为一个历经辛亥革命、护国护法运动、赴法勤工俭学、苏联马克思教育的革命斗争经验丰富的人，在国共合作的统一战线关键时刻接受党的指示回国，投身黄埔军校担任政治部主任，为中国革命的发展贡献巨大力量。熊雄早期的个人生涯活动与中共统一战线的政策提出，推动了其统战思想的萌生与成型。归纳而言，他的统战思想主要包含三个方面：一是始终坚持共产主义立场，广泛宣扬团结思想；二是立足黄埔维护统一战线，巧妙化解摩擦矛盾；三是沉着应对复杂斗争形势，坚守军校直至最后，为后世之人带来无限的启发。

关键词： 熊雄 黄埔军校 统一战线 启示

熊雄（1892-1927 年），是我党早期著名的政治家、军事家。革命经历丰富，为寻求拯救中国之真理，远赴法、德勤工俭学后接触共产主义思想，加入共产党，后在苏联接受系统的马列主义教育及军事培训。在大革命时期奉命回国，历任黄埔军校政治教官、政治部副主任、政治部主任，在黄埔军校期间坚持和发扬统一战线，完善和发展了政治部的工作，宣传无产阶级思想理论，团结进步人士，勇于同国民党右派势力作斗争，为国共合作贡献巨大力量。

一、熊雄统一战线思想形成的关键要素

熊雄作为我党当时在黄埔军校的主要负责人，认真贯彻我党方针政策，创造性地开展军校政治工作。同时，熊雄也是一个极富有统一战线理论及统一战线实践的思想家，其在担任黄埔军校最后一任政治部主任时面对纷繁复杂的革命形势变化以及日益严峻的斗争形势，始终积极运用高超高明的方式来应对危机。纵观熊雄短暂而光辉的一生，可以归纳出推动其统一战线思想形成的两个关键因素：一是其早年军旅及留学生涯的熏陶，二是当时中共提出统一战线决策的驱动。

（一）早年从军留学生涯是其思想产生的内生动力

从熊雄早年从军留学的生涯活动来看，熊雄统一战线思想产生的内生动力应该主要分为两个时期，一是去法国勤工俭学前，家规言传与军旅生活所锻造出的朴素善良的是非观与责任感，为其形成统一战线思想播下种子；二是去法国勤工俭学后，熊雄开始接触马克思主义理论，再加上在苏联受到了深刻的系统的无产阶级思想教育熏陶，迅猛推动其统一战线思想的孕育成型、成熟。

第一，萌芽时期。熊雄出生于江西宜丰比较富裕的书香门第，宜丰四大姓氏中就有熊家，但他们家族从不恃强凌弱，而是讲究友善敦睦，传世家训就有这么一条"兄宽弟忍，手足宜亲"，熊雄从小树立了良善待人、不恃强凌弱的理念，也为他日后产生统一战线思想，不搞矛盾分裂撒下一颗小小的种子。1911年，熊雄投笔从戎参加李烈钧江西新军学生军，二次革命失败后流亡日本，与孙中山相识，被孙中山亲自选派入专门为凝聚革命意志与精神的军事学校——浩然庐学习，并加入中华革命党。1916年从日本回国参加反袁护国护法斗争，面对"更怜遍地烽烟起,空对苍生泪不收"的军阀混战惨状，熊雄深刻意识到旧的革命道路并不能真正救中国，也为

后来他走上社会主义道路埋下种子。

第二，日渐成熟时期。1919 年，熊雄赴法勤工俭学，自此开启了寻找光明真理的道路。到了法国，他刻苦学习，善于团结帮助同学，给人留下深刻印象。"熊雄，初识之人往往见而敬畏，实则平易近人，并且喜欢结交朋友……我们也就各就所知，互相帮助。"①锄强扶弱、正义凛然的性格也在一定程度上推动后来他统一战线思想的形成。熊雄在圣日耳曼昂莱中学补习法语时开始接触社会主义思想，关注十月革命及五四运动，并组织巴黎书报流通社及"劳动学会"来帮助留法学生扩展阅读范围和引导他们解决就业问题，从深层次推动他们思考革命和道路问题。1922 年 3 月，熊雄离法赴德不久后便加入共产党，进一步"追求一切新的革命的事物，结交一切激烈的勇敢的革命的朋友"。②1922 年，熊雄、周恩来、赵世炎完成"旅欧中国少年共产党"的筹备工作，熊雄化名"其光"在"少共"机关报《少年》上发表文章与无政府主义展开论战。1923 年，熊雄进入莫斯科东方大学，同年 9 月，孙中山派遣军事代表团访问苏联，中共旅莫支部指定熊雄陪同代表团，其间熊雄与蒋介石相识。11 月 28 日，蒋介石回国前盛赞以熊雄为代表的中共党人为"青年有为之士，殊可贵也"③。为了国共第一次合作的需要，熊雄转入伏龙芝军事学校学习 7 个月，为他后来娴熟的军队思想政治工作积累宝贵经验。

熊雄赴法勤工俭学使其接触到共产主义，为其统一战线思想的发展成型奠定了基础。熊雄在莫斯科的学习生活极大地推动了该思想的发展完善，尤其是与蒋介石相识，为后来在黄埔军校工作期间运用统一战线思想团结国民党左派、坚决抵抗国民党右派提供了一定的便利与条件。

（二）中共统一战线政策是其思想形成的历史驱动

初期的中共对当时的中国社会状况、中国国情、革命对象等重大问题还缺乏更为细致的了解与分析，更多是想直接仿效十月革命，意图横扫一

---

① 熊巢生等：《中国大革命中的熊雄》，南昌：江西人民出版社，2002 年，第 180 页。
② 郑超麟著：《郑超麟回忆录》（上），北京：东方出版社，2004 年，第 180 页。
③ 《蒋介石日记》（手稿本），1923 年 11 月 28 日。

切资本主义。因而《党纲》明确规定："中国共产党彻底断绝同黄色知识分子阶层及与其类似的其他党派的任何联系。"① 后来，在列宁提出著名的殖民地战略和共产国际远东大会精神的指导下，中国共产党接受了"无产阶级应当同殖民地和落后国家的资产阶级民主派结成临时联盟"② 的主张，在对中国形势和中国革命有关问题进一步深刻认识的基础上，中共二大提出"我们共产党应该出来联合全国革新党派，组织民主的联合战线，以扫清封建军阀，推翻帝国主义的压迫，建设真正民主政治的独立国家为职志"③。与中国国民党实行"党外联合"，这也是中共提出的第一个统一战线政策。

陈独秀同意在反帝反封建军阀的斗争中与国民党结成联合战线的主张，但强调中共的独立自主，并不接受加入国民党的主张。这与共产国际的代表马林以及孙中山个人意见相左。马林出于对幼年期中共的不重视，并不把中共当成一个"正式政党"，只是一个"宣传性的小组"，要求中共整体加入国民党，实现"党内合作"，甚至扬言"若不在组织上同国民党结合，那他们的宣传前景暗淡"。④ 在他的影响下，共产国际对中共未能加入国民党提出了批评："居于领导地位的孙中山的党对工人阶级也有着明显的影响……可是我们在那边的同志却未能充分利用这一形势去加强联系工人群众。"⑤ 要求中共"放弃他们对国民党的排斥态度，到国民党中去进行政治活动"⑥，甚至直接"提议中国共产党及社会主义青年团加入国民党"⑦。同时，孙中山本人对中共提出的"党外合作"是持有否定态度的，因为当时国共力量对比悬殊，中共不过刚成立一年且党员人数仅仅196 人，而国民党党员有 30 万之众，且控制着广州这块富庶的根据地，他

---

① 《"一大"前后（一）》，北京：人民出版社，1980 年，第 6-7 页。

② 《列宁选集（第 4 卷）》，北京：人民出版社，1972 年，第 275 页。

③ 《中共党史参考资料第二册》，北京：人民出版社，1979 年，第 496 页。

④ 徐光春主编：《马克思主义大辞典》，武汉：崇文书局，2017 年，第 187 页。

⑤ 《共产国际、俄共（布）与中国革命文献资料选辑（1917-1925）》，北京：北京图书馆出版社，1998 年，第 241 页。

⑥ 《马林在中国的有关资料》，北京：人民出版社，1980 年，第 17 页。

⑦ 《"二大"和"三大"》，北京：中国社会科学出版社，1985 年，第 36 页。

认为"中国的共产党完全不值一提，都是些在政治上没有修养的年轻人"①。因而，他坚持只允许"党内合作"，要求共产党员加入国民党，以达到"可以更便于控制他们"的目的。

可见建党之初，中共在共产国际的直接干预下，不能充分结合中国实际国情进行独立自主决策，只能与国民党采取"党内合作"的方式联合。在国民党看来，中共名为"合作"实为从属、附庸地位，严格限制中共党员的政治表达。尤其在蒋介石看来，国共不是合作关系，而是国民党在执行"容共"，②即对从属地位的中共工作限制、掣肘。在这种时代背景下，熊雄自然萌发了统一战线思想，但是恶劣的形势无疑对他的思想提出更为严峻的考验。

二、熊雄在黄埔军校期间统一战线思想的主要内容

1925 年 9 月中旬，熊雄回国参加大革命运动，随即参加二次东征，惠州战役结束后出任黄埔军校政治部主任。1926 年 3 月，黄埔军校改组成"中央军事政治学校"，熊雄被选任为改组筹备委员，帮助国民党办好黄埔军校施展军事才能和政治才华。

（一）始终坚持共产主义立场，广泛宣扬团结思想

虽然当时国共名义上是合作，但是国民党对于中共的活动严格限制，尤其对共产主义政治思想的表达甚是警惕。蒋介石更是明言："俄人之言，只有三分可信者。……俄党对中国之惟一方针，乃在造成中国共产党为其正统，决不信吾党可与之始终合作，以互策成功者也。"③因而，在这种高压形势之下，熊雄始终坚持中共的政治立场，一方面宣传共产主义，另一方面宣传统一战线的团结理念，尤为可贵。他在黄埔军校的第一篇文章

①　杨奎松：《孙中山与共产党基于俄国因素的历史考察》，《近代史研究》，2001 年第 3 期，第 65 页。
②　国民党中央陆军军官学校校务委员会：《中央陆军军官学校史稿》第 6 篇《党务》，1936 年，第 19 页。
③　蒋介石：《自反录》，1931 年 5 月，第 22 页。

《革命军人与地方主义》就投给了中共党员和国民党左派所主导的《中国军人》，直言："'社会革命'，即系被压迫阶级求解放的最高表现。"以共产主义思想中鲜明的阶级理论为学生指明当前革命的道路，并告诫"全国的革命民众不但不能分省界，并且不应抱狭义的国家主义"①，强调统一战线的团结基础。针对在半殖民地半封建社会里艰难寻找道路中迷茫的中国青年，熊雄充分肯定在"东方的青年，尤其是中国青年，既受双重压迫，革命性自然丰富"，指出"在现在的国民革命联合战线中，更有团结的必要"。②1926年9月中旬，熊雄为政治研究班毕业同学的《同学录》写序言，着重指出了当前国内严峻的斗争形势，认清敌我，辨别帝国主义敌人与反帝国主义的盟友，他耐心向学生解释："我们是一方以帝国主义为敌而势必打倒它，一方以反帝国主义的国家——苏俄及其他——为友而与之亲密联合的，我们既不可与敌人妥协，更不可疏忽我们的联合战线。"③1927年，为了纪念伟大的无产阶级导师列宁逝世三周年，熊雄专门撰写《列宁与黄埔学生》一文，告诫广大的黄埔师生要想做一个彻底的革命军人，就要认清时代背景下国共合作的统一战线的重要性，即"中国不能不与苏俄站在一条战线上互助，孙文主义和政策不能不与列宁主义和政策发生相得益彰的关系，也是时代需要所然的"④。即使是在国民党右派严重高压的政治态势之下，熊雄也矢志不渝地坚守自己的共产主义立场，积极宣传马克思列宁主义，不遗余力地释放团结声音，为统一战线的稳定发展贡献宝贵力量。

（二）立足黄埔维护统一战线，巧妙化解摩擦矛盾

第一次国共合作中，面对中共表现出的真挚的革命热忱、高超的政治理论水平与有效的群众工作方法，国民党右派表现出强烈的不安与恐慌，国民党中央执行委员谢持甚至危言耸听："共产党名虽与国民党合作，其实是想乘机篡夺国民党的权，一朝得逞，所有国民党员，尤其是黄埔同学

① 熊雄：《革命军人与地方主义》，《中国军人》，1925年10月10日，第7期。
② 熊雄：《今日之青年》，《黄埔日刊》第134期，1926年9月6日。
③ 熊雄：《军官政治研究班同学录序》，《黄埔日刊》第149期，1926年9月6日。
④ 熊雄：《列宁与黄埔学生》，《黄埔日刊》第240期，1926年9月6日。

中的国民党员，将受到无情的迫害，而无立足的余地。"于是黄埔军校内的右翼分子专门成立孙文学会，表面以研究孙文主义为目的，实际上是为对付中共党员和国民党左派组成的青年军人联合会，他们恶意制造摩擦，专门寻找共产党的麻烦。

从中国反帝国主义革命的大局出发，为了避免落入右翼分子精心制造的无耻缠斗的泥潭，最大限度维护统一战线，避免给有心人可乘之机，熊雄指示将两会观点发表在《黄埔日刊》上，既帮助学生们了解事情真相，明辨了是非，也使得孙文主义的人无法挑剔。① 两会斗争日益激烈，蒋介石将其视为党争并针对中共制定两条措施，即校内中共党员活动须公开；国民党入共产党者需向军校特别党部说明，借此逼迫周恩来交出军队及军校中的党员名单。在这个关键时刻，熊雄出于大局的考虑，也为了避免"右派"以此为借口破坏统一战线，提出主动让步，解散青年军人联合会，并表达团结愿望表示："界限既去，亲爱自生。"以高姿态推动孙文学会也随之解体，最大程度上避免摩擦矛盾，避免派别冲突，保存革命火种。

北伐前夕，蒋介石召集黄埔军校各部处主任长官进行临别训话，表面上表示：革命成功之最大要素，为团结精神、统一意志、集合一切革命势力。言明要与共产党合作。但又在后面强调其秘密之小组织，与任何小团体，皆宜悬为厉禁，视为"亲爱精诚"之大敌。② 其实是在影射共产党是国民党内部的小团体，要坚决将其清除出去，暗示要将国民党中的共产党扫地出门。蒋的讲话在学生中引发巨大思想混乱，右翼分子也趁机攻击中共倾向的学生。熊雄没有任由事态恶化，而是及时对学生们混乱的思想进行"正本清源"，通过在《黄埔日刊》刊登《对校长"临别赠言"的说明》进行一一阐明，首先在北伐当前的重要时刻，一定要"团结革命分子，集中革命势力"，自然是要维护统一战线，要团结聚集国民党、共产党在内的一切反帝国主义的力量，其次重申孙中山认可联合战线的思想，强调"总

---

① 中国人民政治协商会议广东省委员会、文史资料研究委员会、广东革命历史博物馆合编：《广东文史资料》（第 37 辑），广州：广东人民出版社，1982 年，第 143 页。
② 《黄埔军校史料》，广州：广东人民出版社，1982 年，第 314–315 页。

理在改组大会上主张容纳各派革命分子，他的理论完全是站在实际要求上和革命利益上，非团结统一不可，这个原则是不可移易的"。再次揭示共产党并不是国民党内破坏团结意图分裂的小团体，"C.P. 则另一问题，他既是代表工农的政党，自有其独立性"，点明国共是合作关系而非附庸关系，"各能认清合作的原则，自当了然，尤其在黄埔公开之后"，最后要求对真正破坏国共合作的统一战线的人作坚决的斗争，即"做党内禁绝小组织的工作，对于破坏党的组织的人，就应认作我们的公敌，即时拿起对付军阀和帝国主义的精神，与之奋斗"[①]！熊雄以一种巧妙的方式粉碎了蒋介石故意引发黄埔军校学生的思想动摇以打压中共破坏统一战线的企图，在对蒋的艰难斗争中确保了国共合作的持续稳定。

（三）沉着应对复杂斗争形势，坚守军校直至最后

在北伐前夕，陈延年指出："蒋介石当总司令有两种可能性，如果我们的策略正确，掌握得好，可形成各阶级联盟的政权，革命力量会得到很大的发展；反之，蒋介石就要砍我们在座的这些人的头，中国必将陷入悲惨境地，重新走黑暗之路。"[②] 很不幸，蒋介石这个"假左派、真右派"逐渐撕开其伪善的面目，一手炮制了中山舰事件和"整理党务案"，露出了破坏统一战线的獠牙。面对这种紧迫危机的形势，熊雄依旧沉着应对，既勇于同企图分裂破坏统一战线的分子作坚决的斗争，又竭尽全力维护统一战线直至最后一刻。

早在 1926 年，熊雄就指出过军人的政治正确问题，提出要改变传统军人莫问政治的思想，要求军人必须懂政治，树立为谁而战的意识，找准敌人，必须明白怎么运用他们的刺刀，知道刺向谁。显然，破坏国共合作的统一战线的就是敌人。[③]1927 年 3 月 12 日，面对蒋介石不断制造统一战线分裂的政治压力，熊雄写下《怎么纪念我们的总理和怎样做我们的工作》一文，提醒学生们蒋彼时已经蜕变成"只愿作革命之官，不愿受革命之劳苦和危

---

① 熊雄：《对校长"临别赠言"的说明》，《黄埔日刊》，1926 年 8 月 13 日。
② 熊巢生等：《中国大革命中的熊雄》，南昌：江西人民出版社，2002 年，第 51 页。
③ 熊雄：《告第五期诸同学》，《黄埔日刊》第 191 期，1926 年 11 月 17 日。

险的老同志们"，已经"变成总理的叛徒及敌人"，揭示了他"成为反革命而被革命的群众打倒"①的未来命运。

当然，北伐军进至南昌以后，广大的黄埔学生军们也发现了蒋介石产生的变化，于是就有两种不同意见的争论，一种说："校长亦已经成新军阀，已经背叛了革命，投向了帝国主义了。"另一种说："校长是坚定不移的革命派，校长离校前对我们说过，如果我校长不革命你们可以枪毙我，说校长是反革命，是造谣污蔑。"②事关北伐的关键时刻，熊雄抛开个人恩怨、党派分歧，一切从大局出发，积极调解，派驻政治指导员去各学生队，推动统一战线亲爱团结、稳定军心。

随着意图破坏国共合作的反动势力变本加厉地压迫，熊雄指示《黄埔日刊》头版发表《生死关头》的时评，一针见血地指出，当前反动势力正在用尽一切手段来分裂统一战线，削减中国革命力量，"现在这个时期，是非常危险的。也就是国民革命的生死关头"！呼吁广大学生团结起来，坚决与反动势力作斗争。熊雄坦言："我实不忍见此浩浩荡荡的北伐局面，竟败于此辈丧心病狂的革命贩子手里。"③后来，斗争形势急剧恶化，黄埔军校中的中共党员劝熊雄离开避难，熊雄坚持不能随便离开黄埔，必须听党中央的命令。哪怕是听到了蒋介石准备"清党"的恶劣消息，他也决定自行流血，与黄埔相始终，为统一战线坚守至最后一刻，无不展露出坚定的无产阶级党性和毫不妥协的革命斗争性。

三、熊雄在黄埔军校期间统一战线思想的重要启示

熊雄在黄埔军校的工作经历为他践行统一战线思想提供了便利与基础条件。纵观熊雄一生，尤其是其统一战线思想为我们带来宝贵的启示。

① 熊雄：《怎么纪念我们的总理和怎样做我们的工作》，《黄埔日刊》，1927 年 3 月 12 日。
② 中国人民政治协商会议广东省委员会、文史资料研究委员会、广东革命历史博物馆合编：《广东文史资料》（第 37 辑），广州：广东人民出版社，1982 年，第 204 页。
③ 《文史资料选辑》（合订本）第 21 卷，北京：中国文史出版社，2011 年，第 289 页。

（一）在统一战线中传播党的领导思想

《共产党宣言》揭示了"共产党人到处都努力争取全世界民主政党之间的团结与协调"①的无产阶级统一战线基本原理，列宁明确提出"统一战线"的概念，并强调了无产阶级政党领导权的问题。②习近平总书记在党的二十大报告中指出：中国特色社会主义制度的最大优势是中国共产党领导，中国共产党是最高政治领导力量。即使是在日益严峻的黄埔军校斗争环境中，熊雄也积极维护统一战线中党的领导地位，利用一切机会传播党的思想，利用党的先进思想凝聚有志青年，为中国革命事业汇聚力量。

在纪念"二七"罢工运动时，熊雄向广大学生揭示了国民革命的精髓，揭示了统一战线的本质，指明工人阶级与国民革命的关系，即中国工人阶级是国民革命联合战线中之先锋队，因"二七"更宜明确认识；进一步阐释孙中山思想与共产主义思想是高度契合的，坦言总理"农工政策"之创立，一方面是为了求多数人之解放，另一方面是认清了"工农"是革命中之主力军；从而要求黄埔学生清晰认识到自己的身份，明确黄埔学生是代表革命民众——尤其是工农利益而奋斗的先锋队，应认清自己唯一的责任。经过熊雄振聋发聩的启示，越来越多的黄埔学生、有志青年深刻认识到当前中国革命中的主体问题，明白自己所代表的阶级群体，了解到统一战线的正当性与必要性，也从侧面或多或少接受了共产主义先进思想，在心中埋下中共领导革命的伟大种子。

"中国国民革命胜利后，是趋向帝国主义还是共产主义发展"，在面对国际友人福莱奇女士对于中国革命命运前途的发问时，熊雄肯定地回答国民党的行动就是全中国的行动，自然也包括中共，既然是打倒帝国主义的国民革命，自然不会再走上帝国主义道路。但对于中国革命成功后的政治趋向，现在尚不肯定，从而回避了可以导致统一战线因为领导权的问题而破产的问题，有力地维护了国共合作的精诚团结。不过，从骨子里熊雄透露出对共产主义的坚定信念，以及对无产阶级终将获取胜利的绝对信心。

---

① 《马克思恩格斯选集：第 1 卷》，北京：人民出版社，1995 年，第 285 页。
② 全国政协干部培训中心编：《人民政协简明教程》，北京：中国文史出版社，2017 年，第 137 页。

他充满希望地说："如果世界各国皆实行共产，中国当然不能独自例外。"①
从中我们也可以看出，熊雄相信中共提出的统一战线紧紧扣住时代的脉搏，
从而保障凝聚团结最广泛的革命力量，必将赢得反抗帝国主义的伟大胜利。
同时，在向世界推荐介绍黄埔军校时，熊雄揭示了黄埔精神的实质，即本
校之创办，不是为政府，亦不是为任何团体之利益，乃是为全世界被压迫
民族精神求解放，为全人类求和平，故黄埔精神之表现，即全世界被压迫
民族精神之表现。"不是为任何团体之利益"正是体现了中共一心为公，
不带有一丝一毫某一特定群体、社团、政党利益的无私精神，"为全世界
被压迫民族精神求解放，为全人类求和平"体现的正是马克思主义的"为
全人类的解放而奋斗"。

（二）确保党的领导核心绝不动摇

在黄埔军校任职政治部主任期间，他提出了绝对服从与相对服从的论
断，他告诉黄埔学生，"革命军唯一的特色，就是有党纪相范，军纪相绳……
即所谓革命的纪律——铁的纪律"。军人对于铁的纪律要绝对遵守，但是
纪律也分对错，对与错的纪律就要相对遵守，要有自己的判断力。如果这
个统一战线中的纪律并不是一开始的为了打倒帝国主义和解放中国人民，
而是成了某个或某些阶级争权夺利、满足个人私欲的工具，就不能绝对服
从，反而要为了团结而勇于斗争，即"团体里面的纪律，如果为个人之目
的而利用大家去遵守的，便应反抗，应打倒"。同时，他强调"在党的下面，
只有绝对服从"②，充分揭示党的领导核心，也体现了在其统一战线思想
中对党的核心领导权的无比忠诚。

"旗帜鲜明讲政治、保证党的团结和集中统一是党的生命，也是我们
党能成为百年大党、创造世纪伟业的关键所在。"在新时代，要想更好地
做到党内团结，就要坚定做到"两个维护"。尤其是党的十八大以来，以
习近平同志为核心的党中央面对一个时期以来党内存在的突出问题，全面

---

① 《熊主任接待世界旅行家福莱奇女士来校参观》，《黄埔日刊》第 279 期，1924 年 3 月 17 日。
② 熊雄：《对赴武昌政治科学生最后之训话》，《黄埔日刊》第 205 期，1926 年 12 月 3 日。

加强党的领导和党的建设，坚决改变管党治党"宽、松、软"状况，[1] 在迈向第二个百年奋斗新征程中，有效增强应对国内外风险挑战能力、推动全面从严治党向纵深发展、推进国家治理体系和治理能力现代化、为建成社会主义现代化强国、实现民族复兴的伟大梦想提供源源不断的政治保障与思想动力。因此，在东升西降的国际形势大潮中，在事关党领导下中华民族前途命运、国家繁荣富强、人民群众福祉的关键问题上，我们必须时刻坚定立场、坚决态度、坚守"两个维护"，不犯糊涂、不搞暧昧、不和稀泥，旗帜鲜明讲政治，毫不动摇守规矩，紧密团结在以习近平同志为核心的党中央周围，凝聚全党和全国各族人民的伟大力量，依靠全党和全国各族人民的力量，适应新形势新发展新任务，抓住新时代新机遇，应对新问题新挑战，早日实现中华民族伟大复兴的"中国梦"。

（三）掌握宣传阵地理论武装头脑

无论是在惠州战役中开展政治宣传工作，还是在黄埔军校中主持军队思想政治工作，熊雄始终将政治宣传作为重中之重，牢牢掌握理论宣传阵地，搭建理论教育渠道，充分介绍世界革命形势、中国经济政治状况、国民革命思想主张，给了中国的年轻人极大的思想启蒙。初到黄埔，熊雄就创立了黄埔军校的机关报《黄埔日刊》，包含党务、军事、政治、经济、群众运动等多个栏目，全方位宣传革命理论及无产阶级思想，通过《革命之路》栏目来发扬黄埔精神，登载《政治问答》来为广大学生答疑解惑、指引方向，从而在国民党紧张的政治压迫态势下顽强宣传阶级理论与共产主义思想，引导黄埔学生了解马克思学说，孕育红色火种，汇聚共产主义力量。

"我们党之所以能够不断历经艰难困苦创造新的辉煌，很重要的一条就是我们党始终重视思想建党、理论强党。"[2] 无论何时何地，中共从来没有放弃过独立自主地向广大中国人民群众传播先进的马克思主义理论的真谛。从建党伊始，中共就始终坚持利用马克思主义理论和知识武装头脑，

---

① 杜家丞：《"两个维护"：理论渊源、历史根基和实践依据》，《教学与研究》2022 年第 3 期，第 25—32 页。

② 习近平著：《习近平谈治国理政：第 2 卷》，北京：外文出版社，2017 年，第 67 页。

大力推进马克思主义旗帜引领与宣传阵地建设，领导各族人民实现独立、解放、建设、改革和富强等一个又一个伟大奇迹。如中共二大深刻分析中国半殖民地半封建社会现状，因地制宜提出联合战线，契合中国革命分两步走的实质；第一次国共合作破裂之后，以毛泽东同志为代表的中国共产党人提出《星星之火可以燎原》，及时发现切合中国实际的农民力量，提出了工农武装割据道路，将中国革命引上一条正确道路；在第五次反"围剿"失利后，中国革命才走出了迷茫，找到了一条正确的革命道路；抗战爆发后，面对蒋介石的不抵抗政策及汪精卫的卖国政策，中国共产党人提出"持久战"正确斗争思想，为中华民族注入强心剂……而今，面对百年未有之大变局，党和国家面临何去何从的紧迫问题，习近平总书记高瞻远瞩，提出习近平新时代中国特色社会主义思想，科学回答了新时代什么是中国特色社会主义、为什么要坚持和发展中国特色社会主义、怎样坚持和发展中国特色社会主义的重大问题。我们要自觉深入学习和发扬习近平新时代中国特色社会主义精神，在中国共产党的引领下，我们必然可以更好更快地早日实现中华民族伟大复兴、全面建成社会主义现代化强国。

（尤永盛，浙江省缙云县委党校教研室副主任）

联共（布）、共产国际与黄埔军校的创办

刘育钢

　　摘要：孙中山为完成中国革命而重视武装斗争，苏联出于地缘政治和国家利益的考量支持和帮助其创办军校和建军。20世纪20年代初，联共（布）和共产国际不断派人到中国面见孙中山，建议其建立军校和创建革命新军。孙中山决定创办黄埔军校后，苏联从智力、人力、财力、物力等方面给予支持和帮助，为黄埔军校的办学和校军建设指明政治方向，派遣顾问团参与军校管理与教学，指导军队建设并亲临战场作战。黄埔军校开办后，不断从经费和武器装备方面给予援助，共同保证军校办学规模的不断扩张和校军发展壮大，推动国民革命高潮的兴起。

　　关键词：联共（布）　黄埔军校　孙中山

　　黄埔军校的创办是国民革命里程碑式的重大事件，是孙中山的重要革命遗产，是第一次国共合作的重大成果，为国共两党培养许多军政精英。联共（布）和共产国际推动建立军校，并从智力、人力、财力、物力等方面给予很大的支持和帮助。

一、建议和推动军校的建立

孙中山矢志于中华民族救亡图存事业，屡遭失败。他不屈不挠，继续奋斗并不断探索有效的革命方法。他对联共（布）领导十月革命的胜利感到欣喜，引为同路人，并于 1918 年致电新俄政权，对联共（布）反对帝国主义干涉的正义斗争表示支持和同情。得到消息的列宁"实在生出意外的感动，视为这是东方的光明来了"。[①] 六七年后，担任孙中山总政治顾问的鲍罗廷证实这回事，说："当此危急存亡之秋，收到孙中山先生一电，嘱其奋斗，列宁等十分感激。"[②]

联共（布）及 1919 年成立的共产国际与孙中山的关系越来越接近，于 1921 年 12 月在广西桂林实现首次会晤，共产国际代表马林提出建立军校的建议。马林又名"斯内夫利特"，他是经张继介绍来的。"斯内夫利特在孙中山的总部住了一个多星期，他们的会谈是有历史意义的。斯内夫利特使孙中山确信俄国共产党人的实践事实上与国民党的工业化纲领是相类似的。孙中山对斯内夫利特的建议普遍感兴趣，孙告诉他在反对北洋军阀吴佩孚的战役结束后，中苏联盟可以建立；目前，可以建立非正式的联系。孙还宣布他愿意派一个最能干的人作为使者去莫斯科"。马林还提出其他建议，如改组国民党和建立军官学校。[③]

1923 年 8 月，孙中山派遣以蒋介石为首的"孙逸仙博士考察团"赴俄。"孙逸仙博士考察团"在俄期间，双方就国民党军事干部的培养交换了看法。

鲍罗廷提出在广州创建第一所军校的方案和俄顾问团参与军事筹备工作。1923 年 8 月 2 日，联共（布）中央政治局会议通过斯大林任命鲍罗廷为孙中山的政治顾问的建议。鲍罗廷于 10 月 6 日到达广州，着手帮助孙中山改组国民党及其他方面的工作。他在 12 月 10 日的《札记》中写道："我

---

① 《汪精卫在中国国民党第二次代表大会上的政治报告》，《政治周报》第 2 期，第 14 页。
② 《汪精卫在中国国民党第二次代表大会上的政治报告》，《政治周报》第 5 期，第 10 页。但是电报原文迄今没有找到。
③ 《马林在中国的有关资料》，北京：人民出版社，1980 年，第 36 页。

具体地向他们建议，根据确切阐明的纲领和党章来着手改组国民党。此外，我还向他们建议开始改组整个军队，为此成立军官学校和造就一些政工干部。"[1] "11 月 25 日，在孙主持下的国民党临时执委会最终接受了这里提出的在广州创建第一所军事学校的方案。建校的原则是以营为单位。这所学校区别于同类学校的地方是它名副其实地设立了政治部。"[2]

孙中山创办军校之事于第二年春天落地实现。最早见之于报端的关于国民党创办军校的消息是 1923 年 10 月 16 日的《广州民国日报》。该报称："昨 15 日上午 8 时，国民党党务讨论会开会，议决事项第 9 号议案……建议设陆军讲武堂于广州，训练海外本党回国之青年子弟，俾成军事人才。"鲍罗廷及其他苏联顾问参与讨论军校筹备事宜，直到新生入学正式开学。

二、智力支持：指明方向、移植制度、规划教程

办校的教育方针如何，决定着学生的素质和路向。孙中山对于办学目的很明确，对黄埔军校抱着很高的期望，在开学典礼演说词中说：希望培养的学生"能立志做革命军"，肩负起挽救"国亡种灭"的重担，为达此目的，一定要"以俄为师"。孙中山这样清晰明确的办学理念得益于联共（布）和共产国际及中国共产党多年的思想启发和引导。

俄国十月革命胜利后，孙中山对之一直存在着疑问："为什么俄国遭了那样大的艰难，遇了那样多的敌人，还能够在六年之内，把所有的障碍都一概打消，革命是彻底的成功；我们革命的时期，比俄国要长一半，所遇的障碍又不及俄国的大，弄到如今，革命还是不能成功呢？由中国和俄

---

① 中共中央党史研究室第一研究部译：《联共（布）、共产国际与中国国民革命运动》（第 1 卷），北京：中共党史出版社，2020 年，第 136 页、224 页、367 页、372 页、476 页、522 页、603 页、616 页、617 页、618 页、622 页、625–626 页、688–690 页、709–710 页。

② 中共中央党史研究室第一研究部译：《联共（布）、共产国际与中国国民革命运动》（第 1 卷），北京：中共党史出版社，2020 年，第 136 页、224 页、367 页、372 页、476 页、522 页、603 页、616 页、617 页、618 页、622 页、625–626 页、688–690 页、709–710 页。

国革命的结果不同，推求当中原因，便是我们的一个大教训。"① 后来的几年里，孙中山先后接触了维经斯基、马林、达林、越飞、鲍罗廷以及李大钊、陈独秀等人，与他们之间曾有多次的长时间的交流，其中最为密切且深入者当数鲍罗廷。鲍罗廷到广州后，很快得到他的信任，被聘为政治顾问，加快国民党改组步伐，使旧三民主义转变为以"联俄""联共""扶助农工"为主旨的新三民主义，成为第一次国共合作的政治纲领和行为准则。孙中山还派遣"孙逸仙博士考察团"赴俄实地考察，终于解除疑惑，答案就是他所说的："俄国发生革命的时候虽然是一般革命党员做先锋，去同俄皇奋斗，但是革命一经成功就马上组织革命军；后来因为有了革命军做革命党的后援，继续去奋斗，所以就是遇到了许多大障碍，还是能够在短时间之内大告成功。"②

　　"以俄为师"，移植苏联红军政治工作制度，在黄埔军校及校军设立党代表和政治部。鲍罗廷等顾问参与顶层设计和实施指导。军校学习联共（布）创建红军的经验，建立党代表和政治工作制度。

　　苏联顾问参与规划教学教程。黄埔军校实施政治教育与军事教育并重的教学课程设计，是该校的特色。其间，除了苏联的军事院校外，中外军校均以军事技术教学与训练为主。这种首创的教学课程设计，本土的学校管理人员没有任何经验，即便到过苏联考察的蒋介石也是如此，建校伊始，只能听从毕业于俄国总参谋部学院（后改伏龙芝学院）的顾问亚·伊·切列潘诺夫、恩·捷列沙托夫、沃·波里亚克、雅·格尔曼等人。在他们的规划和指导下，军校采取苏联最新的军事理论和技术进行讲授和训练。政治教育则制定对三民主义和马克思主义兼收并蓄的方针、切实的教育内容和多样的教育方法。切列潘诺夫回忆："在黄埔军校开展工作，成了在广州、

① 孙中山：《陆军军官学校开学演说》，《黄埔军校史料》（1924–1927），广州：广东人民出版社，1994 年，第 46 页。
② 孙中山：《陆军军官学校开学演说》，《黄埔军校史料》（1924–1927），广州：广东人民出版社，1994 年，第 46 页。

在孙中山身边的苏联军事顾问活动的主要内容。"①"蒋介石不加反对地赞
同了我们的意见。……无论对于军校的组织问题和教学问题，还是后来对于
建立国民革命军第一批团队的问题，他都几乎无条件地采纳我们的建议。"②

三、人力支持：派遣顾问团、参与管理教学、躬身战场

应孙中山的请求，苏联从 1923 年下半年开始派遣政治顾问及主要军兵
种和特种军队的军事专家前往广州，其中包括步兵、炮兵、空军、装甲部队、
海军专家以及参谋人员。华南军事顾问团的人数逐渐增加，并逐渐补给军纪
严明的教官和陆军政工人员。直至北伐战争，苏联还陆续派顾问到广州来。

苏联顾问参与军校的管理与教学。初创时的军校行政组织在校领导层
级下设有政治部、教练部、教授部、总教官室战术总教官、管理部、军需
部、军医部、特别官佐，学员的管理与教学主要集中在前四个部门。"军
校从组建到训练都是在俄国教练的密切参与下进行的。"③"从开学以来，
校内主要的组织工作和教学工作都由苏联专家承担。"④苏联顾问常常在
上课和训练之前组织中国教官备课，"搬上教具箱，在沙盘上示范"，"对
连长进行教学法的训练，要求他们采用示范教学法，并且在作示范教学时
不出差错"。⑤他们还亲自参加教学。切列潘诺夫回忆："我们不但善于
组织学员的课堂教学，而且能够通过实践讲明一切基本原理。我们竭力使
学员在初学阶段最大限度地掌握实际要领。我们希望这些未来的指挥员能

---

① 亚·伊·切列潘诺夫：《中国国民革命军的北伐》，北京：中国社会科学出版社，1981 年，
　第 105 页、109–112 页、165 页。
② 亚·伊·切列潘诺夫：《中国国民革命军的北伐》，北京：中国社会科学出版社，1981 年，
　第 105 页、109–112 页、165 页。
③ ［苏］阿瓦勃拉戈达托夫：《中国革命札记》（1925–1927），北京：新华出版社，1985 年，
　第 121 页。
④ ［俄罗斯］阿纳斯塔西娅·卡尔图诺瓦：《来到东方：加伦与中国革命史料新编》，广州：
　广东人民出版社，2017 年，第 66 页。
⑤ 亚·伊·切列潘诺夫：《中国国民革命军的北伐》，北京：中国社会科学出版社，1981 年，
　第 105 页、109–112 页、165 页。

够懂得队列训练、一贯精力集中、良好的军风军纪、服从命令的重要性，并且自觉准备克服军人可能遇到的各种困难。""我们注重每一个学员的单兵训练……为了改进射击训练，制作了最简易的瞄准检查仪；我们还教会了学员定步枪标尺。"[①]"我和新到的顾问舍瓦尔金就亲自在练兵场上作战士单独跃进的示范表演。"[②]"在战术训练科目中，我们训练学员在火力配合下快速进攻，并要求不管分队人数多少，都必须包抄敌人。在防守时也要求发挥最大限度的主动性，善于以反冲锋来预防敌人的进攻。我们的努力并没有白费。在不久开始的出征中充分显示了训练的效果。"[③]

苏联顾问亲临前线作战，鼓舞士气，助力战斗胜利。1925 年 2 月至 3 月，广州革命阵营进行第一次东征，加伦等苏联顾问随军东征。且不论加伦对整个东征取得胜利在顶层设计及局部战役发挥的作用，分配在右侧东征军各战斗单位的顾问们牢记加伦在征途上关于"我们顾问在部队里的作用是特别重要的。你们应该以满腔的革命热情施展军事艺术。你们的建议不应只停留在建议上，还必须善于付诸实施"[④]的嘱咐，不但在战斗中建言献策、现场示范战斗技术，还亲自参加战斗。

四、财力支持：不断注入办学建军经费

财政窘迫一直是孙中山及国民党从事革命事业最为困扰的问题之一。国民党改组前后，马林常来常往于广州，对孙中山及国民党的财政状况有较深入的了解。他告诉越飞和苏俄驻北京全权代表达夫谦说："钱的问题在这里一直是一个棘手的问题。""廖仲恺经常对我讲，钱的问题是他最

---

① 亚·伊·切列潘诺夫：《中国国民革命军的北伐》，北京：中国社会科学出版社，1981 年，第 105 页、109–112 页、165 页。

② 亚·伊·切列潘诺夫：《中国国民革命军的北伐》，北京：中国社会科学出版社，1981 年，第 105 页、109–112 页、165 页。

③ 亚·伊·切列潘诺夫：《中国国民革命军的北伐》，北京：中国社会科学出版社，1981 年，第 105 页、109–112 页、165 页。

④ 亚·伊·切列潘诺夫：《中国国民革命军的北伐》，北京：中国社会科学出版社，1981 年，第 105 页、109–112 页、165 页。

大的忧虑，几乎唯一的忧虑，他一筹莫展。"①孙中山也对他说："现在
南方迫切需要财政援助……他最感兴趣的是这一点。"②

　　鉴于《孙文越飞联合宣言》中越飞曾许诺"中国当得俄国国民最挚热
之同情，且可以俄国援助为依赖也"③，为落实《宣言》的有关问题，廖
仲恺于1923年2月至3月，在日本热海等地与越飞举行了一个多月的会谈。
会谈的最大收获是：在商定苏联政府援助孙中山创办广州军校计划的同时，
又开辟和疏通了莫斯科全面支援国民党政府的渠道。据追踪越飞访日的大
阪《每日新闻》记者布施胜治记述，廖仲恺与越飞在谈话中达成了一项协议，
苏联将援助国民党设立军官学校。布施胜治还援引孙中山对张继的谈话：
"俄国从1924年前后起，每年给广东提供200万元的援助"，其中70万
元是黄埔军校的费用，130万元是"国民党政费"。④几乎在会谈期间，即
1923年3月8日，联共（布）中央政治局召开会议，研究越飞的建议，同
意"给孙逸仙约200万墨西哥元的资助"和"向孙逸仙派去政治和军事顾
问小组"。⑤根据苏联政府的通知，越飞于5月1日给广州转来了"苏联
政府致孙中山电"，由马林交给孙中山。电文中称："我们准备向您的组
织提供达200万金卢布的款额作为筹备统一中国和争取民族独立的工作之
用。这笔款项应使用一年，分几次付，每次只付50万卢布。我们还准备
协助您利用中国北方的或中国西部的省份组建一个大的作战单位。但遗憾
的是我们的物资援助数额很小，最多只能有8000支日本步枪、15挺机枪、

---

① 中共中央党史研究室第一研究部译：《联共（布）、共产国际与中国国民革命运动》（第2卷），
　北京：中共党史出版社，2020年，第436页、442页、446–447页。
② 中共中央党史研究室第一研究部译：《联共（布）、共产国际与中国国民革命运动》（第2卷），
　北京：中共党史出版社，2020年，第436页、442页、446–447页。
③ 中共中央党史研究室第一研究部译：《联共（布）、共产国际与中国国民革命运动》（第2卷），
　北京：中共党史出版社，2020年，第436页、442页、446–447页。
④ ［日］布施胜治：《列宁的俄国与孙文的中国》，引见山田辰雄《关于廖仲恺1922年和
　1923两次访日》，载《廖仲恺研究——廖仲恺国际学术研讨会论文集》，广州：广东人民出
　版社，1989年，第235–236页。
⑤ 中共中央党史研究室第一研究部译：《联共（布）、共产国际与中国国民革命运动》（第1卷），
　北京：中共党史出版社，2020年，第136页、224页、367页、372页、476页、522页、603
　页、616页、617页、618页、622页、625–626页、688–690页、709–710页。

4 门 Opucaka（奥里萨卡）炮和两辆装甲车。如您同意，则利用我国援助的这些军事物资和教练员建立一个包括各种兵种的内部军校（而非野战部队）。"①

　　苏俄政府的援助直到黄埔军校开办后才缓缓而来。1924 年 3 月 20 日，联共（布）中央政治局会议就"关于中国问题的报告"作出决定："委托伏龙芝同志亲自负责发放 50 万卢布、1 万支步枪和一定数量的火炮。""将早先决定的 200 万卢布的发放日期推迟至接到加拉罕的文件后执行。"② 从黄埔军校开学后其经费逐步得到解决的情况看，苏俄"每年资助 200 万卢布分几次付"开始得到兑现。这笔经费至 1925 年 5 月"已经花光"。③ 除此之外，苏俄还不断给黄埔军校办学建军注入或追加资金。从目前解密的 1924 年 9 月至 1925 年 9 月广东国民政府发起第二次东征之前联共（布）档案资料记载看，主要有以下几笔：

　　（1）1924 年 9 月 11 日联共（布）中央政治局会议决定："采纳外交人民委员部的建议，援助中国 2.5 万卢布，其中苏联中央执行委员会提供 1 万卢布，其余的 1.5 万卢布由外交人民委员部按预算提供，全部援助以苏联中央执行委员会的名义提供。"④

　　（2）1925 年 5 月 29 日联共（布）中央政治局会议决定："资助在南方组建两个新的师团和黄埔军校"。"拨出 45 万卢布用于组建两个新师团，维持一个老师团以及黄埔军校。指示加伦同志，以上款项为 9 个月，即到

---

① 中共中央党史研究室第一研究部译：《联共（布）、共产国际与中国国民革命运动》第 2 卷，北京：中共党史出版社，2020 年，第 436 页、442 页、446–447 页。
② 中共中央党史研究室第一研究部译：《联共（布）、共产国际与中国国民革命运动》（第 1 卷），北京：中共党史出版社，2020 年，第 136 页、224 页、367 页、372 页、476 页、522 页、603 页、616 页、617 页、618 页、622 页、625–626 页、688–690 页、709–710 页。
③ 中共中央党史研究室第一研究部译：《联共（布）、共产国际与中国国民革命运动》（第 1 卷），北京：中共党史出版社，2020 年，第 136 页、224 页、367 页、372 页、476 页、522 页、603 页、616 页、617 页、618 页、622 页、625–626 页、688–690 页、709–710 页。
④ 中共中央党史研究室第一研究部译：《联共（布）、共产国际与中国国民革命运动》（第 1 卷），北京：中共党史出版社，2020 年，第 136 页、224 页、367 页、372 页、476 页、522 页、603 页、616 页、617 页、618 页、622 页、625–626 页、688–690 页、709–710 页。

1926 年 1 月 1 日。"①

（3）1925 年 6 月 5 日联共（布）中央政治局会议决定："除上述（1）的预算外，在两个月内另给加伦拨款 10 万卢布资助黄埔军校和一个老师团"。②

关于苏联提供给黄埔军校的资金数量究竟是多少，因种种原因目前无法准确统计。

五、物力支持：多次援助武器装备

缺枪少械也是制约孙中山和国民党的军事发展的一个重要方面，孙中山也希望其给予大力支持。早在 1922 年 9 月下旬孙中山在上海会见俄国代表格克尔，当格克尔表达了"俄国原则上准备帮助中国的统一事业"，并"认为孙逸仙是能够实现这种统一的人"时，孙在感谢之余立刻提出俄国要为他"提供交通工具、弹药和武器"。③

苏俄援助孙中山和国民党的武器装备直到 1924 年 10 月间才到位。10 月 8 日，苏俄将其援助国民党的第一批军械，用"波罗夫斯基"号舰运到了广州。关于这批军械的种类和数量众说纷纭：据《蒋介石年谱初稿》载，俄舰内有"大本营向俄订购的山炮、野炮、长短枪支、轻重机枪和各种弹药"④；王柏龄则说，苏联这次只运来"8 千支完全有刺刀的俄国式步

① 中共中央党史研究室第一研究部译：《联共（布）、共产国际与中国国民革命运动》（第 1 卷），北京：中共党史出版社，2020 年，第 136 页、224 页、367 页、372 页、476 页、522 页、603 页、616 页、617 页、618 页、622 页、625–626 页、688–690 页、709–710 页。

② 中共中央党史研究室第一研究部译：《联共（布）、共产国际与中国国民革命运动》（第 1 卷），北京：中共党史出版社，2020 年，第 136 页、224 页、367 页、372 页、476 页、522 页、603 页、616 页、617 页、618 页、622 页、625–626 页、688–690 页、709–710 页。

③ 中共中央党史研究室第一研究部译：《联共（布）、共产国际与中国国民革命运动》（第 1 卷），北京：中共党史出版社，2020 年，第 136 页、224 页、367 页、372 页、476 页、522 页、603 页、616 页、617 页、618 页、622 页、625–626 页、688–690 页、709–710 页。

④ 中国第二历史档案馆编：《蒋介石年谱初稿》，北京：档案出版社，1992 年，第 241 页。

枪，每枪有 500 发子弹"，"还有小手枪 10 支"①；宋希濂记忆是"有日本三八式步枪数千支，野炮、山炮二三十门，重机枪（那时还没有轻机枪）约百多挺，以及各种弹药、通讯器材等"②。

之后，苏俄政府不断地援助武器给国民党。1925 年 5 月 7 日，联共（布）中央政治局会议决定："认为在广州组建新的可靠部队是必要的"，"确定为此拨出的补充资金的数额（约 50 万卢布）"。"为同样目的拨出 2 万支步枪、100 挺配备子弹的机枪、一定数量的掷弹炮和手榴弹。"③ 5 月 29 日，根据加拉罕和沃罗宁提出的发货建议，联共（布）中央政治局决定给广州"预定发运"："9000 支步枪（已在途中）、950 万发子弹、1 万枚手榴弹、100 挺带子弹带、弹盒和小型机器的机枪、10 支 1000 发的掷弹炮。"④ 同时，"为执行政治局今年第 52、62、64 号指示，中国委员会在今年 5 月 29 日和 6 月 5 日的两次会议上决定"："鉴于加拉罕同志的新申请，认为除已经拨给的之外，还可以向国民党将领补充提供带子弹的步枪 5000 支、带炮弹的炮 12 门、带子弹和附属用具的机枪 50 挺和技术器材若干。"⑤ 9 月 30 日，联共（布）中央政治局中国委员会主席温施利赫特等给斯大林的书面报告中提出："为了加强黄埔军队，给广州调拨总额为 3988242 卢布的武器装备。"在报告后面附有两份图表，第一份是"根据基本计划通过的 1924–1925 年度调拨的和应当调拨的炮兵器材"；第二份是"军事部门在 1924–1925 年度调拨和预定 1925–1926 年度调拨的

① 全国政协文史资料委员会编：《第一次国共合作时期的黄埔军校》，北京：文史资料出版社，1982 年，第 257 页。

② 广东革命历史博物馆编：《黄埔军校史料（1924–1927）》，广州：广东人民出版社，1985 年，第 72–73 页。

③ 中共中央党史研究室第一研究部译：《联共（布）、共产国际与中国国民革命运动》（第 1 卷），北京：中共党史出版社，2020 年，第 136 页、224 页、367 页、372 页、476 页、522 页、603 页、616 页、617 页、618 页、622 页、625–626 页、688–690 页、709–710 页。

④ 中共中央党史研究室第一研究部译：《联共（布）、共产国际与中国国民革命运动》（第 1 卷），北京：中共党史出版社，2020 年，第 136 页、224 页、367 页、372 页、476 页、522 页、603 页、616 页、617 页、618 页、622 页、625–626 页、688–690 页、709–710 页。

⑤ 中共中央党史研究室第一研究部译：《联共（布）、共产国际与中国国民革命运动》（第 1 卷），北京：中共党史出版社，2020 年，第 136 页、224 页、367 页、372 页、476 页、522 页、603 页、616 页、617 页、618 页、622 页、625–626 页、688–690 页、709–710 页。

炮兵器材分配"。从第二份清单中可知，苏联政府在 1924–1925 年度调拨给广州的武器有：步枪 15000 支，步枪子弹 2000 万发，带附件的机枪 100 挺，带瞄准器的 3 英寸炮 24 门，3 英寸炮弹 24000 发，手榴弹 10000 枚，掷弹炮 50 门，掷弹炮弹 5000 发，坦克 3 辆，无烟火药 1000（单位未标出。引者注），飞机 15 架。[1]10 月 19 日，联共（布）中央政治局经过讨论"基本上赞同中国委员会的建议"：将"派往广州的飞机数量减至 12 架，拒绝拨给坦克和装甲车的要求"，并将"原预定给广州的" 6 架飞机"改派给冯玉祥，责成空军总司令加紧发运"。[2] 由此可见，以上各批次苏联政府支援黄埔军校办学建军的武器装备应该是黄埔军校建校至 1926 年初近两年的时间里，苏联政府支持黄埔军校办学建军的武器装备的基本数量。

六、余论

对于黄埔军校办校建军，联共（布）及共产国际不但从政治上给予指明正确的政治方向，而且从人力、财力、物力给予大力的支持和援助。

苏联对黄埔军校创办建军的财力物力援助，正值该国因"被四年帝国主义战争和三年反武装干涉战争弄得穷竭不堪"、"农民经济遭遇着严重的困难"、工业"情形更加恶劣"，正在实行由"战时共产主义"转入"新经济政策"以恢复国民经济的时期。[3] 但它克服困难，支援中国革命，"履行国际主义"，是值得充分肯定的。没有其支持和帮助，黄埔军校的创办建军是不可能那么顺利的。不过，也应该指出：它对孙中山及国民党的支持和帮助，不是"完全无私"的，且不说其中有些援助是"贷款的"，它

---

① 中共中央党史研究室第一研究部译：《联共（布）、共产国际与中国国民革命运动》（第 1 卷），北京：中共党史出版社，2020 年，第 136 页、224 页、367 页、372 页、476 页、522 页、603 页、616 页、617 页、618 页、622 页、625–626 页、688–690 页、709–710 页。
② 中共中央党史研究室第一研究部译：《联共（布）、共产国际与中国国民革命运动》（第 1 卷），北京：中共党史出版社，2020 年，第 136 页、224 页、367 页、372 页、476 页、522 页、603 页、616 页、617 页、618 页、622 页、625–626 页、688–690 页、709–710 页。
③ 《苏联共产党（布）历史简明教程》，北京：人民出版社，1949 年，第 328 页。

是从地缘政治的战略考虑和该国利益出发的，这也是允诺的援助"千呼万唤始出来"的一个重要原因。

由于当年苏联方面一再强调对援助要"严守秘密"和"绝对保密"，^{①②}再加上其他原因，以致要较为准确地反映联共（布）及共产国际援助黄埔军校的创办建军的经费和武器装备仍有困难，拙文只是尽可能地搜索罗列一些数据事实，对这个问题的探索还有待于同行的共同努力。

（刘育钢，福建泉州经贸学院教授）

---

① 中共中央党史研究室第一研究部译：《联共（布）、共产国际与中国国民革命运动》（第 2 卷）北京：中共党史出版社，2020 年，第 442 页。
② 中共中央党史研究室第一研究部译：《联共（布）、共产国际与中国国民革命运动》（第 1 卷）北京：中共党史出版社，2020 年，第 603 页。

黄埔建军前后的苏俄军事顾问

——以加伦为中心

冯 杰

摘要： 黄埔建军前后，广州活跃着一个特殊群体"苏俄军事顾问团"，关于它的人数，因为存在流动性和动态性，难以确切统计。他们帮助国民党创校建军，在东征陈炯明，讨伐杨希闵、刘震寰叛乱的军事行动中，所发挥的作用不可替代。第二任军事总顾问加伦，来华之前是列宁格勒防区司令，后来被授予元帅军衔，当时只有五位。加伦不仅军事素养过硬，同时兼具政治家眼光，在云集广州政府旗下的各路总司令之间游刃有余，是国共合作统一广东革命根据地的有力"外援"。

关键词： 孙中山　苏俄军事顾问　加伦　蒋介石

1921 年底，共产国际代表马林在广西桂林与孙中山首次会面，坊间传说马林当时建议国共合作，改组国民党，创办军官学校等重大事项。[①]因为找不到原始谈话记录，此说不足凭信。不过可以肯定的是，孙中山欣赏苏联红军，这支军队"有主义、有目的，故能与农工联合而改造新国

---

① 古屋奎二：《蒋介石秘录·第 2 卷》，长沙：湖南人民出版社，1988 年，第 294 页。

家", 寄语"吾国今日之军人, 倘亦具有主义及目的, 决心改造新中国, 其效果必在俄国之上"。[1] 但事与愿违, 第二年初夏, 粤军首领陈炯明反对北伐, 不惜兵戎相见, 迫使孙中山离粤至沪。中共善意忠告: "旧军队不完全解散或彻底改组, 革命阶级的统治权是不能保持的。"[2] 1923 年 1 月, 滇军、桂军"收复"广州, 孙中山多次与苏俄政府驻华全权代表越飞会谈, 表示"如果莫斯科派给他一些军事和政治问题的顾问, 那将是十分有益的"。[3] 俄方认为孙中山"过于借重军阀之力, 因而常导致失败, 国民党必须组织培养自身的军队"。[4] 是年秋季, 莫斯科派出的第一批顾问到达广州, 以政治总顾问鲍罗廷为首, 最早协助开展军事工作的至少还有格尔曼、波里亚克、斯莫连采夫。10 月中旬, 国民党决定建立讲武堂, 后来定名"陆军军官学校", 俗称"黄埔军校", 鲍罗廷力主莫斯科加派军事人员, "让具有丰富的作战经验, 能使孙中山敬服的同志率领这个顾问团"。[5]

关于苏俄顾问的研究, 过往较多关注政治总顾问鲍罗廷, 专著就有《鲍罗廷与中国大革命》《解密档案中的鲍罗廷》《弄潮: 鲍罗廷在中国》《中国大革命中的外力作用: 以鲍罗廷为代表》等书。[6] 针对军事顾问的研究, 截至目前没有严格意义上的学术专著, 相关论文比较丰富, 比如《加伦与蒋介石关系述论》《苏联顾问团与孙中山黄埔建军事业的开创和发展》《孙中山与苏联华南军事顾问团关系初探》《巴甫洛夫死因及公祭情形考释:

---

① 桑兵主编:《孙中山史事编年（1920.1–1921.12）第 7 卷》, 北京: 中华书局, 2017 年, 第 4178 页。
② 张光宇著:《第一次国共合作时期的国民革命军》, 武汉: 武汉大学出版社, 1989 年, 第 16 页。
③ 桑兵主编:《孙中山史事编年（1923.1–1923.12）第 9 卷》, 北京: 中华书局, 2017 年, 第 4684 页。
④ 陈福霖、余炎光著:《廖仲恺年谱》, 长沙: 湖南出版社, 1990 年, 第 220 页。
⑤ ［苏］贾比才等:《中国革命与苏联顾问》, 北京: 中国社会科学出版社, 1981 年, 第 27 页。
⑥ 丁言模著:《鲍罗廷与中国大革命》, 银川: 宁夏出版社, 1993 年; 张秋实著:《解密档案中的鲍罗廷》, 北京: 人民出版社, 2014 年; 曾成贵著:《弄潮: 鲍罗廷在中国》, 北京: 中国社会科学出版社, 2014 年; 周利生著:《中国大革命中的外力作用: 以鲍罗廷为代表》, 北京: 中国社会科学出版社, 2020 年。

新发现的〈华南顾问团军事部日志〉解读》等。① 军事顾问留下的文献史料不在少数，比如《苏联顾问在中国：1923-1927》《中国国民革命军的北伐：一个驻华军事顾问的札记》《加伦在中国（1924-1927）》《在中国土地上：苏联顾问回忆录 1925-1945》《中国革命纪事》等。② 本文以《来到东方：加伦与中国革命史料新编》为核心依据，重新梳理黄埔建军前后，孙中山、蒋介石与军事总顾问的互动关系，重点考察加伦帮助国民党建立、培养"党军"，在统一广东革命根据地过程中发挥的巨大作用。

一、巴甫洛夫"出师未捷身先死"

1924 年 1 月，国民党"一大"临近闭幕之际，切列潘诺夫、捷列沙托夫等人抵粤。孙中山开门见山阐明宗旨："我们的首要任务是按照苏联式样建立一支军队，准备好北伐的根据地。我们希望你们把在反对帝国主义武装干涉、并把他们赶出本国的斗争中积累的丰富经验传授给我们的学生——革命军队的未来军官。"苏俄军事顾问注重实际操练，起先遭到"重讲授、轻示范"的军校教授部主任王柏龄反对。据切列潘诺夫回忆，顾问们坚持专业立场，渐渐获得黄埔师生广泛认同，总教官何应钦虚心接受，校长蒋介石"无论对于军校的组织和教学问题，还是之后对于建立国民革

---

① 徐万民：《加伦与蒋介石关系述论》，《军事历史研究》1993 年第 7 期；周兴樑：《苏联顾问团与孙中山黄埔建军事业的开创和发展》，孙中山宋庆龄文物管理委员会：《孙中山宋庆龄文献与研究（第三辑）》，上海：上海书店出版社，2011 年；李岚：《巴甫洛夫死因及公祭情形考释：新发现的〈华南顾问团军事部日志〉解读》，《红广角·党史与文献研究》，2017 年第 7、8 期；李洋：《孙中山与苏联华南军事顾问团关系初探》，《广东党史与文献研究》，2022 年第 5 期。

② 中国社会科学院近代史研究所翻译室译：《苏联顾问在中国：1923-1927》，北京：中国社会科学出版社，1980 年；［苏］切列潘诺夫：《中国国民革命军的北伐：一个驻华军事顾问的札记》，北京：中国社会科学出版社，1981 年；［苏］卡尔图诺娃：《加伦在中国（1924-1927）》，北京：中国社会科学出版社，1983 年；何智涛等译：《在中国土地上：苏联顾问回忆录 1925-1945》，北京：中国社会科学出版社，1981 年；［苏］勃拉戈达托夫：《中国革命纪事》，北京：知识、读书、新知三联书店，1982 年。

命军第一批团队，他都几乎无条件地采纳我们的建议"。①黄埔军校最大的特点是政治教育与军事教育并重，"以俄为师"引入党代表和政治部。叶剑英时任教授部副主任，他说："在军队中实行党代表制度，建立军队政治工作制度，形成了孙中山先生那个时期比较完备的建军思想。"②

黄埔军校成立前后，军事顾问团首任团长巴甫洛夫到达广州，一行尚有副手艾蒂金等人。顾问团发现情况远比想象中糟糕，"军队的弹药武器十分缺乏，经费拮据，许多将领和士兵各行其是，孙大元帅的命令有时得不到执行。兵工厂太小，不敷使用，空军力量薄弱"。③在鲍罗廷支持下，巴甫洛夫一面催促莫斯科尽快启运武器，一面建言成立军事委员会，尝试改组各种"联军"，使之成为政治上可靠的武装力量。国民党中央政治委员会采纳建议，巴甫洛夫提出六项针对性意见：在"联军"中设立政治机关，在军、师一级单位中派驻党代表，并在军队中开展广泛的宣传教育工作，提高军队思想素质；对"联军"的指挥人员实施统一训练，每期训练三个月；在广州建立防御区；建立装甲兵；在敌后组织广泛的农民运动；设立军事检查机关。④

孙中山建立革命新军主要从两个方面入手，一是创办军官学校，培养军事干部，组织革命军；二是改造旧式军队，使之为革命服务。滇军、桂军军阀主力打跑陈炯明，并不真心拥护革命，滇军总司令杨希闵晚年坦言："中山先生改组国民党时，因感于缺乏革命武力，故对我期望甚殷，当决定三大政策之时，对我反复开导，并征求我的意见，我虽口头表示服从，但内心并未接受。"⑤孙中山心知肚明，改造旧式军队"其所以未做之故，

① ［苏］切列潘诺夫：《中国国民革命军的北伐：一个驻华军事顾问的札记》，北京：中国社会科学出版社，1981 年，第 91 页、110 页。
② 叶剑英：《孙中山先生的建军思想和大无畏精神》，尚明轩等编：《孙中山生平事业追忆录》，北京：人民出版社，1986 年，第 373 页。
③ 桑兵主编：《孙中山史事编年（1924.1—1924.8）第 10 卷》，北京：中华书局，2017 年，第 5517 页。
④ ［苏］切列潘诺夫：《中国国民革命军的北伐：一个驻华军事顾问的札记》，北京：中国社会科学出版社，1981 年，第 120 页。
⑤ 杨希闵：《回忆与反省》，尚明轩等编：《孙中山生平事业追忆录》，北京：人民出版社，1986 年，第 373 页。

因为吾等未曾发明有好的方法，且因为知识不足，尚未看见此种道理"。苏俄革命党人"气魄厚，学问深，故能想出良好方法"，"故吾等欲革命成功，要学俄国的方法组织及训练"。①巴甫洛夫深知欲速则不达，"军事委员会先研究改组军队和进行防御的准备问题，以后再变为最高战略决策机关"。②孙中山言听计从，分别委派汪精卫、蒋介石为政治、军事训练筹备委员长，由各军总司令选派中上级人员充当委员；粤军总司令许崇智领衔规划广州防卫，滇军、桂军、豫军派参谋长或高级军官为委员。

重返广东建立革命政权，孙中山想过"拟以和平之方法，图统一之效果"，但在曹锟贿选总统，破坏《临时约法》之后，决心肃清盘踞东江的陈炯明部，"即行北伐"。③切列潘诺夫观察分析，陈炯明部尽管人数不占优势，但仍有相当强的战斗力，"要同他的军队作战，必须全力以赴，而那些'联军'将领对这种前景不感兴趣，战斗的胜利非但无利可图，反而会使他们丧失凭借'广州保卫者'的权利所暂时享有的种种好处"。④局势确实非常微妙，据《香港华字商报》（7月2日）透露，东江战事告急，孙中山"曾于军事会议席上面责杨希闵，诘其前方滇军何以俱不肯退兵，对于友军作战亦不予以援应，若谓军饷伙食不继，则赌饷已完全划归滇军，看待已不可谓薄，乃竟如此，试问何以对我"。⑤

巴甫洛夫赞同北伐，派遣捷列沙托夫先去武汉，探明湘鄂交界处的几个独立旅"是否真的打算站在孙中山一边"。⑥7月18日，一场意外突然降临，巴甫洛夫巡视战地，却在石龙掉落东江，由于水下情况复杂，不幸溺水而亡。德国医生的解剖报告足以排除任何阴谋论，发现"他的胃里有

---

① 孙力等编写：《孙中山军事思想与实践》，北京：军事科学出版社，1989年，第220页、222页。
② ［苏］切列潘诺夫：《中国国民革命军的北伐：一个驻华军事顾问的札记》，北京：中国社会科学出版社，1981年，第120页。
③ 桑兵主编：《孙中山史事编年（1924.1—1924.8）第10卷》，北京：中华书局，2017年，第5188页。
④ ［苏］切列潘诺夫：《中国国民革命军的北伐：一个驻华军事顾问的札记》，北京：中国社会科学出版社，1981年，第124页。
⑤ 桑兵主编：《孙中山史事编年（1924.1—1924.8）第10卷》，北京：中华书局，2017年，第5499页。
⑥ ［苏］切列潘诺夫：《中国国民革命军的北伐：一个驻华军事顾问的札记》，北京：中国社会科学出版社，1981年，第124页。

小石块和泥沙",显然经历过猛烈呛水。①惊闻噩耗,孙中山致电莫斯科:"巴甫洛夫将军是俄国为中国自由而捐躯的第一位先烈。今殉职,本人不胜悲痛! 他是邻邦的英勇、高尚的儿子,死得其所。他增进了俄中两国间的联系,使国民党愈加坚定其决心——不将争取民族自决权的斗争进行到最后时刻,誓不罢休。"②刚刚迈开建军步伐的广州政府损失莫大,孙中山亲临追悼大会,手书"遗恨何如"四字,惋惜之情跃然纸上。③鲍罗廷推荐艾蒂金暂时接替团长职务,推动实施各种既定方案。然而,艾蒂金终究能力有限,威望亦难以服众,缺少核心的军事顾问团出现裂痕,凝聚力大为降低。8月2日,莫斯科议决布留赫尔前往中国,赓续巴甫洛夫未竟之功。

二、加伦推动第一次东征

布留赫尔被誉为"俄国内战时期的传奇英雄,红军的组织者、缔造者之一,著名的军事政治家和国务活动家"④,来华之前担任步兵第一军军长、列宁格勒防区司令,出于保密原因化名"加伦"。10月下旬,加伦到达广州,局势跌宕起伏,先是孙中山移驻韶关,趁直奉军阀混战进军湘赣;接着发生商团作乱事件,广州政府强力敉平;冯玉祥发动北京政变,邀请孙中山共商国是。可喜的是,蒋介石组建教导团初具规模,这支队伍采用苏俄顾问指导编写的新教材,训练方法类似十月革命武装工人的速成法,成为"校军""党军"胚芽。首次见面,加伦围绕保卫广州以及东征的意义侃侃而谈,革命政府只控制广东省三分之一,"除非有巩固的后方以及各邻省出现有利于北伐的形势,北伐才能成功。目前应该先解决国民党牢牢控制广东和

---

① 李岚:《巴甫洛夫死因及公祭情形考释:新发现的〈华南顾问团军事部日志〉解读》,《红广角·党史与文献研究》,2017 年第 7、8 期。
② [苏]卡尔图诺娃:《加伦在中国(1924–1927)》,北京:中国社会科学出版社,1983 年,第 33 页。
③ 中国第二历史档案馆编:《蒋介石年谱(1887–1926)》,北京:九州出版社,2012 年,第 200 页。
④ [俄罗斯]卡尔图诺娃编:《来到东方:加伦与中国革命史料新编》,广州:广东人民出版社,2017 年,第 3 页。

肃清陈炯明的问题"。① 孙中山当场表示："请留在这里，用您的经验来帮助我们的事业。我相信您，对您深信不疑。"② 有学者认为，一个月之后，孙中山二度约谈鲍罗廷、加伦，就黄埔军校筹建、师资配备、教学大纲等方面展开讨论，"并作了重要指示"。③ 此说显系张冠李戴，黄埔军校已经成立近半年，遑论筹建。11 月 13 日，孙中山离粤，实际与加伦交集的时间不超过两周。

汪精卫、鲍罗廷随同北上，胡汉民留穗代理大元帅，莫斯科为便于"俄方指挥广东军事"，指示成立广州军务委员会，加伦担任军务处长，负责"一切军务之进行"，管辖所有顾问团人员事务。④ 胡汉民不懂军事，加伦同时受聘粤军顾问，故和许崇智、蒋介石打交道较多，主张建立粤军的坚强核心，"全力以赴使蒋介石的部队具备良好的军政素质，以我们的全部威信、经验和知识，扶持刚刚实行的军队党代表制度，为党代表撑腰"。⑤ 在加伦看来，蒋介石治军严明，虽然"不善于从战术方面分析形势"，存在"羽翼丰满就会改变同共产党人的良好关系"的较大可能性，但眼下他"总是与国民党左派同心同德，与军校里的中共干部关系也不错，同政治部主任周恩来甚至可谓亲密无间"。⑥ 周恩来追忆往事，冷静客观地说："在当时特定的条件下，在一个短时期内，他算是国民党的中派。"⑦ 得到苏俄顾问、共产党人的支持，教导团"以俄为师"日臻完善，编制采用"三三制"，

① ［苏］卡尔图诺娃：《加伦在中国（1924–1927）》，北京：中国社会科学出版社，1983 年，第 130 页。
② ［苏］卡尔图诺娃：《来到东方：加伦与中国革命史料新编》，广州：广东人民出版社，2017 年，第 8 页。
③ 李洋：《孙中山与苏联华南军事顾问团关系初探》，《广东党史与文献研究》，2022 年第 6 期。
④ 周兴樑：《苏联顾问团与黄埔军校及党军的创建和发展》，孙中山宋庆龄文物管理委员会：《孙中山宋庆龄文献与研究（第三辑）》，第 64 页。据周兴樑不完全统计，截至 1924 年底，在广州的苏俄军事顾问约莫三四十人。
⑤ ［苏］卡尔图诺娃：《加伦在中国（1924–1927）》，北京：中国社会科学出版社，1983 年，第 108 页。
⑥ ［苏］卡尔图诺娃：《来到东方：加伦与中国革命史料新编》，广州：广东人民出版社，2017 年，第 117–119 页。
⑦ 《关于一九二四年至一九二六年党对国民党的关系》（1943 年春），中共中央统战部、中共中央文献研究室编：《周恩来统一战线文选》，北京：人民出版社，1984 年，第 55 页。

每团三营、每营三连、每连三排,各级军官均从黄埔军校教官、区队长、学生中间产生,连以上设有党代表。相隔月余,教导第二团成立,加伦致电苏俄驻华大使加拉罕,呼吁援助校军、粤军、铁甲车队更多的武器弹药,反正这些东西多属红军不再使用的库存。

孙中山启程北京,陈炯明蠢蠢欲动,加伦积极牵头东征计划,"必须进攻汕头,我认为,这是我目前工作中的主要任务,我将坚持必须不迟于1月下半月转入进攻"。滇军、桂军态度暧昧,加伦极为气愤:"军事委员会的成立就是为了团结军事力量,使它们靠近党,而现在并没有完成这一任务。而且令人费解的是,给这一工作造成障碍的却是联军总司令杨希闵自己。"加伦号召各位司令要把整体利益置于个人私利之上,"因为孙中山在北方的政治使命要求一场军事胜利"。杨希闵借口防范云南唐继尧,桂军总司令刘震寰干脆提出返回广西,加伦毫不客气地指出:"把各种建议的政治意义交付国民党中央执行委员会审议,以确定各建议人与其现在党内的地位是否相称。从军事观点看,凡所提议可能威胁广州的安全者,则可不审议,予以否决。"①加伦强势主导进攻计划,粤军从南路进军潮汕,协助中路桂军攻占惠州要塞;滇军经博罗向河源移动,负责北路作战任务。校军不甘落后,出动两个教导团及部分学生,外加炮兵营、工程队、辎重队等,列入南路战斗序列。周恩来以黄埔军校政治部主任身份随军行动,严格规定不拉夫、不用军票等事项,强调"如欲使中国和平,须有真正之革命军,须有为人民所用之军队"。②

说服工作历时一个半月,鲜为人知的是,其间还存在一个短暂的三人小组。据加伦《广东战事随笔》叙述,在军事委员会之外,"由廖仲恺、谭平山和我组成的三人小组一如既往地继续从整体上领导战役的准备工作"。这个小组"是在实际工作中不自觉地形成的,它不仅负责领导军事

---

① [苏]贾比才等:《中国革命与苏联顾问》,北京:中国社会科学出版社,1981 年,第 42 页、44 页、45 页。

② 中共中央文献研究室编:《周恩来年谱(1898–1949)》,北京:中央文献出版社,1998 年,第74 页。

工作，而且还领导广州政府的政治工作"。中共广东区委书记陈延年和蒋介石部分参与决策，"三人小组实际上是扩大的"。廖仲恺通过国民党中央执行委员会、政府和胡汉民，谭平山、陈延年通过工农组织、黄埔军校政治部等，分头贯彻三人小组决议；加伦本人则对许崇智、蒋介石施加影响，通过与他们个别交谈达成共识。①毫无疑问，蒋介石坚定赞同东征，当年他就提醒过孙中山，陈炯明必将叛变，不如先巩固后方再图北伐，结果未获采纳。如今孙中山病倒在北京，蒋介石召集校军官生讲话："我们这次出发，为什么这样快，是因为孙大元帅的病很重，恐非药石所能医治，就是因为他革命数十年，没有一个军队能照他的主义去做。所以抑郁成了这个肝气病，我们既是大元帅最信任的真正革命军，眼看着大元帅这样的病症，兼之国家贫弱，人民痛苦，江河日下，不能不振臂奋兴。所以我们这次一定要救国救民，并且要救大元帅无药可医的病症。"②

　　蒋介石的讲话作为基层精神动员无可挑剔，不过真正促成东征出兵的关键人物还是加伦。加伦是外国人，何以能够调动盘根错节的"联军"呢？笔者分析主要原因有二，一是鲍罗廷跟随孙中山前往北京，加伦事实上是广东苏俄顾问翘楚，在军事物资援助方面具有相当权威，加拉罕致信苏俄外交部长契切林："我把布留赫尔的来电发给您，我完全赞成他的请求，请陆军、海军人民委员部支持他。"③《华南政治军事顾问团条例》有助于我们了解加伦的权限范围："军事总顾问同时也是华南顾问团团长，他要领导顾问团的全部工作并对此负责。在接到北京武官的一切指令后，顾问团团长须就其中有关政治性问题的决定与广州政府的政治总顾问进行协商。政治工作助理只服从顾问团团长，征得团长同意后就有关政治性的问

---

① ［苏］卡尔图诺娃：《来到东方：加伦与中国革命史料新编》，广州：广东人民出版社，2017年，第97页。《广东战事随笔》写于1925年9月，加伦开宗明义："随笔主要是写给在华工作的同志们，对于正确分析与判断广东以往和今后的事态，也许不无裨益。"
② 吕芳上主编：《蒋中正先生年谱长编（第一册）》，台北："国史馆"，2015年，第306页。
③ ［苏］卡尔图诺娃：《来到东方：加伦与中国革命史料新编》，广州：广东人民出版社，2017年，第24页。

题与政府的政治总顾问进行沟通。"[1] 不言而喻,加伦在广州的话语权丝毫不亚于鲍罗廷,以往的研究或许过于聚焦后者,忽略了军事总顾问的存在。二是离不开个人魅力和专业素养,说服"联军"出兵工作长达一个半月,切列潘诺夫指出,加伦善于洞察军事和政治形势,喜欢用示意图说明问题,"甚至连国民党'右派'和联军中间那些唯利是图的将领们,也不能不对这位军事首长令人信服的分析表示赞同"。[2]

三、"要广州还是要福建"

1925 年 2 月,三路大军名义上先后动员誓师,实际只有南路一马当先,迅速肃清广九铁路沿线。加伦本人跟随许崇智总部行动,为整个南路军配备坚强的顾问阵容:粤军第二师萨赫诺夫斯基,独立第七旅齐利别尔特;校军本部斯捷潘诺夫、什涅伊杰尔,教导第一团切列潘诺夫、别夏斯特诺夫、尼库林,教导第二团帕洛、瓦西列耶夫。战事伊始,加伦奔走协调滇军、桂军齐头并进,在一节车厢里召集顾问们说:"我们的全部希望寄托在粤军上,尤其寄托在黄埔军校的教导团上,你们应该以满腔的革命热情施展军事艺术。"14 日,南路军兵临淡水城下,蒋介石判断当面之敌兵粮已尽,打算按照传统兵法"围三阙一"。斯捷潘诺夫反对:"等待是危险的,敌人的增援部队可能正从东边赶来,应该立即着手准备夜袭。"[3] 蒋介石感到仓促,建议进攻时间改为第二天早晨。次日 7 时,炮击开始,切列潘诺夫等人因地制宜,取出弹头往截短的炮筒内增撒火药,有效扩大炸射面积。半小时后,奋勇队冒死冲锋,第一团第三营党代表蔡光举中弹牺牲,第二营第四连党代表郑洞国挥动驳壳枪攀登云梯,以伤亡五十余人的代价攻克城池。

---

① [苏]卡尔图诺娃:《来到东方:加伦与中国革命史料新编》,广州:广东人民出版社,2017 年,第 431 页、432 页。

② [苏]切列潘诺夫:《中国国民革命军的北伐:一个驻华军事顾问的札记》,北京:中国社会科学出版社,1981 年,第 154 页。

③ [苏]切列潘诺夫:《中国国民革命军的北伐:一个驻华军事顾问的札记》,北京:中国社会科学出版社,1981 年,第 166 页、167 页、175 页。

淡水之战规模不大，对于校军来讲意义却是非同一般，所谓信心比黄金更重要。苏俄军事顾问事后评价蒋介石指挥保守，临战表现差强人意，倒是"普通士兵个个英勇善战，他们不像其指挥员那样惊慌失措，即使在最紧急的时刻也能像操练时一样执行所有的命令"。① 亲历攻城激战的连党代表李奇中认为，校军初出茅庐缺乏战斗经验，"胜败如何，很难预料，所以在攻击部署上必须极其周密慎重"。② 打下淡水士气高涨，蒋介石请缨攻取惠州，加伦提议分兵，许崇智"考虑到分散兵力于我亦属不利"，力主先消灭赶来增援的洪兆麟部队。③ 不难发现，在战术层面，苏俄军事顾问的意见并非一锤定音，毕竟战场瞬息万变，战法不见得只有一种，除非"倒读历史"，包括行军路线选择、指挥部距离前线究竟多少公里为宜等，当时很难分辨孰是孰非。加伦冷静理性，告诫麾下顾问："以应有的坚定性说服将军们采纳我们的建议，这并不意味着应当更换指挥员，我们应该在行军和战斗中，通过正面举例的方法，培养和教导指挥员。"④

3月上旬，粤军、校军连克海丰、潮安、汕头，陈炯明瞅准滇军、桂军动作缓慢，索性调遣主力林虎所部，从兴宁、五华一带扑向南路后方。蒋介石起初怀疑林虎南下或为虚张声势，进而又在预判敌军进攻方向上面与顾问意见相左。许崇智有些犹豫，加伦不急于辩论，坚信"最近两天里敌人的兵力部署和战略意图将会越来越明显"。⑤ 粤军第二师留守潮汕，校军教导第一、二团及粤军独立第七旅回师揭阳。11 日，蒋介石仍然固执己见，"总疑河婆逆军为牵制部队，而其主力必出汤坑也"，试图改变既定部署，只派校军或者独立第七旅挺进河婆。斯捷潘诺夫报告加伦出面阻

① ［苏］卡尔图诺娃：《来到东方：加伦与中国革命史料新编》，广州：广东人民出版社，2017 年，第 156 页。
② 李奇中：《记第一次东征》，中共惠州市委统战部、市委党史办公室编：《东征史料选编》，广州：广东人民出版社，1992 年，第 755 页。
③ 莫雄：《第一次东征亲历记》，《东征史料选编》，广州：广东人民出版社，1992 年，第 780 页。
④ ［苏］切列潘诺夫：《中国国民革命军的北伐：一个驻华军事顾问的札记》，北京：中国社会科学出版社，1981 年，第 185 页。
⑤ ［苏］卡尔图诺娃：《来到东方：加伦与中国革命史料新编》，广州：广东人民出版社，2017 年，第 172 页。

止，但蒋介石很快放弃自己的想法，"明日当同许旅向河婆前进，先肃清此部，然后再对其主力"。13 日，校军在揭阳棉湖遭遇优势敌军，教导第一团前赴后继伤亡三分之一，顶住巨大压力赢来友军会合时刻。蒋介石感叹："棉湖一役，以教导第一团千余之众，御万余精悍之敌，其危孰甚？万一惨败，不惟总理手创之党军尽歼，即广州革命策源地亦不可保。"①加伦侧重纯军事角度，觉得不尽如人意，主要在于"缺乏对战斗的组织管理""缺乏主动精神""缺乏相互援助的精神"。但对下级官兵给予高度肯定，"第一团在这场战斗中的英勇作战堪与最优秀的苏联红军相媲美"，写下了国民革命战史"光辉的开篇之作"。②

南路军鏖战正酣，孙中山病逝北京，为了不影响士气，胡汉民暂不通告前方将士，直至校军攻占兴宁，陈炯明部退往粤闽边界。孙中山去世前后，唐继尧频繁联络杨希闵、刘震寰，滇军、桂军蠢蠢欲动，乘机抢占广州周边要地，企图阻止东征军回穗。羊城环境险恶，蒋介石寻思迁移黄埔军校到潮州或者海丰，然后进军福建获得一块新地盘，从容编练新军壮大有生力量。廖仲恺颇有同感，不如先让唐、杨、刘占领广州，他们分赃不均早晚互相厮杀，届时收复广州比较容易。许崇智在闽南拥有一定人脉，继续挥师东进的想法更为强烈。加伦不支持长期占领福建，利用许崇智酬庸明显倾向粤军的不公做法，极力游说蒋介石不要指望闽南，"从广州撤走会使政府完全落入滇军控制，将使国民党唯一可靠的基础工人和农民组织遭到破坏，等于丧失革命运动的政治中心，等于国民党革命左派的失败"。③4 月 28 日，众人云集汕头召开会议，围绕"要广州还是要福建"展开激烈讨论，加伦首先做起算术题，如果击败滇军、桂军，每月总计可以获得大约 230 万元财政收入，粤东、闽南合计至多 100 万元，我们何必舍本逐末，再说福建军阀周荫人不会无动于衷。蒋介石半天沉默不语，最后跨

---

①　《蒋中正先生年谱长编（第一册）》，台北："国史馆"，2015 年，第 325 页、327 页。

②　［苏］卡尔图诺娃：《来到东方：加伦与中国革命史料新编》，广州：广东人民出版社，2017 年，第 181 页、182 页。

③　［苏］卡尔图诺娃：《来到东方：加伦与中国革命史料新编》，广州：广东人民出版社，2017 年，第 242 页、246 页、265 页。

出关键性的一步，愿意回师广州"讨伐杨希闵、刘震寰，以固根本"。
29 日，国民党中央正式任命蒋介石为"党军司令官"，负责东路平叛
行动。①

　　加拉罕曾经称赞加伦："他与其他顾问不一样，一生兼备着军人和政
治家的素质，他非常适应而且十分了解中国的环境，他有惊人的嗅觉，从
而使他在最困难的时刻能做出正确的决定。"②杨、刘勾连唐继尧，力量不
容小觑，许崇智提醒与会者，"孙中山在广州当政时，他对付滇军尚且毫
无办法，如今要取胜，把握就更小了"。加伦马不停蹄返回广州，几次拜
访动摇不定的湘军总司令谭延闿，反复描绘北伐战争前景，一旦肃清滇军，
允许湘军增编三个团，"在实现国民党扩展势力范围的宏伟计划中，湖南
的重任必定委托他来承担"。③5 月 13 日，众人再度集结汕头开会，蒋介石"因
念放弃潮梅全部，甚非得计，辗转不成寝"。④许崇智拉着汪精卫旧案重提，
"先齐心协力进军福建，再夺取广州为上策"。加伦指出"想要一箭双雕，
结果将会竹篮打水一场空"，附议粤军一部留守潮汕，前提是得保证抽调
万余精兵归蒋介石率领回师。尽管会议分歧严重，但大家一致要求加伦留
在胡汉民身边，"由总顾问亲自领导和下达指示，各路司令反而更乐意遵
从，也会更加严格地执行大本营的命令"。⑤6 月 4 日，杨、刘公开发动叛乱，
加伦坐镇大元帅府、黄埔军校，以胡汉民的名义发号施令，调度各路军队
朝着广州前进。12 日，军校炮兵击毙滇军师长赵成梁，党军攻占瘦狗岭、
白云山，北路湘军助力南下，革命阵营一举克复广州。

---

① 《蒋中正先生年谱长编（第一册）》，台北："国史馆"，2015 年，第 345 页。
② ［苏］贾比才等：《中国革命与苏联顾问》，北京：中国社会科学出版社，1981 年，第 38 页。
③ ［苏］卡尔图诺娃：《来到东方：加伦与中国革命史料新编》，广州：广东人民出版社，2017 年，
　第 268 页、276 页。
④ 《蒋中正先生年谱长编（第一册）》，台北："国史馆"，2015 年，第 347 页。
⑤ ［苏］卡尔图诺娃：《来到东方：加伦与中国革命史料新编》，广州：广东人民出版社，2017 年，
　第 282 页、283 页。

四、余论

　　第一次东征及平定杨、刘叛乱，沉重打击了广东的反动势力，打破了唐继尧入主粤政的野心。广州政府转危为安，为集中力量进行第二次东征和南征，统一广东革命根据地，彻底铲除陈炯明势力创造了有利条件。从东征到平叛，加伦扮演的角色堪称"总设计师"，不仅牵头锚定战略方向，研拟各种军事计划，还带领顾问团帮助校军（党军）、粤军在战斗中洗礼成长，一步步积累起战胜敌人的信心与勇气。孙中山三次在广东建立政权，深感南北军阀如一丘之貉，"如果没有革命军，中国的革命永远还是要失败"。①国民党改组迎来历史性转折，加伦主导的东征、平叛历时 4 个多月，"以俄为师"效果得到实际检验，校军面貌焕然一新，战果有目共睹。有感于战场对手脱胎换骨，洪兆麟不禁拷问被俘的校军士兵："蒋介石与你们吃过血酒没有？"可见旧军阀一时无法理解"以主义为中心"的取胜之道。②

　　根除杨、刘之祸，国民党中央举行全体会议，决定改组大元帅府为国民政府，各种军队改称国民革命军。加伦趁热打铁，提交一份综合性的年度预备工作计划，亦称"国民党军事规划"，建议 1926 年举行北伐，扩大控制区域至长江流域，变武汉为革命首府，万不得已，牺牲广东也在所不惜。加伦强调"北伐对于国民革命运动的种种好处，目前还难以估量，但有一点可以肯定，中国革命的前途可以变得大为光明，国民党的权力有可能向东扩展到上海"。③其后，加伦参与军队改组事务，为确定每个军的人数和编制，同各路总司令进行谈判，"每个军长，每一路军都讨价还价，希望人越多越好，编制越灵活越好"。蒋介石羽翼未丰，总体比较低调，甚至客气地婉拒吸收广州警卫旅，以免刺激粤军。许崇智最难办，唯恐调

---

①　张光宇著：《第一次国共合作时期的国民革命军》，武汉：武汉大学出版社，1989 年，第 21 页。

②　《蒋中正先生年谱长编（第一册）》，台北："国史馆"，2015 年，第 352 页。

③　［苏］卡尔图诺娃：《加伦在中国（1924–1927）》，北京：中国社会科学出版社，1983 年，第 223 页。

动不灵,试图挤走师长李济深。加伦眼光独到,极富远见,"务必将第一师扩编为军,而不问许本人同意与否。这个军将是国民党在粤军中的柱石。因为李济深和陈铭枢坚定地靠拢国民党"。①这个军就是赫赫有名的第四军,北伐时期称之为"铁军"。李济深、陈铭枢后来纷纷走上反对蒋介石独裁统治的革命道路,成为中国国民党革命委员会创始先辈。7月初,国民革命军正规化方案尘埃落定,加伦返苏休养身体,因此缺席第二次东征及南征,罗加乔夫代理军事总顾问。

1926年初,莫斯科认可北伐计划,此后分四批有偿输送广州步枪23000支、机枪90挺、山(野)炮24门。5月,加伦再次踏上华南土地,指导国民革命军举行北伐大业。尽管局势发生了重大变化,经过中山舰事件"整理党务案",蒋介石的政治立场已经明显向右转,但他愿意承认:"苏俄帮助我们,不只是物质帮助,并且是知识帮助,最大的帮助是要我们(团体)纪律严明。苏俄同志不来指导我们革命的方法,恐怕国民革命军至今还不能发生。"②总之,加伦发挥的作用比起鲍罗廷一点不逊色,军事顾问团帮助孙中山创校建军,冒着枪林弹雨参加东征、平叛,整体表现出色、贡献良多。尤其是政治建军经验和军队政工制度,对中国民主革命事业带来的影响极为深远。1957年12月,叶剑英元帅访苏归国途经加伦工作过的地方,挥笔写下这样的诗篇:"不见加伦三十年,东征北伐费支援。我来伯力多怀旧,欲到红河认爪痕。"叶帅情真意切,加伦永远留存在黄埔人的记忆深处。

(冯杰,民革浙江省嘉兴市委会理论专委会副主任、党史研究处副处长)

① [苏]卡尔图诺娃:《来到东方:加伦与中国革命史料新编》,广州:广东人民出版社,2017年,第374页、375页。
② 周兴樑:《苏联顾问团与黄埔军校及党军的创建和发展》,孙中山宋庆龄文物管理委员会:《孙中山宋庆龄文献与研究(第三辑)》,第80页。

第三部分 ——————————————

黄埔军校面面观

大革命时期黄埔军校的政治教育

陆卫明　　王文辛

摘要： 大革命时期，受苏联的影响，作为国共第一次合作产物，黄埔军校十分重视政治教育，在教育的组织机构、教育的目标与内容以及教育的方式方法上都形成了比较完善系统的制度规章。良好的政治教育在军事上锻造了革命新军、在思想上传播了革命思想、在组织上培养了革命干部，留下了宝贵的历史经验。

关键词： 大革命时期　黄埔军校　政治教育

大革命时期黄埔军校的政治教育特别值得关注，这是其与之前军事学校相比最大的不同之处。中国共产党在黄埔军校的政治教育中发挥了重要作用，也是其具有革命性并且能够推动革命发展的重要保障。在黄埔军校建校 100 周年之际，深入探讨大革命时期黄埔军校的政治教育问题，有利于我们进一步加深对黄埔军校历史的掌握、对大革命时期中国共产党重大历史贡献的把握，并总结其中有益的历史经验。

一、大革命时期黄埔军校政治教育的实践形式

大革命时期的黄埔军校对政治教育非常重视，其政治教育实践形式也

十分丰富，具体表现为负有政治教育责任的组织机构多元系统、教学内容安排多彩、教学方式方法多样。

（一）政治教育组织机构

在中国共产党的帮助下，黄埔军校学习苏联，建立起比较完整的政治教育组织机构。细数起来，在黄埔军校中负有政治教育职责的组织机构如下：

其一，党代表制度。党代表制度是仿制苏联红军建制，这也是黄埔军校不同于其他军校的特色之一。1923年8月，孙中山派出的以蒋介石为首的"孙逸仙博士代表团"在赴苏联考察期间，就注意到了苏联的这一制度。孙中山和蒋介石都对这一制度大为赞赏，黄埔军校设立之初就设置了党代表。黄埔军校《组织条例》中规定："校党代表依据党代表之职责监察本校行政，指导党务之进行，并主持政治训练事宜。"[1] 政治训练就是本文所讲的政治教育。可以看出，主持政治教育是党代表职责的重要组成部分，并且党代表是黄埔军校政治教育方面最高级别的官员，因此负有"主持"之责。

其二，政治部。政治部是黄埔军校中政治教育的具体执行实施部门。根据黄埔军校《组织条例》，"政治部专司本校政治教育训练事宜"。具体来说，政治部分掌的职务有"政治训练事项""宣传教育计划事项""宣传教材编纂及发行事项"等8项。[2] 在专门的《政治部服务细则》里也明确规定政治部"对于全校官佐、员生、士兵、夫工负有政治训练或指导之责""对外负宣传组织及政治指导之责"，并且明确规定政治部"为校长、党代表之政治教育的佐理机关，遵守总理遗嘱全部之意旨，专司本校一切政治工作"。[3] 可以看出，政治部最主要的职责就是进行政治教育，其所负责的事项大多与政治教育有关，政治部在黄埔军校政治教育中发挥了重要的作用。

---

[1]　广东省立中山图书馆、广州市社会科学院、中山大学图书馆编：《黄埔军校史料汇编　第一辑》第20册，广州：广东教育出版社，2012年，第330–351页。

[2]　广东省立中山图书馆、广州市社会科学院、中山大学图书馆编：《黄埔军校史料汇编　第一辑》第20册，广州：广东教育出版社，2012年，第330–351页。

[3]　广东省立中山图书馆、广州市社会科学院、中山大学图书馆编：《黄埔军校史料汇编　第一辑》第21册，广州：广东教育出版社，2012年，第15页。

其三，国民党特别党部。黄埔军校中国民党设置的特别党部也是政治教育的重要主体之一。受苏联和中国共产党的影响，在大革命时期，国民党对于党务活动十分重视，黄埔军校中的国民党组织十分健全，全校师生都被纳入国民党的组织体系中。在黄埔军校时期，国民党特别党部活动大致可以分为两种："第一种就是对内训练自己的同志、官长、学生、士兵等"，以让他们能够"都明白本党的主义、党纪和党略"；"第二种就是对外人民的宣传与联络，实行到民间去"。①国民党希望通过党的组织生活来促使师生，特别是黄埔军校培育学生形成对孙中山三民主义的信仰，增强国民党内部的凝聚力。

此外，对于黄埔军校政治教育的组织机构，除了上述有官方规定的机构外，中国共产党黄埔支部、中国共产党或主持或参与成立的进步群众团体"火星社"以及"青年军人联合会"，利用各种机会渠道，传播先进革命思想特别是共产主义思想，也变相地发挥了政治教育主体的作用。

（二）政治教育目标与内容

孙中山《在陆军军官学校开学典礼的演说》中就指出："军队之能不能够革命，是在乎各位将士之有没有革命志气，不是在乎武器之精良不精良。"②黄埔军校政治教育的目标之一就是培养将士的革命志气。黄埔军校对于政治教育的目标进行了详尽的规定，并且详细地规定了与之相对应的教育内容以保证政治教育目标的实现。

政治教育的目标。在总的政治教育目标方面，《政治部服务细则》中提到了两方面：一方面是让全校的师生"具正确的政治知识，增进革命精神，自觉地遵守革命纪律，坚确本党主义之信仰，完成国民革命之历史的使命"；另一方面是"使人民确知革命军为被压迫民众谋利益而奋斗，以实现总理武力与人民结合，成为人民的武力之遗训，而收军事进行上得人民帮助之

---

① 中国第二历史档案馆：《黄埔军校史稿》第 7 册，北京：档案出版社，1989 年，第 18–267 页。
② 孙中山：《孙中山选集（下）》，北京：人民出版社，2011 年，第 957 页。

实效"。^①这两个方面，一是对校内的目标，二是对校外的目标，核心就是广泛传播革命思想以使国民革命迅速发展。在具体的对学生政治教育目标方面，《中央军事政治学校政治教育大纲草案》的总纲中对政治教育目标分 10 个方面做了非常详细的阐述，清晰说明了黄埔军校培养学生的目标，就是要把学生培养成认同三民主义的、具有革命觉悟的，并且能够为革命作出实际贡献的军事人才。

政治教育的内容。黄埔军校的政治教育内容有一个完善的过程。初期，政治教育比较薄弱，内容也不丰富，只有 8 门课程，周恩来任政治部主任后对其进行了丰富完善，政治教育的内容丰富起来了。黄埔军校的教育按照学生入校自身条件不同，分为高级班、学生队、入伍生团、学生军以及军事教导队，每一种学生类型都有相对应的、专门的教育大纲与教育细则，规定得十分详细。这 5 种学生类型中，对高级班的要求最高，因此他们需要学习的内容也最多最全，故而本文选择对高级班政治教育内容做一梳理，以窥探大革命时期黄埔军校政治教育内容的全貌。《高级班教育大纲》规定，政治教育有 25 个课目，概括来说，政治教育内容集中在 6 个方面：一是国民党"主义政策及组织的研究"；二是"国民革命与世界革命的要义"；三是"中国政治经济及世界政治经济的概况"；四是社会主义学说及"苏俄政治经济状况的纲要"；五是"人类社会之起源发达组织活动及其理想之解释"；六是中国"各种实际问题的报告"。^②大革命时期黄埔军校政治教育的内容是十分丰富的，力求在让学生学习基本知识的情况下培养革命的觉悟、革命的纪律与革命的理想。将这么多的内容特别是马克思主义的内容也作为政治教育的内容，是国共合作的产物、时代形势的要求，也是革命现实的需要。

---

① 广东省立中山图书馆、广州市社会科学院、中山大学图书馆编：《黄埔军校史料汇编　第一辑》第 21 册，广州：广东教育出版社，2012 年，第 15 页。
② 广东省立中山图书馆、广州市社会科学院、中山大学图书馆编：《黄埔军校史料汇编　第一辑》第 20 册，广州：广东教育出版社，2012 年，第 330–351 页。

（三）政治教育方式方法

为了保障政治教育目的的实现，使政治教育内容真正地被学生所掌握，黄埔军校不拘泥于课堂授课的传统形式，采取了丰富多彩的教育方式方法，为政治教育取得良好的效果提供了保障。

课堂授课是学生系统学习政治教育内容的重要方式。大革命时期黄埔军校政治教育十分重视课堂授课，专门设立教授部来管理"计划教育、审订教案""课程编审、教材征集事项""教授实施、编配考赛"等事项。[①]值得一提的是，当时教学条件很差，但是共产党十分重视政治教学。叶剑英就曾任教授部的副主任，共产党人周恩来、恽代英、萧楚女、聂荣臻、郭沫若、李富春、李达等先后被聘请为军校的专职或兼职政治教官。除了授课教师，大革命时期黄埔军校政治教育在教材、考核方面也十分规范，例如在《高级班教育大纲》中，紧接着政治教育科目就要求"按照前条课目编撰所要之教程规定，教育之范围及程度编撰教程以适合本班"。[②]其对教材的规范性、适配性做出了细致的规定。不仅如此，黄埔军校还设置了入学、平时以及期末三种试验，来检验教育的效果。课堂授课的传统教育形式有效保证了政治教育的系统性和完整性。

除了传统的课堂授课形式，大革命时期黄埔军校政治教育采用了包括但不限于政治演讲、政治问答箱、政治讨论会、组织宣传队和发行刊物、编制歌曲、成立剧社及组织俱乐部在内的多样的教育形式，为的就是让政治教育内容真正地入脑入心，成为学生日用而不觉的行动依据。黄埔军校定期邀请当时社会各界名人来校作政治演讲，并且要求学生在学校期间必须听够一定次数的政治演讲。毛泽东、刘少奇、周恩来、孙中山、廖仲恺、鲁迅等都去黄埔军校作过政治演讲，他们结合所学和经历的革命实践加以自己的思考，通过演讲的形式传递给学生，使大家能够了解到最新、最准

---

① 广东省立中山图书馆、广州市社会科学院、中山大学图书馆编：《黄埔军校史料汇编　第一辑》第 20 册，广州：广东教育出版社，2012 年，第 330–351 页。

② 广东省立中山图书馆、广州市社会科学院、中山大学图书馆编：《黄埔军校史料汇编　第一辑》第 20 册，广州：广东教育出版社，2012 年，第 330–351 页。

确的现实情况。还有政治问答箱的方法，当时为了更好地解答学生有关政治经济的问题，设置了"质问箱"，学生有关主义以及政治经济的所有问题都可以投放在箱子里，"每星期一开箱，检查各质问函件，由主任、教授分别以书面或口头答复质问者"。[①] 黄埔军校还会定期在政治部的主持下召开政治讨论会，把学生聚集在一起对政治问题进行讨论，充分发挥学生政治学习的自主性。

二、大革命时期黄埔军校政治教育的历史贡献

大革命时期黄埔军校的政治教育卓有成效。政治教育的有效开展，使"政治力量超过了敌人，提高了战斗力，保障了军队本身及军队与人民的团结"。[②] 在军事上、思想上、组织上都为中国革命作出了积极的历史贡献。

（一）军事上：铸造了革命新军

大革命时期黄埔军校的政治教育的首要历史贡献就在于大大提高了革命军队的战斗力，锻造了一支革命新军，为以北伐为代表的一系列反帝反封建斗争提供了坚实的军事保障。

孙中山建立黄埔军校的初衷之一就是想要建立属于自己的军事力量，所以黄埔军校从来都不是单纯的军事学校。1924 年，孙中山就指示蒋介石以黄埔学生为骨干成立教导团，实质上是正式的军队。黄埔军校学生及其附属的教导团在大革命时期是革命进步力量掌握的一支革命武装。黄埔军校良好的政治教育，使得以黄埔军校学员为骨干组织起来的军队具有非常好的军事纪律和向上的精神。在武器条件相差不大甚至比较大的情况下，精神力量往往就是决定军队胜负的决定性力量，黄埔军校通过政治教育让军队知道了什么是革命、革命的对象以及革命的重大意义，知道了他们所进行的战争是正义的，是为自己谋求解放的，这就大大提高了军队的战斗

---

① 广东革命历史博物馆编：《黄埔军校史料（1924–1927）》，广州：广东人民出版社，1982 年，第 203–327 页。

② 周恩来：《周恩来选集（上卷）》，北京：人民出版社，1980 年，第 93 页。

力，一旦同腐朽落后的旧军阀军队交起手来，就无往而不胜，这在大革命时期一系列革命战争中都有体现。黄埔军校成立仅四个月时，广州商团在帝国主义的支持下密谋发动叛乱，推翻孙中山的政府，黄埔军校师生参与了这次平定商团的战争，这是黄埔军校的军事首秀。良好的政治教育让黄埔军校师生组成的队伍展现出了非常好的精神风貌。据记载，军校师生组成的武装队伍在出发时遇到大雨，路上积水很深，但是他们"军容严肃，气势高昂，虽行军于大雨积水中，步伐整齐，行阵不乱，无人低头缩颈或东张西望，充满一往直前精神，旁若无人"[1]。沿途的老百姓争相一睹新式军队的面貌，看后都啧啧称赞。在平定商团叛乱中，黄埔师生表现十分出彩，为平定商团叛乱作出了重要贡献。通过这一军事行动，黄埔军校获得了市民的普遍支持，树立了军威。此外，在两次东征中，政治教育效果十分明显，国民党中央陆军军官学校校务委员会1936年5月编纂官修的《中央陆军军官学校史稿》中提到，在两次东征及平定杨刘的战争中，黄埔军校组成的部队以及一些新练的部队之所以能够屡次战胜强敌，就是因为黄埔军校"官兵受有深切优良之政治训练"而让部队"团结精神、严守纪律、奋勇杀敌"[2]。政治教育对于两次东征的胜利，对于军队战斗力的提升的功效可见一斑。北伐期间就更是如此，北伐期间对革命军的政治教育延续了之前良好的做法，这也是北伐取得胜利的重要原因。

（二）思想上：**传播了革命思想**

大革命时期黄埔军校的政治教育的又一历史贡献在于传播了革命思想，表现为加快了传播速度，扩展了传播范围。只有革命思想得到广泛传播，民众才能明白革命的意义，进而才能支持革命。大革命时期黄埔军校通过多管齐下的政治教育，传播了革命思想，为革命形势的发展营造了非常好的舆论环境。

大体来看，大革命时期黄埔军校政治教育面向的主体，一是黄埔军校内部的学生，二是社会大众。这两方面都非常重要，前一个为培养革命的

---

[1] 陈宇：《黄埔纪事》，沈阳：辽宁人民出版社，2017年，第2—99页。
[2] 中国第二历史档案馆：《黄埔军校史稿》第7册，北京：档案出版社，1989年，第18—267页。

领导者，后一个为培养革命的参与者与支持者。在面向校内学生方面，黄埔军校通过授课、政治演讲、政治问答箱以及政治讨论会等多种政治教育形式，"告以中国如何受列强压迫，军阀压迫，以及农工商各界之痛苦，告以解除压迫与痛苦之途径"，①让学生了解了当时世界和中国的现实状况，明白了革命的对象，逐渐摆脱了封建思想，成为具有进步思想的先进革命分子。黄埔军校师生参与了"六二三"反帝斗争，在沙基惨案发生的第二天就以中国国民党陆军军官学校全体党员的名义发布了《檄全国军人》，号召全国军界与帝国主义决一死战。在省港大罢工发生时，黄埔军校师生积极拥护，支援工人运动。黄埔军校还支持农民运动，帮助训练农民自卫军模范队，反对封建主义。此外，在黄埔军校中以中国共产党为代表的进步思想与势力和以国民党"右派"为代表的反动思想与势力进行的针锋相对的斗争，客观上也达到了传播革命思想的作用。在面向社会民众方面，黄埔军校也通过各种方式让革命思想在民众中广泛传播。例如组织宣传队，这是政治教育的一种，主要目的就是实现"武力与民众相结合"，《宣传队组织条例》里第二条就规定"每遇群众运动大会或纪念日及其他必要时，须派宣传队向民众宣传"②，明确了宣传队向民众宣传的任务。在战时，政治教育的主要手段也是组织宣传队向民众宣传，在平定商团叛乱、两次东征以及北伐战争中，宣传队都发挥了重要作用。黄埔军校还组织剧社编演了一些剧目，"向民众公开宣传以唤醒国人"③。除此之外，黄埔军校还编制一些朗朗上口的革命歌曲，例如《三民主义革命歌》等，用非常通俗易懂的形式传播革命思想。在不断地传播下，特别是在黄埔军校师生反帝反封建的斗争实践中，群众逐渐被启发，革命思想也得到了广泛流传。

---

① 中共中央文献研究室编：《周恩来年谱（1898–1949）》（修订版），北京：中央文献出版社，1998 年，第 75–96 页。
② 广东革命历史博物馆编：《黄埔军校史料（1924–1927）》，广州：广东人民出版社，1982 年，第 203–327 页。
③ 中国第二历史档案馆：《黄埔军校史稿》第 7 册，北京：档案出版社，1989 年，第 18–267 页。

（三）组织上：培养了革命干部

毛泽东提出："政治路线确定之后，干部就是决定的因素。"① 可以看出干部对于革命事业的重大意义。再伟大的事业都需要人去开创，没有人的参与，革命、建设与改革都是一句空话，而干部就是这些参与者中的"关键少数"，是能够影响甚至决定革命事业进程的人。用人得当，会让革命变得一帆风顺，大大加快革命的进程；用人不当，会让革命变得举步维艰，大大阻碍革命的进程。

大革命时期黄埔军校的政治教育的另一个历史贡献就在于培养了一大批革命干部，为中国革命的发展作出了重要贡献，为之后中国共产党领导的中国革命的发展奠定了组织基础，主要体现在两个方面：一方面是直接为国民革命培养了许多好干部，其培养的学生绝大多数都参与了国民革命并作出了相应的贡献，这是直接的历史贡献；另一方面是为后续中国革命培养了很多干部。徐向前回忆自己在黄埔军校学习的情形时说："军校训令中还明确规定：社会主义、共产主义、马克思主义等书籍，本校学生均可阅读。这类书籍，在书亭上摆着，可以随便买。"② 这说明当时马克思主义、共产主义是公开允许被军校师生学习的。政治教育的存在，让黄埔军校学生了解到了马克思主义，逐渐产生了对共产主义的理想信念，很多学生因此就加入了中国共产党，在 1927 年的历史分岔路口坚定地选择了跟着共产党走，很多人成长为中国共产党的高级领导人，这是大革命时期黄埔军校政治教育的间接历史贡献。例如开国大将陈赓，"黄埔三杰"之一，曾经在东征时期救过蒋介石的性命，极受器重，但就是这样一个可以在国民党内享受高官厚禄、荣华富贵的人却选择了共产党、选择了共产主义，其中，黄埔军校政治教育中的马克思主义教育无疑起到了作用。特别是周恩来到黄埔军校工作后，非常重视在黄埔军校中吸收新党员和党组织建设工作，在以周恩来为代表的共产党人的努力下，黄埔军校里中国共产党的工作取得了突出成绩，为党的队伍吸纳了很多优秀人才。据不完全统计，1955 年

① 毛泽东：《毛泽东选集》第 2 卷，北京：人民出版社，1991 年，第 526 页。
② 徐向前：《历史的回顾》，北京：人民出版社，2016 年，第 16 页。

中国人民解放军授衔时，有 5 位元帅、3 位大将、9 位上将、9 位中将、11 位少将曾经有在黄埔军校任教和学习的经历，此外还有 10 多位黄埔军校毕业生在中华人民共和国成立后任省级、部级以上主要领导职务。[①] 从数据中可以直观看出，黄埔军校影响了一大批优秀的干部人才走上共产主义的道路，为中国革命的胜利立下了汗马功劳。

三、大革命时期黄埔军校政治教育的经验启示

梳理学习大革命时期黄埔军校政治教育的实践历程与历史贡献，可以从中得到现实启示。

（一）坚持党对人民军队的绝对领导

大革命时期黄埔军校政治教育的现实启示之一：在任何时候都要毫不动摇地坚持党对人民军队的绝对领导。

黄埔军校的政治教育的重要内容就是教育军校学生树立对三民主义、国民党的忠诚，目的就是为了让黄埔军校这样一支军事力量的领导权能牢牢地把握在国民党的手中。蒋介石对军队的领导权非常重视，他规定黄埔所有学生都必须加入国民党，注重黄埔军校国民党党组织的建设，在黄埔军校中大肆培养个人势力，这都是在巩固国民党或者说他个人对黄埔军校所代表的军事力量的领导权。毛泽东曾说："蒋介石是靠黄埔军校起家的。"[②] 蒋介石 1927 年敢冒天下之大不韪与中共决裂，破坏革命，就是因为其利用一系列的运作手段掌握了主要军事力量的领导权，而中国共产党由于早期对军队领导权的认识并不充分，所以在大革命破裂时非常被动，蒙受了很大损失，付出了惨痛代价。

中国共产党其实很早就注意到了掌握革命军队领导权的重要性。在大革命时期，"中国共产党从平定商团，第一次东征，扫平杨刘，肃清郑润琦等右派武装，第二次东征各次战役的经验中，更加感觉到必须建立以共

---

① 陈宇：《黄埔纪事》，沈阳：辽宁人民出版社，2017 年，第 2–99 页。
② 樊昊：《毛泽东和他的"顾问"》（修订本），北京：人民出版社，2006 年，第 1833 页。

产党员为骨干的由我们党直接领导的革命军队，作为国民革命军的核心力量"①，所以后来就有了被誉为"铁军"的"叶挺独立团"。这是中国共产党直接领导和掌握的正规革命武装，后来直接参与了南昌起义和秋收起义。周恩来特别重视中国共产党对军队的领导。1926 年 5 月至 7 月，他"在广州期间，以中共广东区委军事部长身份主持共产党员参加北伐的准备工作，时常约集国民革命军第一、二、三、四、六军和黄埔军校中的中共党组织负责人开会，听取汇报，检查工作，布置任务。并向各军中的共产党员宣传党的方针政策"②。但总的来说，大革命时期中国共产党对军队领导权重要性认识不深刻，并没有下很大功夫。后来在不断的革命实践中，中国共产党逐渐认识到了军队领导权的重要性，在古田会议上"确立了党对人民军队绝对领导的根本原则和制度"③，后来一直坚持着这一根本制度和原则。中共十八大以来，习近平总书记十分强调党对军队的绝对领导权这一根本原则，在庆祝中国人民解放军建军 90 周年大会上指出，"人民军队必须牢牢坚持党对军队的绝对领导，把这一条当作人民军队永远不能变的军魂、永远不能丢的命根子"④。中共十九大报告也把"坚持党对人民军队的绝对领导"上升为新时代坚持和发展中国特色社会主义的基本方略。中共二十大报告再一次强调了"坚持党对人民军队的绝对领导"⑤的根本原则和制度。中共十八大以来，习近平总书记对坚持党对人民军队绝对领导的强调体现了对历史经验的深刻把握。

---

① 广东革命历史博物馆编：《黄埔军校史料（1924–1927）》，广州：广东人民出版社，1982 年，第 203–327 页。
② 中共中央文献研究室编：《周恩来年谱（1898–1949）》（修订版），北京：中央文献出版社，1998 年，第 75–96 页。
③ 中共中央宣传部、中央军委政治工作部编：《习近平强军思想学习问答》，北京：人民出版社、解放军出版社，2022 年，第 53 页。
④ 习近平：《在庆祝中国人民解放军建军 90 周年大会上的讲话》，北京：人民出版社，2017 年，第 7–16 页。
⑤ 习近平：《高举中国特色社会主义伟大旗帜　为全面建设社会主义现代化国家而团结奋斗——在中国共产党第二十次全国代表大会上的报告（2022 年 10 月 16 日）》，北京：人民出版社，2022 年，第 55 页。

（二）坚持不懈抓好军队的政治工作

大革命时期黄埔军校政治教育的现实启示之二：在任何时候都要坚持不懈抓好军队的政治工作。

黄埔军校通过多种形式的政治教育，大幅提升了军队的战斗力。大革命时期，以黄埔军校师生为骨干组成的军队都十分重视政治工作，将在军校学习过程中采用的制度如党代表制度，移植到军队中，同时黄埔军校的政治部也直接管理军队的政治教育问题。例如在第一次东征期间，周恩来"所主持的政治部制定严明的纪律，规定不强拉夫役，不用军用票等事项，深得群众拥护。同时制订战事宣传计划。军队出发之前，政治部派宣传队先行向民众宣传东征意义。革命军每到一地，人民自愿帮助运输，做向导。政治工作产生了很大作用"[1]。第二次东征在东征军收复汕头后，周恩来率领军政治部人员抵达汕头，"抵达时，码头欢迎者数万人，沿途各巷路为之塞"[2]。可以看出人民群众对于革命军的爱戴，这是政治工作的巨大作用。国民党在 20 世纪 30 年代总结东征时的政治工作效果时，就对军队政治工作赞不绝口，写到东征时老百姓非常支持，"此即所谓革命之势力，此伟大革命之势力，虽有大力莫之能阻中国革命之精神，在此其成功之关键，亦在此斯即政治工作之效果有以致之也"，[3]体现了对军队政治工作的重视。

中国共产党在大革命的洗礼中更加充分地认识到了军队政治工作的重大意义，将政治工作作为我军的生命线。此论断最早见于 1932 年 7 月 21日中共中央《给苏区中央局及苏区闽赣两省委信》，信中指出："政治工作不是附带的，而是红军的生命线。"[4]后来这一重大思想被继承延续了下来。在此后人民军队的建设中一直被坚持和贯彻。中国特色社会主义进

---

[1] 中共中央文献研究室编：《周恩来年谱（1898-1949）》（修订版），北京：中央文献出版社，1998 年，第 75-96 页。

[2] 中共中央文献研究室、中国人民解放军军事科学院编：《周恩来军事文选（第一卷）》，北京：人民出版社，1997 年，第 12 页。

[3] 中国第二历史档案馆：《黄埔军校史稿》第 7 册，北京：档案出版社，1989 年，第 18-267 页。

[4] 《军队政治工作学》编写组编：《军队政治工作学》，北京：人民出版社、高等教育出版社，2011 年，第 54 页。

入新时代以来，习近平总书记也十分强调军队政治工作的问题。就任中央军委主席不久，2014 年秋，习近平总书记亲自决策、领导召开古田全军政治工作会议，强调要"充分发挥政治工作对强军兴军的生命线作用"[①]，对新时代人民军队政治工作作出总体部署，后又亲自领导和主持形成了《关于新形势下军队政治工作若干问题的决定》。在庆祝中国人民解放军建军90 周年大会上的讲话中，习近平总书记再一次强调要"发挥政治工作生命线作用"[②]。在习近平总书记的高度重视下，新时代人民军队政治工作取得了十分突出的成绩。

（三）全面加强军队党组织的建设

大革命时期黄埔军校政治教育的现实启示之三：在新时代新的历史条件下要全面加强军队党的建设。

大革命时期国民党十分重视黄埔军校中国民党组织的建设。黄埔军校一成立，就选举成立了以蒋介石等 5 人为执行委员的黄埔军校特别区党部。据记载，第一届特别区党部"指导党员组织分部、组织小组，举行各级会议，实施训练不遗余力。蒋校长对于各级党务督察亦极严密"[③]。可以看出蒋介石对于党务工作的重视。在第一次东征之际，第一届特别区党部届满，换届之后仍然十分活跃。后来根据国民党中央执行委员会要求，特别区党部改组为特别党部，特别党部成立后，进一步完善了黄埔军校中国民党建设，成立了党小组、组织了下级组织。从最开始的校军就有党部设置，到后来以黄埔一期为骨干成立的教导团仍然有党部设置，可以看出，国民党对于在军队中党的建设也抓得十分紧，国民党党部也是黄埔军校政治教育的重要主体之一，承担了很多政治教育的任务，通过完善国民党的建设来进一步促进政治教育，启示我们一定要全面加强军队党的建设。

中国共产党很早就认识到了军队中党的建设的重要性，在大革命时期

---

① 习近平：《习近平著作选读》第 1 卷，北京：人民出版社，2023 年，第 311 页。
② 习近平：《在庆祝中国人民解放军建军 90 周年大会上的讲话》，北京：人民出版社，2017 年，第 7–16 页。
③ 中国第二历史档案馆：《黄埔军校史稿》第 7 册，北京：档案出版社，1989 年，第 18–267 页。

与国民党合作时，以周恩来为代表的中国共产党人就十分重视在黄埔军校及其关联的军队内发展中国共产党的组织，加强党的建设。1925 年 11 月，周恩来指导组建独立团时，就对这一支武装队伍中党的建设高度重视。据《周恩来年谱》记载："全团约有二千人，由共产党员叶挺、周士第分别任团长和参谋长。团设党支部，连有党小组。党支部由广东区委军事部直接领导。周恩来亲自过问排以上干部的任免、人员补充和重大军政训练问题，并亲自编定干部和新兵训练计划，向官兵进行政治教育，经常听取叶挺的汇报和予以指导。"① 大革命失败后，以毛泽东为代表的中国共产党人十分重视军队党的建设问题，通过三湾改编、古田会议等，不断加强军队中党的建设，为建设新型人民军队发挥了重要作用。中国特色社会主义进入新时代以来，习近平总书记十分强调军队中党的建设问题。2018 年 8 月 17 日至 19 日，习近平总书记出席中央军委党的建设会议并发表重要讲话强调，全面加强新时代我军党的领导和党的建设工作。② 除了从战略高度谋划外，习近平总书记还在制度方面推动军队党的建设。2020 年 6 月 29 日，习近平总书记主持召开中共中央政治局会议，审议了《中国共产党军队党的建设条例》，在制度层面规范新时代人民军队党的建设，确保党对军队绝对领导。新时代强军路上，对人民军队中党的建设必须全面加强，毫不懈怠。

（陆卫明，西安交通大学马克思主义学院教授、博士生导师；王文辛，西安交通大学马克思主义学院博士研究生）

---

① 中共中央文献研究室编：《周恩来年谱（1898-1949）》（修订版），北京：中央文献出版社，1998 年，第 75-96 页。
② 中共中央党史和文献研究院编：《改革开放四十年大事记》，北京：人民出版社，2018 年，第 127 页。

国共合作时期黄埔军校的思想政治工作及其启示

王　飞　　鲍依婷

摘要： 国共合作时期的黄埔军校，是国共两党首次合作的象征。其创新的思想政治工作体系，为国共两党培养了大量的军政人才，其思想政治工作的实践，为中国革命军队的思想政治工作发展奠定了坚实基础。本文重点分析了国共合作时期黄埔军校思想政治工作的创新实践，并探讨其所带来的重要启示。

关键词： 黄埔军校　思想政治工作　国共合作时期

1924 年，为挽救国家和民族于危难之中，孙中山在中国共产党和苏联的支持和帮助下创建了一所新型的陆军军官学校——黄埔军校，标志着国共两党的首次合作①。国共合作时期的黄埔军校为中国革命培养了大批军政人才，为中国革命作出了重要贡献。这一辉煌成就与黄埔军校实行军事教学和政治教育并重的方针，特别是注重运用思想政治工作对官兵进行教育密不可分。

---

① 陈治良：《黄埔军校早期的思想政治教育》，《黑龙江史志》，2015 年第 12 期，第 54–55 页。

一、奠定思政工作组织基础——政治部的建立和完善

黄埔军校在成立之初，建设什么样的革命军，怎样建设革命军，培养什么样的军队人才，是黄埔军校首要认清的问题。孙中山先生曾在黄埔军校开学演讲中说道："开办这所军校，独一无二的希望，就是创造革命军，来挽救中国的危亡！""本校之学生不仅教其运筹帷幄、决胜疆场、冲锋陷阵、杀敌致果之本领，尚需教其认清敌人，辨是非、明利害、知礼仪、尚廉耻，要而言之，即灌输学生之政治常识及本党主义，而培养其革命精神，实现明耻教战之古训。"① 可见，黄埔军校建校初心就是以培养救国于水火的革命军为目的，同时还将政治教育放在与术科训练同等重要的位置。重视思想政治工作，注意培养学生的革命精神和爱国精神是黄埔军校区别于一切旧式军校和军队的主要特点。

根据办校宗旨和现实需求，国共合作时期黄埔军校成立了校内政治部。政治部承担着对学生进行政治教育的工作职责，是黄埔军校中十分重要的一个职能部门。但在成立初期，由于思想上的分歧，黄埔军校的第一任政治部主任戴季陶去职离校，使得政治部主任的位置空了好几个月。随后，邵元冲自告奋勇担任政治部主任，后也因各种原因卸任。在此情形下，政治部原本应该开展宣传工作、政治工作、教材编写工作等各项工作都因此延误，这一阶段的政治部形同虚设，引起黄埔军校内师生的强烈不满。1924 年 11 月，周恩来任职黄埔军校政治部主任，他凭借着出色的政治才能，受到国共两党的共同赞赏。他一上任，便大刀阔斧地对政治部展开了整顿。首先，周恩来将杨其纲、李之龙、蒋先云等黄埔军校的优秀毕业生招进政治部的各部门中，他们信仰坚定，思想先进，同时又对当时的各种政策以及军校内的实际情况都比较了解，对于政治部顺利开展思想政治工作起到了积极的促进作用，扩充了政治教育工作者的队伍。其次，在周恩来的组织下，政治部又进一步精进了组织构架，新设立了宣传股、编辑股、指导

---

① 陈治良：《黄埔军校早期的思想政治教育》，《黑龙江史志》，2015 年第 12 期，第 54—55 页。

股等部门，分别负责思想政治的宣传工作，各种宣传刊物、革命教材、讲义的编辑和出版工作，学生政治教育和指导学生学习工作等。周恩来还为政治部制定了各项管理条例，如《政治部服务细则》《校政治部指导条例》等，目的是严格要求政治工作人员有标准、有秩序地开展政治工作，杜绝工作的随意性。在这一阶段，政治部的附属部门基本建设完毕，整个政治部在这一时期得到了系统性全面性的发展，形成多部门合力、多维度宣传、多人才齐心的思想政治工作态势，为创新推进军校思想政治工作奠定了坚实的组织基础。

二、国共合作时期黄埔军校思想政治工作的创新实践

国共合作时期创建的黄埔军校，其思想政治工作的创新实践凝结着国共两党在建军历程中办校治学育人的宝贵经验，体现了对军队思想政治教育及军队建设本质规律的深刻认识及准确把握。

（一）理论性内容和革命性实践相融合

在共产党人的主持下，黄埔军校就是要把学生培养成"了解党的主义与政策意义"的革命军队骨干力量。政治部在周恩来的带领下制定了《政治教育纲要》，强调"一方面积极进行三民主义教育，另一方面介绍马克思列宁主义思想"[①]。一方面，在课上传授中国近代史内容，让学生们深入了解西方列强主义对中国的巧取豪夺，认清当时中国被迫陷入半封建半殖民地，面临民族危亡的艰难处境。讲授中国国民党史，要学生正确认识中国革命史，认清中国革命的发展形势，激发学生的革命激情和爱国报国热忱。同时，校内不仅可以传播三民主义，而且可以传播马克思主义，又或是其他的主义。"军校训令中还明确规定：社会主义、共产主义和马克

---

① 念德：《国共合作大革命时期马克思主义的广泛传播》，《中国社会科学报》，2011 年第 8 期，第 2 页。

思主义等书籍，本校学生均可阅读。"①校内开放自由的思想氛围也极大地提高了学员们的学习热情。另一方面，新三民主义是第一次国共合作的思想基础，让学生了解三民主义、新三民主义的区别，使学生充分认识到以"联俄、联共、扶助农工"为革命灵魂和革命立法的新三民主义，不仅反映了中国革命作为社会主义世界革命一部分，而且反映了新时期中国革命的基本阶级阵容。站在唯物的历史观和革命的观点上，观察和分析中国两千年来宗法社会和封建制度，看清帝国主义、封建军阀的横暴与凶残，剖析中国落后的原因。更重要的是，保持孙中山先生光辉理论的进步性和革命性②。此外，黄埔军校的课程门类还包括中国国民党史、社会进化史、中国政治经济状况等二十多门专业课，为培养革命人才提供了扎实的理论基础。

理论的终极意义就是指导实践。注重学以致用、理论联系实际，不仅是我国古代道德教育的优良传统，也是黄埔军校思想政治工作创新之处。在中国共产党的政治教育下，黄埔军队成为理论扎实、纪律严明的军队，积极投身到为民救国的革命事业中。以周恩来为首的共产党员积极组织学生官兵先后参加了两次东征、平定广东商团叛乱、平定杨希闵、刘震寰叛乱等巩固广东革命根据地的斗争③，在各项革命及战斗中都取得了良好的成绩。同时，军校还积极组织学员深入乡间去接触、了解群众，一边作战一边向群众做政治宣传，向群众宣传政治主张，动员工农群众参与革命。黄埔军校把思想政治教育和军事斗争的实践相结合，用理论教育铸就的革命信仰激发了军队的士气和强烈的爱国热情促使了战斗的胜利，战斗的胜利又作用于军队的革命信仰，也是理论自身得到发展的过程④。周恩来及

---

① 任珉：《论中国共产党在黄埔军校开展思想政治教育的基本经验》，《中国共产党思想政治教育史》，2011 年第 6 期，第 15–16 页。
② 宗金北：《黄埔军校思政教育中马列主义与三民主义的竞争》，《兰台世界》，2013 年第 22 期，第 79–80 页。
③ 董晓敏，郝敏：《黄埔军校时期中国共产党的思想政治教育》，《兰台世界》，2020 年第 1 期，第 110–114 页。
④ 中共惠州市委党史办公室：《东征史料选编》，广州：广东人民出版社，1992 年，第 736–737 页。

其率领的政工人员多次前往前线同各级党代表密切合作，鼓舞士气，充分发挥了政治工作的威力，为战争的胜利打下坚实基础。①

（二）先进性个人和广泛性群体相结合

黄埔军校在思想政治教学中，塑造了良好的同辈群体环境和榜样示范教育，大大优化了黄埔军校内思想政治的工作环境。校内学生蔡光举，在参加战役的时候不幸牺牲，他身负重伤却仍战斗到最后一刻的革命精神和英勇无畏的高尚品德激励了全体师生。蒋介石亲自撰写了《追悼蔡光举通告》，称蔡光举是"黄埔军校牺牲第一人"，特命在东征阵亡烈士合葬墓之东侧，单独营造蔡光举墓。后来，蒋介石又将蔡光举的遗像悬挂在军校课室和阅览室，以激励军校学生要向烈士学习，给学生的思想教育树立了楷模。孙中山作为黄埔军校的创立者，他不仅是黄埔军校早期政治教育的传道授业者，也同样作为政治教育的重要内容被参与进来。孙中山在军校成立时开学讲话，对全校师生的影响很大，"造成我理想上的革命军"，开展救国救民的革命事业，他强调"我一生革命，便是担负这种责任"，要求黄埔官员和师生"从今天起，共同担负这种责任"。②当时的演讲，使很多师生在日后许久依然记忆犹新。③做"不怕死不怕苦的革命军人"成为黄埔军校的一种信仰，更成为黄埔精神的重要内容之一。虽然孙中山生前共到过黄埔军校五次，但黄埔军校的政治工作者们经常利用孙中山作为政治教育的素材激励官兵，对国民党领袖孙中山的宣传和推崇也是政治教育的题中之意。

周恩来作为政治部主任更是起到榜样表率作用，"我们在军队里做政治工作，要以身作则，严守纪律，常常表示勇敢的态度，比士兵更勤苦。……能如是，才能鼓起士兵们作战之勇气。"④以周恩来为主要代表的共产党员

---

① 苏昕宇：《青年周恩来与黄埔军校政治部》，《广东青年职业学院学报》，2018 年第 32 期，第 30–35 页。

② 以上关于孙中山演说文字，皆出自 1926 年国民革命军中央军事政治学校政治部所印之《孙总理讲演集》，载《黄埔军校史料汇编》第 1 辑第 10 册，第 135–149 页。

③ 蒋超雄：《我在黄埔军校学习的回忆》，《广东文史资料·黄埔军校回忆录专辑》第 37 辑，第 38 页。

④ 周恩来：《周恩来军事文选（第 1 卷）》，北京：人民出版社，1991 年，第 18 页。

作为政治部的骨干力量，其自身的高尚品德和过硬的思想素质不仅树立起政工干部的正面形象和人格力量，还在学员中起到榜样作用，有效提高了政治工作效果，成为一种无形的政治教育资源。国共合作时期黄埔军校思想政治工作所采取的将先进性个人和广泛性群体相结合的创新实践方式，在校内营造出具有自由性、互感性、独特性的群体环境，能够在潜移默化中对学员的思想和行为产生积极影响。不仅推动学员内在动力的发生，将榜样作为奋斗目标，使其主动提出更高的自我发展要求，并逐步实现自身思想观念的改善与提高，最终实现教育与自我教育相统一，还使其政治教育内容既有先进的价值导向，又有广泛的社会基础；既鼓励先进、塑造榜样，又照顾多数、顺应群体；既有长远高度，又有现实力度。

（三）专业性队伍和多样性教育方式相匹配

如周恩来所言，"政治工作之变为空谈，这决不是政治工作的本身错误，而是由于政治工作人员没有实行真正的革命的政治工作"①。为了在黄埔军校内避免这类情况的再次发生，周恩来大力整改政治部，完善政治工作制度体系，选调了一批信仰坚定的革命者和忧国忧民的爱国者成为政工干部，作为开展政治工作的中坚力量。同时，作为教育专职教官的官兵都是受过良好教育，具备专业理论素养，这使得政治课的科学性、政治性、导向性得到了保障。例如：周恩来讲授的《国内外革命形势的分析》一课，所讲内容新颖，通俗易懂，深受学生的喜爱；熊雄作为讲课经验丰富的政工干部，在课上，他引经据典、侃侃而谈，在课下对学生提出的疑问又能予以满意的解答；还有恽代英、萧楚女、高语罕、于树德等等②。思想政治工作队伍是加强和改进思想政治教育的组织保障，思想政治教育队伍的素质如何，结构是否合理，都决定着思想政治教育的质量高低、成效好坏③。国共合作时期，黄埔军校所造就的一支能力突出、素质过硬、信念坚定、

① 周恩来：《抗战政治工作纲领》，明明书局，1938 年。
② 陈治良：《黄埔军校早期的思想政治教育》，《黑龙江史志》，2015 年第 12 期，第 54–55 页。
③ 钟艳：《高校思想政治教育工作者媒介素养现状研究》，《教育现代化》，2019 年第 6 期，第 206–209 页。

勇于担当的思想政治教育队伍，其目标的一致性、相互的协调性对于思政工作起到了中流砥柱的关键作用。

除政治课外，军校还经常举办其他各种形式的活动，成为学员与思想政治工作者连接的中介，使思想政治教育成为内化于心的精神活动。军校中设有俱乐部，按照学生兴趣分设了政治组、经济组、戏剧组等 6 个组①。不仅培养了学生的兴趣，还提升了学生的思想政治素质，使他们得到全方面的发展。校内定期举办政治讨论会，主要是各抒己见，共同探讨当时国内外局势，其自由的氛围使气氛非常的活跃。军校还组织血花剧社，每逢学校组织文娱活动，便通过戏剧演出的形式宣传革命思想，以及运用标语、对联、出版刊物等多样的宣传形式塑造出良好的思想政治教育环境和浓厚的革命政治氛围。黄埔军校通过构建专业性的思想政治工作队伍与多渠道、多形式的教育路径相匹配的思政工作模式，不断提高官兵的思想觉悟和认识能力，把反帝反封建的革命思想与马克思主义理论灌输到官兵的意识中，使思想政治教育从观念性的存在不断发展进化成为能够改造世界的强大物质力量。

三、黄埔军校思想政治工作的重要启示

国共合作时期，黄埔军校以创新的思想政治工作体系，为国共两党培养了大量军政人才，推动了我国近代革命历史的前进。其思想政治工作的体系、原则和方法，对现今的军事教育及思想政治工作仍具有重要的历史借鉴价值和现实启示。

（一）紧扣时代主题，实现创新发展

黄埔军校时期中国社会主要矛盾是中华民族与帝国主义、中国人民与封建势力之间的矛盾②。国共合作时期的黄埔军校紧扣这一时代主题，不

① 党德信，黄霭玲：《第一次国共合作时期的黄埔军校》，北京：文史资料出版社，1984 年。
② 冯思云，李文韬，方章东：《黄埔军校时期党的思想政治教育工作探析》，《湖北师范大学学报（哲学社会科学版）》，2023 年第 1 期，第 13–19 页。

断创新思想政治工作的新方法，不论是将理论同实践相结合的教育方法还是多种形式的政治活动，其目的都是为了顺应时代发展要求，为培养救国救民的革命人才作出重要的贡献。如今，中国特色社会主义进入新时代，这是我国发展新的历史方位。在新的时代背景下，思想政治教育作为团结人民完成各项工作的中心环节、社会主义精神建设的基础工程、促进人的全面发展的重要途径、解决人民内部矛盾的方法①，必须依然牢牢紧扣时代主题，确保思想政治工作沿着正确的政治方向，培养出有理想、有道德、有纪律、有文化的时代新人。

作为社会主体的人总是处在具体的时代环境中，必然随着时代的变迁而产生不同的思想状况和发展需求。因此，就要求思想政治教育必须适应社会发展要求、时代发展变化，在内容、方法、形式上不断创新发展，充分激发受教育者的积极性、主动性、创造性。首先，思想政治教育要面向世界，使思想政治教育的发展在开放的条件下进行。在构建思想政治教育内容时汲取优秀的人类思想道德文明成果，丰富思想政治教育的内容，拓宽思想政治教育的视野。其次，借鉴相关学科的最新成果。思想政治教育学不是孤立的学科，而是和多学科交叉的综合性学科。哲学、教育学、社会学、心理学等诸多学科的优秀成果，对于思想政治教育的创新发展具有重要的借鉴作用。最后，运用社会化的思想政治教育方式，将政治性内容同生活性实践相关联，将思想政治教育全方位、全时段地渗透进社会生活的方方面面，引发人们在思想观念、价值判断和道德评价方面的深刻变化。思想政治教育的创新发展途径多种多样，不管走哪一条路径，其目的都是在社会实践发展的要求和人的全面发展的诉求的时代背景下，推动人的思想政治素质的提升来满足一定社会发展的需要，完成培养时代人才的己任。

（二）坚持生命线地位，使其永葆生命力

周恩来说："以革命主义为基础的革命政治工作是一切革命军队的生

---

① 刘爱玲：《改革开放以来思想政治教育政策的回顾与展望》，《观察与思考》，2021年第10期，第27–37页。

命线与灵魂。"① 毛泽东也曾强调："政治工作是一切经济工作的生命线。"
"思想政治工作是经济工作和其他一切工作的生命线"② 都是对生命线论
断的重要发展和推进。从这个意义上说，政治工作是军队的生命线，乃至
社会一切工作的生命线。黄埔军校在建校初期，就设立了政治部，把政治
工作放在学校建设的重要位置，但"过去黄埔军校政治部是个空架子，学
校也没有多少真正进步的政治工作可言"。③ 在周恩来任政治部主任后，
对政治部的大力改革和注重思想阵地的建设，体现了周恩来等共产党人对
军队政治工作的高度重视。一直以来，政治工作始终贯穿我国人民军队建
设、改革各环节，在我军不断从胜利走向胜利中发挥着决定性作用。

如今，科学技术的迅猛发展，大量信息化智能化武器涌现，但是，人
的因素始终还是处于主体地位。政治工作是提高官兵素质、赢得战斗的主
要手段，离开政治工作就不可能有效发挥人的因素。新时代，如何让生命
线更有生命力，是中国共产党持续思考和高度重视的课题。政治工作做的
是人的工作，是以现实的人为教育对象的工作，所以必须高度重视官兵在
思想观念、价值取向、行为举止等方面的动向，有的放矢地进行工作。同时，
在坚持政治工作原则和制度的基础上，积极运用新模式、新方法、新手段，
使政治工作与时代同步伐，培养出"有灵魂、有本事、有血性、有品德"
的新时代革命军人。"政治工作是我军的看家本领，是我军的最大特色、
最大优势，是我军同一切其他性质军队的最大区别，也是我军保持人民军
队性质、宗旨、本色的重要保障。"④ 在新的历史条件下，要继续坚持贯
彻政治工作的"生命线"地位，把政治工作威信在全军牢固树立起来，引
领推动军队从体系上增强政治工作的时效性，打开政治工作新局面，不断
巩固党对军队的思想政治领导。

---

① 郑宣著：《黄埔军校三百名将传》，南宁：广西人民出版社，1989 年，第 12 页。
② 毛泽东，毛泽东著作选读编辑委员会：《毛泽东著作选读》乙种本，北京：中国青年出版社，
　1964 年，第 210 页。
③ 转引自《周恩来同志在黄埔军校》，载《长江日报》，1980 年 1 月 6 日。
④ 中央军委政治工作部：《习近平论强军兴军》，北京：解放军出版社，2017 年，第 10 页。

（三）加强队伍建设，强化责任担当

国共合作时期黄埔军校在思想政治工作上所取得的优异成绩，与政治部高度重视思想政治工作者的队伍建设密切相关。周恩来接手政治部后，选拔了一批思想先进、信仰坚定的共产党员作为政治部的主力军，从事思想政治教育工作，极大地扩充了黄埔军校内思想政治工作队伍，为革命精神、爱国精神、黄埔精神的培育提供了主体渠道。进入新时代，对于思想政治教育队伍的建设依旧时刻不能松懈。要加强对思想政治教育队伍的组织建设、思想建设和能力建设，注重严格选拔和培养过程，这是队伍建设的基础之举。同时加强思想建设，用科学理论武装广大教育者的头脑，使队伍始终保持先进性、纯洁性。建立一支信仰坚定、勇于担当、专业扎实的思想政治教育队伍是发展和创新思想政治教育的组织保证。

思想政治工作者作为思想政治工作的发动者、组织者和实施者，在思想政治工作中发挥着教育活动的组织功能、思想理论的传导功能、思想释疑解惑的功能、德行培育提升的功能。思想政治工作者的专业能力、教学水平、自身思想道德品质的高低，在一定程度上直接影响着思想政治教育的质量，关系着思想政治教育是否能沿着正确的方向、是否能坚持主流意识形态的灌输和主导，正如周恩来强调："做政治工作，要以身作则，严守纪律。"[①]对于思想政治工作者而言，首先，必须不断提高自身的业务能力和思想政治认识高度，实现思想政治理论课教学目的。同时，思想政治工作者的言行举止必然会直接或间接地影响他人的思想或行为。思想政治工作者应充分发挥主体示范效应的内在要求，做到身教胜于言教，树人先树己。其次，在互联网时代，思政工作者要充分利用好互联网这一思想政治教育的主战场、最前沿，将传统阵地同新兴阵地相结合，拓展教育空间，形成线上、线下双重角度的思想政治教育育人功效的完美闭环。最后，把握思政工作特点，加强对队伍建设的认识，为思政工作者的发展提供平台，重点培养优秀人员，提升思想政治工作队伍的积极性。加强思想政治队伍

---

① 中央军委政治工作部：《习近平论强军兴军》，北京：解放军出版社，2017年，第10页。

建设，强化教育者责任担当，不仅是国共合作时期黄埔军校思想政治工作实践所给予的当代启示，还是新时代坚持和巩固思想政治教育重要地位的现实路径。

四、结语

"昔日之黄埔，今日之抗大，是先后辉映、彼此竞美的。"① 黄埔军校作为国共第一次合作的产物，作为一个时代的记忆，为中国革命书写下浓墨重彩的一笔。黄埔军校虽然早已成为了历史，但其为北伐战争和抗日战争培养和输送了大批优秀的军事政治人才，为中国革命作出的重大贡献将永载史册。国共合作时期黄埔军校所进行的思想政治工作的创新实践凝结着国共两党在建军过程中治学育人的宝贵经验，虽然这些工作经验与创新实践还是初步的和不够完善的，但它的体系和一些基本原则、工作方法，在黄埔军校创办以前的中国军事史上是没有先例的，为中国革命军队的思想政治教育积累了宝贵的经验，打下了坚实的基础。可以说，国共合作时期黄埔军校的思想政治工作达到了孙中山办校时所期望的"创造革命军来挽救中国的危亡"的目标，对当今的思想政治工作仍有借鉴价值和现实启示。

（王飞，陕西科技大学马克思主义学院教授；鲍依婷，陕西科技大学马克思主义学院硕士研究生）

---

① 毛泽东：《毛泽东文集（第 2 卷）》，北京：人民出版社，1999 年，第 27 页。

1926-1927 年黄埔军校的政治工作

——兼谈鲁迅赴黄埔演讲之经过

朱家旭

摘要：为培养直接受党指挥、具有相当程度之政治自觉的革命军骨干，黄埔军校将政治工作视为建校基础，但在初期并未得到落实。自 1926 年 1 月始，广州各军校与原陆军军官学校合并改组为"中央军事政治学校"，"政治教育"被鲜明地提升为黄埔军校最重要的教育原则之一，时任政治部主任的熊雄随即开展了近一年的政治工作改革；与此同时，军校的共产党人始终致力于维持军校政治工作的正常开展，积极争取革命力量，加强政治教育。1927 年抵达广州的鲁迅此时进入黄埔军校的视野，在一番接触与相识后，二者确认彼此为革命的"同路人"，进而促成了鲁迅赴黄埔演讲一事。

关键词：黄埔军校 政治工作 熊雄 鲁迅

一、前言

长篇小说《子夜》的出世曾震动了 20 世纪 30 年代的文坛，作者茅盾对民国上海之金融战的细致描写固然是小说的精彩之处，对诸多典型人物的塑造亦不容读者忽视。雷参谋，小说中一位曾参与过五四运动、有黄埔军校背景的军官，与他为学生时的情人吴太太之间有这样一段"罗曼史"：

雷参谋抬起头，右手从衣袋里抽出来，手里有一本书，飞快地将这书揭开，双手捧着，就献到吴少奶奶面前。

这是一本破旧的《少年维特之烦恼》！在这书的揭开的页面是一朵枯萎的白玫瑰！

暴风雨似的"五卅运动"初期的学生会时代的往事，突然像一片闪电飞来，从这本书，从这白玫瑰，打中了吴少奶奶，使她全身发抖……

雷参谋苦笑，似乎叹了一口气，接着又说下去：

"……我这终身唯一的亲爱的，就是这朵枯萎的白玫瑰和这本书！……我是到广东，进了黄埔！我从广东打到湖南，从连长到团长，我打开了长沙，打开了武汉，打开了郑州，又打开了北平；我在成千成万的死人堆里爬过！几次性命的危险，我什么东西都丢弃了，只有这朵花，这本书，我没有离开过！"①

即使时过境迁，黄埔出身的雷参谋与吴太太亦可凭借《少年维特之烦恼》同声相应、同气相求，霎时坠入 20 年代"革命＋恋爱"的情感模式之中。如果说《少年维特之烦恼》是"五四"青年们文化革命的符号与思想进步的象征，那么"国民革命"不啻是这场"形而上"的思想文化革命的现实延续。这样一种思想文化启蒙与现实政治革命交织的时代气氛，孕育了怀揣革命理想的有志青年奋身之所在——黄埔军校。

1926-1927 年对于黄埔军校与鲁迅来说均极为关键。这一年来，广州各军校与原陆军军官学校合并，正式改组为"中央军事政治学校"，"政治教育"被鲜明地提升为黄埔军校最重要的教育原则之一，预示着这一年一系列变动与转折的开始；同样在这一年的时间里，种种事端促使鲁迅由厦至穗，不久又由穗至沪。鲁迅在广州的时间虽短，意义却十分重大，

---

① 茅盾著：《子夜》，北京：人民文学出版社，2022 年，第 87-88 页。

"因为它不仅留下很多话题，更蕴蓄了鲁迅思想的转变"①。在这样的时代背景下，黄埔军校与鲁迅的相遇便绝非偶然，而是由具体的历史条件所促成的。鲁迅曾于1927年4月8日受黄埔军校之邀前往演讲，但除演讲的文本《革命时代的文学》被作为演讲者鲁迅个人思想的研究材料以外，对这场演讲的来龙去脉尚缺乏现实政治维度的考察：黄埔军校在这一年为何会邀请鲁迅演讲？鲁迅是以什么方式进入其视野的？黄埔军校与鲁迅怎样往来？

本文主要从讲演的"邀约者"，即黄埔军校方面进行阐释，首先从史实出发总结黄埔军校1926-1927年的政治工作，澄清鲁迅赴黄埔军校演讲的历史前提，并通过这一时期黄埔军校相关人物与鲁迅的交往叙述其赴军校演讲之经过，最终揭橥黄埔军校、鲁迅与大革命三者间的互动关系。

二、1926-1927年黄埔军校的政治工作

（一）"中国军队中之有政治工作，自本校始"

1911年发生的辛亥革命不但宣告了清王朝退出历史舞台，也象征着千年帝制的终结，但这场革命的特殊性也为肇建的中华民国埋下分裂的种子：如果说辛亥革命是因"各省之力"的崛起而以各省独立的形态成功的，其中既无一集权的革命中央又无明确的建立某一新体制的革命目的②，那么革命后的民国四分五裂、军阀竞相割据即是理所当然。孙中山痛感"只有民国之年号，没有民国之事实"，"只有革命党的奋斗，没有革命军的奋斗"③，因而以"十月革命"后的俄国为师，在决议改组国民党、实行国共两党合作之外，还要求建立军官学校，因以原黄埔水师学堂与陆军小学的旧址为校址，故简称为"黄埔军校"。在吸取辛亥革命的教训后，正如

---

① 张洁宇：《走出学院：一种反省与自觉——论广州时期鲁迅的思想轨迹及其意义》，《文艺研究》，2017年第11期。

② 沟口雄三：《辛亥革命新论》，《开放时代》，2008年第4期。

③ 广东革命历史博物馆编：《黄埔军校史料（1924-1927）》，广州：广东人民出版社，1985年，第44-46页。

熊雄谓"中国军队中之有政治工作，自本校始"①，黄埔军校不仅向学生教授军事知识、组织实战演习，更史无前例地"对于全校官佐、员生、士兵、夫工负有政治训练或指导之责，使其具正确的政治知识，增进革命精神，自觉的遵守革命纪律，坚确本党主义之信仰"②。强调政治教育，即是要与其时只为"升官发财""贪生怕死"的军阀部队相区别，以精神之统一来克服革命军物质条件之不足，从而创造出强大的军队战力。可以说，建立黄埔军校，为的就是教育出直接受党指挥、具有相当程度之政治自觉、能够挽救中国的革命军骨干。

（二）1926–1927 年军校改组及熊雄的政工制度革新

尽管以政治教育作为建校之本，但在初期，黄埔军校的政治工作并不尽如人意，在第三期毕业、第四期入伍前竟"一向无政治教官"③，"也没有多少真正进步的政治工作可言"④；而后即便有相应的政工制度，因时局动乱、战事频仍，黄埔军校接连北伐、东征，政治部"一面要担任兵士政治训练，一面要继续学生政治训练"⑤，且政治部职员更换频繁，学生的政治教育工作难以顺利开展。

1926 年 1 月，国民党第二次全国代表大会于广州召开，国民政府军事委员会适时通过决定，"国民革命军军事、政治教育，有统一之必要，宜合并军校暨各军所立学校，改组为中央军事政治学校"⑥（仍简称为"黄埔军校"），以示军政并重、军党一统之意；同月，《军事政治月刊》第 1 期登载了《国民革命军中央军事政治学校组织大纲》，开篇即明言"组

---

① 熊雄：《一年来本校之政治工作》，广东革命历史博物馆编：《〈黄埔日刊〉资料汇编》，北京：科学出版社，2020 年，第 187–188 页。

② 广东革命历史博物馆编：《黄埔军校史料（1924–1927）》，广州：广东人民出版社，1985 年，第 182 页。

③ 广东革命历史博物馆编：《黄埔军校史料（1924–1927）》，广州：广东人民出版社，1985 年，第 121 页。

④ 广东革命历史博物馆编：《黄埔军校史料（1924–1927）》，广州：广东人民出版社，1985 年，第 180 页。

⑤ 广东革命历史博物馆编：《黄埔军校史料（1924–1927）》，广州：广东人民出版社，1985 年，第 178 页。

⑥ 陈宇编著：《黄埔军校年谱长编》，北京：华文出版社，2014 年，第 213 页。

织这个学校"的目的有三："一、集中一切注意力于这个军事政治学校，以期军官们得到最好的政治教育。二、组织和指导一种统一的政治工作，使各军军官中消除省区观念的旧倾向。三、拨选最有经验的将校和教授，集中于这学校；以期军官们得到最好而且一致的军事政治知识"①，将思想政治教育的重要性拔至黄埔军校前所未有的高度。

当此军校改组之际，从东征前线胜利归来的东征军总政部秘书熊雄被委任为黄埔军校政治部副主任，因政治部主任邵力子无法长期驻校，政治部的实际事务均委于熊雄。同时，熊雄亦与邓演达、邵力子、陈公博等人一同被任命为黄埔军校改组筹备委员，负责军校的改组事宜②。此时军校内的政治工作，熊雄在1927年曾有以下描述："当时第三期学生尚未毕业，部中现象极其涣散，其组织主任秘书之下，设宣传组织两科，全部职员不过二十余人，所有工作亦颇简单。对内工作：只出黄埔潮及壁报两种，共印五六千份；在学生中，受客观条件所限，尚无系统的政治教育，只有零碎的政治讨论会。"③作为黄埔军校政治部的现任领导者，熊雄在文章中表达了他对政治部工作现状之不满与未来改革之决心。

熊雄之政治教育革新，涉及项目颇多，不仅重划各部门权责，也颁布了一系列与政治相关的教育大纲及细则条例，同时招收许多政治部新职员以保证相关规定得到实际贯彻④。姑举以下两例说明：第一，在改组后，政治部于10月出台《中央军事政治学校政治教育大纲》，由政治主任教官恽代英在《修正中央军事政治学校政治教育大纲草案》中作了"十个条件"的重要补充。其中第一条"使学生彻底了解自己的责任是要使一切已

---

① 广东革命历史博物馆编：《黄埔军校史料（1924–1927）》，广州：广东人民出版社，1985年，第134页。

② 广东革命历史博物馆编：《黄埔军校史料（1924–1927）》，广州：广东人民出版社，1985年，第73页。

③ 熊雄：《一年来本校之政治工作》，广东革命历史博物馆编：《〈黄埔日刊〉资料汇编》，北京：科学出版社，2020年，第187–188页。

④ 黄埔军校第一期时，政治部仅6名教官职员；至第五期时，政治部教职工合计35人，约为第一期时的5.83倍。见邢照华著：《黄埔军校生活史：1924–1927》，北京：商务印书馆，2014年，第28页。

经与国民相结合的武力渐进成为真正的国民武力"、第四条"使学生彻底
了解中国的国民革命,一定要与世界资本帝国主义的革命势力联合起来打
倒资本帝国主义以及国内军阀与买办阶级"、第七条"使学生彻底了解革
命运动是起于工农群众的物质要求,革命的胜利亦必须靠工农群众的努力
参加才能有所保障"①,均坚持了反帝、反封建、反军阀的革命原则,旗
帜鲜明地保卫国共合作下的大革命事业,凸显了黄埔军校政治部领导人对
改组后军校政治教育的深刻理解。第二,制定《官长政治教育计划》,每
星期二、星期五夜七点请党部与政府名人至军校特别讲演,听众为"各部
处准尉以上官长",每次讲演"由政治部按各部处人员数目划分座次,校
值星官负责考查各部处出席人总数,由各部处值星官查明缺席人姓名"②,
要求颇为严格。《计划》刊载于 1926 年 11 月 19 日的《黄埔日刊》,其
末尾附有已预定的特别讲演题目与讲演人,大多为国民党员及政府要员(如
谭延闿、李济深、戴季陶、宋子文、孙科等),其时的共产党员亦不在少
数(如邓中夏、施存统、罗绮园、恽代英等),演讲题目则兼顾主义思想
的深度(如戴季陶《教育与革命》、陈群《民生主义之真谛》、施存统《革
命运动发生之原质》等)与时事政治的广度(如谭延闿《国民政府之组织
及其工作》、宋子文《国民政府之财政问题》、邓中夏《省港罢工之经过》
等),与《大纲》中"使学生了解本党主义政策,精悉国内外政治经济情况"③
这一政治党务的教育与训练的目的相匹配,足见此政治教育计划编订之用
心,体现了黄埔军校要为大革命提供革命军骨干这一建校的基本原则。

　　鲁迅于黄埔军校所作演讲,或即与此《官长政治教育计划》相关,然
而鲁迅既非国民党员亦非政府名人,也从未亲临北伐战场。其以文人身份
进黄埔军校演讲,与《计划》之规定与军校之政治教育氛围不尽相符。鲁
迅之进入黄埔军校演讲,实则还与黄埔军校内中共党人的意志与努力相关。

---

① 以上引用及十条具体内容,详见张晓东:《恽代英军队政治工作的思想与方法——以新发现
的恽代英文章为视角》,《广东党史与文献研究》,2021 年第 6 期。
② 广东革命历史博物馆编:《黄埔军校史料(1924–1927)》,广州:广东人民出版社,1985 年,
第 198–199 页。
③ 陈宇编著:《黄埔军校年谱长编》,北京:华文出版社,2014 年,第 275 页。

（三）共产党人维持军校政治工作、积极争取革命力量

据周恩来回忆，黄埔军校创建伊始有六百学生，"大部分是我党从各省秘密活动来的左倾青年，其中党、团员五六十人，占学生的十分之一"[①]，倾向共产党的学生数可谓不多。然而在黄埔军校政治部的历任领导者中，共产党员却占其中的多数，且对军校之影响均颇为深远：在戴季陶任政治部主任时，政治部"本无具体的组织""唯举行了两次政治讨论"[②]，直至周恩来任黄埔军校政治部主任时，政治部方才建立起秘书、指导、编纂三股，并聘请政治教官、开设新的政治课程；熊雄主持黄埔政治部工作一年零三个月，为时最久，其改革工作已在上文述及……凡此种种，不一而足。

共产党人之所以对黄埔军校的政治工作极为重视，既因孙中山听取苏联顾问的意见而产生的决议（由共产党"赞助国民党办好组织机关"[③]），也与中共广东区委对革命形势的估计和与之相应的人员部署安排有关：掌握政治工作，则能在混乱的政治环境中树立政治声望、熔炼革命精神，建立坚实的革命基础。1924年11月，周恩来任中共广东区委军事委员会书记，同时亦在黄埔军校任政治部主任，黄埔军校中党的工作，便直接置于周恩来的领导之下[④]，黄埔军校中的中共党小组就此诞生。由此，黄埔军校的政治工作即与军校党组织及中共广东区委产生关联，譬如1926–1927年在黄埔军校内任职的熊雄与主持广东区委工作的陈延年，二人的工作并非孤立开展，而是在同一原则下并行不悖、相互调整。

熊雄与陈延年二人在五四时期均曾留法勤工俭学，1923年两人同于莫斯科东方大学学习。1924年秋，出于国共合作联合战线缺乏人才的考虑，陈延年受旅莫支部派遣回国赶赴广州参与工作，11月任中共两广区委秘书，

[①] 广东革命历史博物馆编：《黄埔军校史料（1924–1927）》，广州：广东人民出版社，1985年，第61页。
[②] 广东革命历史博物馆编：《黄埔军校史料（1924–1927）》，广州：广东人民出版社，1985年，第178页。
[③] 中共中央文献研究室编：《建党以来重要文献选编（1921–1949）》第2册，北京：中央文献出版社，2011年，第62页。
[④] 曾庆榴著：《共产党人与黄埔军校》，广州：广州出版社，2004年，第40页。

协助区委委员长周恩来开展工作①。1925 年 1 月 5 日，周恩来随军东征，其时主持中共广东区委工作的陈延年致旅莫支部的信中曾言"熊雄兄望他早点回来，国内工作需人孔急，军事方面尤甚"②；1925 年 9 月，熊雄抵达广州，随即向区委领导陈延年、周恩来等报到，被任命为黄埔军校政治总教官，填补军事方面人才的空缺；1926 年 3 月，中山舰事件爆发，熊雄"一面遵照广东区委和军委关于'听候由中共中央和国民党中央谈判解决'的指示；一面遵照周恩来同志的指示，以青年军人联合会名义在校内张贴标语，上街游行示威"③，事后熊雄赴中共广东区委处向陈延年、周恩来汇报情况并请求加强军校党组织力量，区委随即作出相应安排，将中共黄埔军校支部扩大为特别支部④，而政治部随后聘用的政治教官大多均为共产党员（不少由周恩来、陈延年邀请而来），如恽代英、萧楚女、陈启修、孙炳文等人；1926 年底，因第四期学生毕业开赴北伐前线、大批中共党员被陆续调走，军校的中共支部成员中唯有熊雄与饶来杰二人，由熊雄主持中共在军校的党政工作⑤。周恩来离开广东后，陈延年任中共广东区委书记，而中共广东区委军委书记一职则由熊雄接任，军校与中共广东区委间的工作愈益密不可分。

这一时期，中共广东区委明确地指示军校中共党团的任务为"团结左派，争取中间力量，反对极端的反动势力，积极宣传孙中山三大政策和国民革命运动，加强政治教育"⑥。在中山舰事件中，我们已经看到中共广东区委与黄埔军校之间是怎样共同团结左翼青年、反对反动势力、积极组

---

① 林鸿暖：《中共广东区委卓越的领导者陈延年》，《源流》，1994 年第 6 期。

② 陈延年：《致乔年、若飞、一飞、罗觉同志信（1925.1.5）》，许振泳等编：《广东革命历史文件汇集》甲第 2 本，中央档案馆、广东省档案馆，1982 年，第 11 页。

③ 廖声丰，曹维忠，胡晓红：《熊雄与黄埔军校》，《重庆社会主义学院学报》，2009 年第 3 期。

④ 周良书：《1924 年 -1927 年：中共在高校中党的建设》，《北京党史》，2006 年第 2 期。

⑤ 饶来杰：《回忆中共党组织在黄埔军校的活动情况》，中国人民政治协商会议广东省文史资料研究委员会、广东革命历史博物馆编：《广东文史资料（第三十七辑）》，广州：广东人民出版社，1982 年，第 19 页。

⑥ 饶来杰：《回忆中共党组织在黄埔军校的活动情况》，中国人民政治协商会议广东省文史资料研究委员会、广东革命历史博物馆编：《广东文史资料（第三十七辑）》，广州：广东人民出版社，1982 年，第 15 页。

织革命运动的,而熊雄在军校政治部主任任上主导的政治教育改革工作自然是区委指示中"加强政治教育"的题中应有之义。1927 年到达广州的鲁迅迅速成为黄埔军校政治部主任熊雄乃至中共广东区委书记陈延年必须争取的"中间力量"①,为黄埔军校乃至中共广东区委的政治工作打开突破口。

(四)小结

综上,黄埔军校自建立之初就意图以政治教育组织起一支具有高度革命自觉的、听命于革命党的革命军队。1927 年黄埔军校改组后,在其时的政治部主任熊雄任上,政治部通过了正式的教育大纲并制定了一系列相应的工作准则,使得军校的政治教育规范化、政治工作制度化,《官长政治教育计划》所规定的"特别讲演"即为其中一例。与此同时,主持黄埔军校政治工作的共产党人在中共广东区委的领导下,积极寻求同情左派的"中间力量"以增强革命舆论、反对反动势力,努力保卫国共合作之下的国民革命的胜利果实。在澄清以上历史前提之后,我们便能理解为何于 1927 年抵达广州的鲁迅进入了黄埔军校的视野:作为其时知名的新文学作家、同情革命的无党派人士,鲁迅长久以来被舆论视为"中国思想界的权威""青年叛徒的领袖",在大革命时期声望日隆。深刻影响了五四一代的鲁迅不仅是黄埔军校一直以来所希冀的有望培育青年革命力量、增进学生革命意识的一名"久经沙场"的"政治教官",也是黄埔军校上下均欲争取的"中间力量"。下文即据上述结论,说明黄埔军校接触鲁迅并邀约其赴军校演讲之经过。

三、黄埔军校相关人物与鲁迅往来之经过

(一)中共广东区委对鲁迅抵穗的准备工作及黄埔军校与鲁迅的前期接触

1925 年夏秋之间,广东区学生运动委员会成立,受广东区委直接领导,

---

① 熊雄与陈延年二人对鲁迅的联络工作绝非孤立进行的,而是出于统一的革命意志相互配合、推进,这一点往往为论者忽略。文章第三部分将继续对这一点展开阐释。

兼管黄埔军校的青年工作，恽代英任学委会书记，萧楚女、徐彬如为委员；1926 年下半年，因郭沫若要求参加北伐，文学院长位置空缺，由时任中共广东区委书记的陈延年提议，恽代英、邓中夏、毕磊等人一致提出聘请鲁迅来中山大学担任文学院院长，众人就此与此时试图寻求中共支持的中山大学委员会委员长戴季陶谈判①。一切妥当后，鲁迅在厦门接到中大聘书，于 1927 年 1 月 18 日抵达广州。

　　在鲁迅尚未到广州时，广州《国民新闻》副刊《新时代》就已刊出《欢迎鲁迅先生来广州》一文，作者称："鲁迅先生从北京跑到厦门，才仅是两月前的事；而中大聘请先生来校的消息，前一星期我已经听到了！"②黄埔军校教官③梁式此时兼任《国民新闻》编辑，因而对鲁迅将到广州的消息知道得颇早，他本人亦"被指派为打听鲁迅消息的专员"④，于 1 月 22 日前往拜访鲁迅。查鲁迅 1 月 22 日的日记，有"上午钟敬文、梁式、饶超华来访"⑤一语，应为 1927 年黄埔军校相关职员与鲁迅接触的最早记录；1 月 24 日鲁迅日记记有"午后甘乃光来"⑥，而甘乃光当时除了担任黄埔军校政治讲师外，正兼任广州《国民新闻》报的社长一职。不难看出，黄埔军校以及国民党宣传机关有着极高的政治敏感性，对于鲁迅抵穗给予高度关注。

　　（二）黄埔军校与鲁迅的相识与邀约经过

　　黄埔军校方面正式与鲁迅接触是在 1927 年 1 月中下旬。1 月中旬，时

① 见徐彬如：《回忆鲁迅一九二七年在广州的情况》，《中山大学学报（社会科学版）》，1976 年第 6 期。
② 张迂庐：《欢迎鲁迅先生来广州》，中山大学中文系编：《鲁迅在广州　资料专辑》，广州：广东人民出版社，1976 年，第 241–242 页。
③ 据《鲁迅大辞典》（北京：人民文学出版社，2009 年）"梁式"词条："1927 年任黄埔军校教官"。据梁式本人自述，"民十五六年顷，我不能做个'革命马前卒'，却在后方广州做个摇旗呐喊者，也算是参加革命。在那时那地，要日夜工作才算做努力，日间从市西跑到市东，工作在党部，夜间跑回市西，工作在党报"。
④ 尸一（梁式）：《可忆的旧事》，杨之华主编：《文坛史料》，中国图书印刷公司，1944 年，第 12 页。
⑤ 鲁迅：《日记十六（一九二七年）》，《鲁迅全集》（第 16 卷），北京：人民文学出版社，2005 年，第 3 页。
⑥ 鲁迅：《日记十六（一九二七年）》，《鲁迅全集》（第 16 卷），北京：人民文学出版社，2005 年，第 4 页。

任政治部主任的熊雄就因报载鲁迅由厦门大学来中山大学任教而提出请鲁迅来黄埔军校作讲演的想法，军校政治主任教官孙炳文及刘弄潮都认为此事可行，刘弄潮在 1925 年就曾受李大钊指示与鲁迅通信，他认为："鲁迅是支持革命的，他写的《火与剑》文章即可说明。他同意办黄埔，曾介绍他的好学生李秉中报考黄埔三期。请他来黄埔讲演他是不会推辞的。"①而熊雄则担忧在现时的斗争形势下，鲁迅会因来军校演讲而使其于中山大学的工作乃至人身安全受到负面的影响。最终，三人商定好邀请理由、演讲时间、演讲题目，由刘弄潮前往征求鲁迅意见。

事实上，鲁迅对黄埔军校早有好感，不仅源于他与学生李秉中的交往，也来自他自己对孙中山一生革命的总结："但改革最快的还是火与剑，孙中山奔波一世，而中国还是如此者，最大原因还在他没有党军，因此不能不迁就有武力的别人"②，正与黄埔军校建校之旨相合。因而当 1 月 25 日刘弄潮拜访鲁迅、请他去黄埔作演讲时，鲁迅当即回答："去！只怕起不了多大效果！""革命需要我，我就去，权在革命方面，不在个人方面。"③在鲁迅 1 月 25 日的日记中亦记有"刘弄潮来"④，结合鲁迅自己的认识来看，这些当事人的回忆有其合理性与真实性。孙炳文得知情况后致电黄埔军校告知熊雄鲁迅已同意讲演，熊雄"非常高兴，而且还到广州市内孙炳文住处，了解刘去联系的情况……临走时还说，约一个时间，我派专人去正式邀请，同学们一定会欢迎的"⑤，可见黄埔军校政治部工作之认真负责与对鲁迅的敬重之情。

熊雄及孙炳文、刘弄潮的细致工作，既是出于对 1926 年新改组的黄埔军校政治教育事业的认真负责，也是与中共广东区委间的相互配合。之所以熊雄对鲁迅赴黄埔一事存有顾虑，或许还因为中共广东区委一开始对鲁

① 刘弄潮：《熊雄与我的三次会面》，《广东党史》，2005 年第 2 期。
② 鲁迅：《两地书·第一集：北京》，《鲁迅全集》（第 11 卷），北京：人民文学出版社，2005 年，第 40 页。
③ 刘弄潮：《熊雄与我的三次会面》，《广东党史》，2005 年第 2 期。
④ 鲁迅：《日记十六（一九二七年）》，《鲁迅全集》（第 16 卷），北京：人民文学出版社，2005 年，第 4 页。
⑤ 熊巢生：《熊雄是怎样邀请鲁迅到黄埔军校讲演的？》，《鲁迅研究动态》，1989 年第 12 期。

迅抱有犹疑的态度。据徐彬如的回忆，陈延年最初对鲁迅"并不怎么重视，只是想利用他的声望，到广东来壮壮我们的声势"①，而当中山大学中共党组织成员们（如毕磊、徐彬如、陈辅国等人）与黄埔军校政治部诸职员（如熊雄、刘弄潮等）同鲁迅展开频繁的接触、了解、宣传等工作后，中共广东区委开始提倡"党内用正确的态度对待鲁迅"并"提出要研究鲁迅"②，而鲁迅亦由这些工作逐步确信这些青年具有真正的革命面貌。③

1927 年 3 月下旬，陈延年准备率广东代表赶赴武昌参加中共第五次全国代表大会。在临行前，陈延年因鲁迅的主动要求而与鲁迅在中共广东区委机关二楼会客室见过一面，会谈十分融洽④。当陈延年安排广州工作时"又谈到了鲁迅，对鲁迅很留恋"⑤。而在刘弄潮 1 月 25 日拜访鲁迅至 4 月 8 日鲁迅演讲这段时间内，黄埔军校方面不可能与鲁迅再无联系⑥，但因相关史料的缺失，对这一问题只得暂且搁置。若作合理推测，那么自陈延年离穗后，黄埔军校方面应自然承担起了联络鲁迅、学习鲁迅、为鲁迅讲演造势等工作，譬如军校政治部古有成 1927 年 3 月 25 日刊于《广州国民日报·现代青年》的文章《向上走，不必理会冷笑和暗箭》就主要以阅读鲁迅《随感录四十一》后的感触为主，写作与发表时间与 4 月 8 日接近⑦，或即为军校政治部为鲁迅演讲所做的学习准备。

---

① 徐彬如：《陈延年同志二三事》，中共中央党史研究室编：《中共党史资料（第 41 辑）》，北京：中共党史资料出版社，1992 年，第 152 页。

② 徐彬如：《陈延年同志二三事》，中共中央党史研究室编：《中共党史资料（第 41 辑）》，北京：中共党史资料出版社，1992 年，第 153 页。

③ 见徐彬如：《回忆鲁迅一九二七年在广州的情况》，《中山大学学报（社会科学版）》，1976 年第 6 期。

④ 关于陈延年与鲁迅会谈的具体论述，见张广海著：《左联筹建与组织系统考论》，杭州：浙江大学出版社，2018 年，第 33–34 页。

⑤ 徐彬如：《陈延年同志二三事》，中共中央党史研究室编：《中共党史资料（第 41 辑）》，北京：中共党史资料出版社，1992 年，第 154 页。

⑥ 鲁迅 1927 年 4 月 8 日日记直接记录应修人及宿荷前来邀至黄埔演讲，中间无其他与黄埔军校人员联络往来的记录，颇不合此类工作之常理，"宿荷"其人究竟为谁、与黄埔军校是何关系也尚无定论。

⑦ 见有成（古有成）：《向上走，不必理会冷笑和暗箭》，王烨编：《国民革命时期广州革命文学史料选编》，北京：社会科学文献出版社，2022 年，第 184–185 页。

（三）鲁迅赴黄埔演讲的具体情况

鲁迅 1927 年 4 月 8 日日记云"晚修人、宿荷来邀至黄埔政治学校讲演，夜归"①，与黄埔军校《官长政治教育计划》所规定的特别讲演时间（"于星期二、星期五夜七点开始"）相吻合；梁式回忆 4 月 8 日晚"军校的小讲堂挤满了人；大约是因为鲁迅的声音不大，那时又还没有播音机，所以不能在大礼堂开会，因此听讲的多是军官，学生颇少"②，"大礼堂"指 1926 年 6 月 16 日落成的黄埔军校俱乐部，"小讲堂"或即专为社会名人演讲之用的"大花厅"，与《官长政治教育计划》中要求听众主要是"各部处准尉以上官长"、地点为"本部大花厅"相符。③

据回忆，鲁迅在现场"掷地有声的演说，博得了黄埔师生们经久不息的掌声。听了先生的演讲，大家无不感到热血沸腾，群情激奋，爱国革命的热情油然而生"④，而其演讲亦被整理成文发表于《黄埔生活》第四期，题为《革命时代的文学》，整理人记为吴之苹。若鲁迅赴黄埔军校的演讲果为"官长政治教育计划"特别讲演之一部分，那么根据《革命时代的文学》一文署名，吴之苹即为政治部派员现场笔记，但据梁式所写："我留意那几个振笔疾书的速记员，很想他们赶快整理好，印出来，给没有到会的人一读。……在一家书店里发现这篇长文在军校的出版物中，细读一页，觉得和我几个月前听到的演讲词一样……原意没有失却"⑤，可知政治部曾派多人前往现场笔记，为的或许就是保留鲁迅演讲现场之真实，黄埔军校对鲁迅之用心可见一斑。

---

① 鲁迅：《日记十六（一九二七年）》，《鲁迅全集》（第 16 卷），北京：人民文学出版社，2005 年，第 17 页。
② 尸一（梁式）：《可忆的旧事》，杨之华主编：《文坛史料》，中国图书印刷公司，1944 年，第 18 页。
③ 以上《官长政治教育计划》相关内容，见广东革命历史博物馆编：《黄埔军校史料（1924–1927）》，广州：广东人民出版社，1985 年，第 198–199 页。
④ 李迅：《鲁迅造访黄埔军校》，《世纪》，2003 年第 5 期。
⑤ 尸一（梁式）：《可忆的旧事》，杨之华主编：《文坛史料》，中国图书印刷公司，1944 年，第 18 页。

四、结语

黄埔军校之行曾给鲁迅极深的触动："忽然想到昨天在黄埔看见的几个来投学生军的青年，才知道在前线上拼命的原来是这样的人；自己在讲堂上胡说了几句便骗得听众拍手，真是应该羞愧。"[①]如果说这种"羞愧"源于文人的"阔论"在军人面前显得高蹈远引，那么军人显然没有因此而鄙夷文人，反因鲁迅讲演内容之深刻而大为触动。时隔 54 年，曾是黄埔军校一员的饶来杰尚能回忆起鲁迅前往黄埔军校演讲一事："关于革命形势的发展则不时邀请军政负责人及社会知名人士来校作革命形势与任务等专题讲演。其中有一次曾邀请鲁迅先生来校作'革命时代的文学'讲演"[②]，对于此次讲演的工作归属与讲演的题目仍记忆犹新。

正是革命的时代促使文人与军人同路：黄埔军校建校即出于文人手无军权的尴尬处境，而变幻不定的复杂现实状况对军人的政治文化素质提出了更高的要求，黄埔军校也必须不断革新政治工作以实现革命力量的凝聚，最终使得包括鲁迅在内的革命人物会聚于此。鲁迅曾说"同路人"是"因革命中所含有的英雄主义而接受革命，一同前行"[③]，在这个意义上，无论是何党派，也无论是北伐前线的黄埔将士或是政治组织内的名人要员，革命时代的英雄主义让所有投身时代洪流的革命者都因团结合作而成为彼此的"同路人"。在这个意义上，一代又一代的黄埔人无疑已由历史证明了他们的"英雄主义"，他们始终与时代最先进的革命者同路而行。

（朱家旭，华东师范大学中文系 2023 级硕士研究生）

---

① 鲁迅：《庆祝沪宁克复的那一边》，《鲁迅全集》（第 8 卷），北京：人民文学出版社，2005 年，第 198 页。
② 饶来杰：《回忆中共党组织在黄埔军校的活动情况》，中国人民政治协商会议广东省文史资料研究委员会，广东革命历史博物馆编：《广东文史资料（第三十七辑）》，广州：广东人民出版社，1982 年，第 17 页。
③ 鲁迅：《〈竖琴〉前记》，《鲁迅全集》（第 4 卷），北京：人民文学出版社，2005 年，第 445 页。

有关黄埔军校政治部主官之更替

曾景忠

　　摘要： 黄埔军校首任政治部主任为戴季陶，张申府副之。但二人任职不久均离职。

　　继任政治部主任邵元冲，因兼职多，常于下午晚间到军校，连着次日讲课办公。他因随孙中山北上而离校。他创立了学员政治讨论会制度。副主任为刘庐隐。

　　周恩来 1924 年秋到军校后，历任政治教官，政治部副主任、主任。1925 年初，随军东征，4 月任政治部主任兼军法处长。1925 年 7 月，因担任国民革命军第一师党代表离校。

　　1925 年黄埔军校参加东征时卜道明曾代理军校政治部主任说，疑似非真。5 月至 8 月，包惠僧曾在校内代理过政治部主任。

　　1925 年 7 月，汪精卫担任军校政治部主任，邵力子副之。8 月 20 日军校党代表廖仲恺遇刺身亡，9 月，汪继任军校党代表，邵接替政治部主任职。

　　1926 年 6 月，北伐战争开始，邵力子任国民革命军总司令部秘书长，熊雄继任军校政治部副主任、主任。

　　关键词： 黄埔军校　政治部主任　戴季陶　邵元冲　周恩来　包惠僧
　　　　　　邵力子　熊雄

1924 年，在苏俄和共产国际的帮助下，孙中山创建了国民党陆军军官学校。黄埔军校学习苏联红军的经验，重视军队的政治工作，在军校内任命党代表，设政治部。

从 1924 年黄埔军校建校到北伐战争开始，短短两年时间内，军校政治部主官更迭较多。究竟有哪些人物担任过这个职务，说法不一。现在流传的说法有：历任黄埔军校政治部主任副主任，有戴季陶、张申府、邵元冲、卜道明、周恩来、汪精卫、包惠僧、邵力子、鲁易、熊雄。其中有的是副主任，如张申府、卜道明、包惠僧、鲁易。[①]至于对有的人物任职之评价亦有不同。本文拟就此作研讨。

戴季陶

黄埔军校筹建，有关军校政治部主任的人选，最初被提名的是廖仲恺。但廖仲恺力荐戴季陶。据 1923 年 12 月 28 日廖仲恺致蒋介石函称："军校教务长当俟兄就职后定人。至于政治部长（后称主任），虽由中央执行委员会以鲍（罗廷）君当场介绍决定委弟，然季陶兄任较弟任此为佳。到粤后当将此意报告中央执行委员会，改任季陶。"[②]

戴季陶，系日本东京大学法科毕业，继而赴美留学。他参与反清革命活动，加入同盟会。民国初年，曾任孙中山秘书，办过多种报纸。1917 年后，他随孙中山南下广州参加护法运动。戴与蒋介石私人关系密切。蒋介石任黄埔军校校长，廖仲恺荐戴季陶兼任军校政治部主任，自属适宜。戴季陶研究国内国际政治，学识丰富，跟随孙中山，对国民党三民主义有研究，

---

① 先后担任黄埔军校政治部主任的，有的著作记载：有戴季陶、周恩来、汪精卫、邵力子、熊雄为主任，张崧年（申府）、邵元冲、鲁易为副主任。见王奇生《国共合作与国民革命》，江苏：人民出版社，2006 年，第 57 页。有的著作称：有戴季陶、邵元冲、周恩来、邵力子、鲁易、熊雄等。见中共中央文献研究室《周恩来年谱（1898-1949）》，修订本，北京：中央文献出版社，1998 年，第 70 页。有的网文则说：黄埔军校历任政治部主官共有七位，依次为戴季陶、邵元冲、周恩来、卜道明、包惠僧、邵力子、熊雄。
② 中国第二历史档案馆编：万仁元、方庆秋主编，《蒋介石年谱初编》，北京：档案出版社，1992 年，第 145 页。

是国民党的理论家。

戴季陶参与了军校筹建。1924 年 4 月 29 日，他到黄埔与军校筹备人员见面，讲《革命党员的责任》。[1]5 月 21 日，讲《如何完成群性》，讲社会生活、社团组织的群性由纪律而来。[2]

5 月 31 日，戴季陶与廖仲恺、邵元冲、甘乃光、刘庐隐商讨教材和课程讲授。军校成立之初，即制定了《政治训练班训练纲要》：一、帝国主义的解剖；二、中国民族革命问题；三、社会发展史；四、帝国主义侵华史；五、中国近代民族革命史；六、各国政党史要；七、各国革命史略；八、三民主义。[3]

6 月 13 日，广州中华民国陆海军大元帅孙中山任命"戴传贤为陆军军官学校政治部主任"。[4]（5 月 10 日，蒋介石呈请任命）

6 月 14 日，戴季陶与邵元冲作黄埔军校校歌歌词。

戴季陶任政治部主任，别出心裁，设立"政治问答箱"。上海《民国日报》刊登了"政治问答箱"办法："政治部除分组实习外，并设质问箱。凡学生关于主义及一切政治经济问题有疑问时，可投函于质问箱。每星期一日开箱，检查质问函件，由主任、教授分别以书面或口头答复疑问者。此种设备目的，在引起学生之研究与兴趣，使讲义不致偏于注入式，亦为有意义的设备也。"[5]这种启发学员学习思考的办法，据载曾在军校坚持实行，并将教官给学生的答案在黄埔校刊发表。[6]

---

[1] 陈宇编著：《黄埔军校年谱长编》，北京：华文出版社，2014 年，第 18 页。

[2] 《如何完成群性》，广东革命历史博物馆编：《黄埔军校史料》，广州：广东人民出版社，1982 年，第 218–219 页。

[3] 《中央陆军军官学校史稿》，广东革命历史博物馆编：《黄埔军校史料》，广州：广东人民出版社，1982 年，第 188 页。

[4] 孙中山：《任命李济深等职务令》，1924 年 6 月 13 日，《孙中山全集》第 10 卷，北京：中华书局，1986 年，第 280 页。

[5] 《政治问答箱办法》，上海《民国日报》，1924 年 6 月 8 日。

[6] 见《政治问答箱办法》一文注说，1927 年 1 月，政治部曾将恽代英、萧楚女、张秋人等共产党人在《黄埔日刊》发表的政治答案编成《政治问答集》出版，长达十余万言，传播革命思想，影响很大。广东革命历史博物馆编：《黄埔军校史料》，广州：广东人民出版社，1982 年，第 203 页。

可是，黄埔军校开办不久，戴季陶任政治部主任不到一个月便离校而去。对此原因有不同解说。

有一说法认为：校长蒋介石、党代表廖仲恺和政治部主任戴季陶被选为黄埔军校三个核心人物，因蒋、戴二人关系密切，"会改变军校的政治平衡"，所以当时的一个要求就是：不是校长离职，就是政治部主任离职。一说，因国民党中央内部有些人反对容共，戴季陶思想情绪消极，公开场合对联俄容共表示拥护，遭到"国民党内右派的怨恨和排挤"，张继"甚至对戴大打出手"。他欲在政治上取"中庸"态度，亦难实现。① 还有一种说法：因戴季陶曾经参与过中国共产党的创建活动，因而辞职。②

当年黄埔军校内部有记述说："第一任的政治部主任便是戴季陶先生。他接事不久，因为和张继、谢持为争持共产党员加入中国国民党的事起冲突，愤然离了黄埔军校，到上海去了。"③ 此为当年军校说法，当可信。戴或因此而神经受刺激，常发脑病。有的史料记载，戴的脑病常发：

1924 年"5 月 23 日……季陶神经似仍衰弱，故对于办事上存有厌倦之意。余等力疏解之"。④

6 月 19 日，晚七时半，中执委会讨论及共产党员之在本党内有党团之活动等举动，由监察委员邓泽如、张继、谢持等提出弹劾案。讨论良久，各方间有争辩，建议待下次讨论。十二时后始散。抵寓已一时顷。知季陶于今日下午猝行，赴港归沪，殊为诧骇。弃置一切职务及学校课程而不顾，其神经病之深，极为可虞。此事实难解决。为之怅惘不已。⑤

8 月 12 日，晨六时顷起。午前八时顷，偕季陶赴黄埔军校。……到军校后，介石以提扣商团私运军械事极忙，因伴叔同谈。……午间在长洲司

---

① 文霞：《戴季陶在黄埔军校任职前后的思想变化及其原因》，《广东教育学院学报》2010 年第 1 期，第 94-95 页。

② 陈宇编著：《黄埔军校年谱长编》，北京：华文出版社，2015 年，第 36 页。

③ 《初期政治部主任之更迭》，据《一年来政治部之概况》原文整理，《黄埔潮》，第二十四期，录自《黄埔军校史料》，第 178 页。

④ 邵元冲：《邵元冲日记》，上海：上海人民出版社，1990 年，第 10 页。

⑤ 邵元冲：《邵元冲日记》，上海：上海人民出版社，1990 年，第 20-21 页。

令部午餐。餐后季陶以脑疾炽剧欲归。多方解释，极形愁苦。[1]

戴季陶6月19日离开广州后，廖仲恺欲追回，但未成功。

有关张申府任政治部副主任的情况是：5月12日，蒋介石呈请任命张崧年（申府）为黄埔军校政治部副主任。6月21日，孙中山批准了这一呈请。[2]

张申府回忆：他1924年取道俄国回国，与正在苏联考察的蒋介石相遇（蒋访苏应为1923年）。1924年初春，他来到广州，参与黄埔军校的筹建。参与筹建军校的还有孙中山邀请的几名苏联军事顾问，他们中有的人会讲英语、德语。通晓英语、德语的张申府，做了校长蒋介石的翻译。蒋介石和廖仲恺对他充分信任，参加了黄埔军校招生考试。蒋于1924年5月12日呈请孙中山任命他为陆军军官学校教官。6月13日他被任命为政治部副主任。但6月下旬，他便辞去了政治部副主任职务。[3]

张申府讲过他离开军校的原因：一是他还在广东大学（中山大学前身）任教，担任图书馆馆长，他在黄埔军校的工作是兼职。从广州到黄埔来回乘船费时。一是他对蒋介石还有些看不惯。据张申府说："等到开学后不久，一因黄埔不在广州城内，由黄埔到广州坐小汽艇也要一两个小时。我在广东大学教课，本来已很忙。这样两边来回跑，实在来不及。再则，蒋介石表现出刚愎自用的作风，我便看不惯。当时学校有规定，凡有布告，都要由党代表与校长联合（签署）才能发表。可是，蒋介石往往不待廖仲恺来，便发布了。戴季陶已经不辞而去，我当然更不能干了。"

邵元冲

1924年6月，戴季陶离开黄埔军校后，廖仲恺、蒋介石决定，由邵元冲接替戴季陶任军校政治部主任。

---

[1] 邵元冲：《邵元冲日记》，上海：上海人民出版社，1990年，第41页。
[2] 中国第二历史档案馆编：《蒋介石年谱初编》，北京：档案出版社，1992年，第184页；陈宇编著：《黄埔军校年谱长编》，北京：华文出版社，2015年，第36页。
[3] 陈予欢：《张申府与黄埔军校》，《黄埔》，2018年第5期。

　　邵元冲，浙江绍兴人，1906 年加入同盟会。民初主编《民国新闻》。讨袁失败后，赴日参加中华革命党。1917 年参加孙中山护法运动，任大元帅府秘书长。1919 年赴美留学。1924 年国民党"一大"后为中央执行委员、常务委员，兼政治委员会和法制委员会的委员、粤军总司令部秘书长。5 月 13 日，邵元冲和汪精卫、胡汉民同被孙中山特任为黄埔军校教官。由此可见邵受到器重。

　　《邵元冲日记》记载：戴季陶 6 月 19 日下午突然赴港归沪，对他担任的工作，包括黄埔军校政治部主任的职务，不管不顾。廖仲恺很着急，拟赶到香港追他回来，但"难邀其归"。22 日，蒋介石邀邵元冲至廖仲恺家，谈接替戴季陶黄埔军校职务事。廖、蒋决定："此后关于军官学校政治部主任事邀余担任。副主任邀（刘）芦隐担任。"① 可见：戴季陶之后，邵元冲任黄埔军校政治部主任，刘庐隐为副主任。

　　6 月 25 日下午，邵元冲到黄埔就任。其日记载：晚间"开会讨论校务，并预备明日课程。十一时寝"。"26 日，晨五时起。午前八时至政治部与各职员讨论兴革事宜。九时半至十一时半，讲法国德国革命。午后在政治部讨论进行事宜。"②

　　对邵元冲担任军校政治部的工作，评价好坏迥异。

　　有评论说：邵元冲"对于黄埔军校初期政治教育之推进，致力甚多"。邵元冲此时推进的政治教育显然是中国国民党"党义"，即孙中山的"三民主义"。邵元冲还为黄埔军校的创办和发展出了力。他订改黄埔军校讲义，讨论军官学校校歌。特别是担任政治部主任后，提出了一整套政治部工作办法，并亲自任课，主讲中外革命史等。③

　　但有一些网文持负面评价。如说：毕竟邵元冲过去是秀才，每天讲的都是孔孟，学生们最想听的是革命大道理，因此邵元冲一讲课，学生们就瞌睡，说邵元冲这个人会"催眠术"。邵元冲才干了 3 个月，学生们就把

---

① 邵元冲：《邵元冲日记》，上海：上海人民出版社，1990 年，第 20–21 页。
② 邵元冲：《邵元冲日记》，上海：上海人民出版社，1990 年，第 23–24 页。
③ 《邵元冲其人其事》，《绍兴县报》，2010 年 5 月 19 日。

他赶下台了。有的著述说："邵元冲所主持下的政治部，其实只是个空架子，只有两位担任记录工作的书记，成了实实在在的'聋子的耳朵——摆设'。对此，全校师生极为不满，一致强烈要求撤换邵元冲。情况反映到党代表廖仲恺那里，廖党代表接受了师生们的强烈要求，经蒋介石校长、苏联军事顾问加伦将军会商，决定请中共方面推荐一位适当人选接任政治部主任。1924 年 8 月底，周恩来从法国回国后，经中共广东区委认真考虑，决定派他去军校接任这一职务，这样周恩来就成为了黄埔军校第三位政治部主任。"这显然是以贬低邵元冲衬托周恩来到黄埔军校任职。

包惠僧还对邵元冲描述说："他（指邵）不懂政治工作的内容和做政治工作的方法。他住在广州，每隔一二天到政治部去一趟，看看例行的文件就走了。他把政治部主任当一个官做，也不联系接近干部。校党代表廖仲恺是直接领导政治部的，政治部是校党代表的办公厅，政治部主任是校党代表的参谋长。这是黄埔军官学校组织系统中有规定的。他也不管。他同廖仲恺也很少打交道。苏联顾问团对政治部是应该密切联系的，他对顾问团向不来往。他这样地搞了一两个月的光景，把政治部变成了一个死气沉沉毫无作用的机构。"[1]鲍氏的说法可能产生影响。有的著作说，邵"是个官僚"，"平时住在广州，每隔一两天到军校政治部去一次，办办例行公事。除了举办过两次政治讨论以外，没有做什么事。"[2]

邵元冲担任黄埔军校政治部主任时的工作表现究竟如何呢？《邵元冲日记》中记载其每天活动甚详。先看他在任职后几天的日记：

1924 年 7 月 2 日，晨六时顷起。午前准备讲义，兼代汝为（许崇智）作函数通。九时顷，彭巨川、詹质存来谈，半时顷去。（廖）仲恺来招，同至鲍罗廷处一行，即归。十时至汝为处，讨论公事。十时半至总司令部。十二时后至（刘）庐隐寓。午后访湘芹（古应芬）。二时后至党部一行，与（汪）精卫等商划整理会议程序。四时至总部办事。五时至军校筹备处登电船。六

---

① 包惠僧：《包惠僧回忆录》，北京：人民出版社，1983 年，第 151–152 页。
② 中共中央文献研究室编：《周恩来传（1898–1949）》，北京：中共中央文献出版社，1989 年，第 86 页。

时后至黄埔军校。晚讨论政治部问题及明日选举事，又准备教科。十一时顷寝。

　　7月3日，晨五时顷起。午前十时至十一时半讲各国革命史略。午后一时顷乘电船归省（广州市区）。先至党部办事。四时顷至总司令部办事。五时后归。阅《南社社集》，见白华作数首。晚七时顷至党所。八时后开会。展堂（胡汉民）主席，谭平山报告。中间因讨论共产党问题，颇多争执。卒议召集全部中央执行委员会决定。又议发宣言，声明中央执行委员会对党员行动，惟有本党总理以宣言及政纲为标准，以纪律为纠绳云云。十二时后归寓。一时顷寝。

　　7月4日，晨六时顷起。午前整理晚间讲演稿，兼为汝为作函。九时半至汝为寓一行。十时顷至总司令部办事。十一时顷至党部办事。午后至禁烟督办署，访米凤蔚，稍谈，为朱宗良之兄兼在此任上海《民国日报》通信（讯）事。一时半返总部办事。三时顷至汝为寓一行。三时半归。晚七时顷至党所。八时至九时，讲近代革命运动之方法及策略，先解释革命之意义，次解释革命之分类。因粤人对国语尚少了解，故以甘乃光任译事。九时半归寓。订改黄埔军校讲义。十一时后寝。a

　　邵元冲在广州，多个方面要他任职，粤军总司令许崇智要他任粤军司令部秘书长，胡汉民说，汪精卫、张静江、叶楚伧希望他到上海负责党务。邵元冲表示："只求有利于党，何方均可。望诸同志决定后，我当照办。"②

　　由上可知：邵元冲时为国民党中央执行委员会常务委员、政治委员会委员、法制委员会委员，担任粤军总司令部秘书长。他要参加中央执行委员会常会，要参加法制委员会，起草《大本营组织条例》、考试制度。他还校阅孙中山三民主义演讲讲义。黄埔军校任职只是他又一兼职。他每天到粤军司令部和国民党中央执行部上班，处理事务，只有隔天下午晚上从广州市内乘船赶到黄埔办公。他夜宿军校，次日上午在军校讲课或处理政治部事务。从邵氏日记可以看到，他每天起早贪黑，忙碌不止，哪里有官僚气呢！他是书生出身，耍笔杆子，办实事。可以说他有文人学者气，但

---

①　邵元冲：《邵元冲日记》，上海：上海人民出版社，1990年，第25-26页。

②　邵元冲：《邵元冲日记》，上海：上海人民出版社，1990年，第7页。

绝不像耍官僚气的。

说他与廖仲恺联系少，不见苏联顾问团，均不合事实。他与廖仲恺、蒋介石，几乎过一两天就会在一起开会，讨论工作。其日记中记载屡见不鲜。至于与苏联顾问他也有联系。请看其日记记载：

1924年7月2日日记：仲恺来招，同至鲍罗廷处一行，即归。

20日，九时后，集学生，告以追悼哥维罗夫之意，并诫以宜刻意自治。

30日晚，又与波洛克等讨论政治部应办事宜。

10月11日，晨八时起，午前偕白华、叔同乘江贞兵舰赴黄埔军官学校。参与欢迎俄舰典礼。与（蒋）介石稍谈，兼晤俄军官若干人。余讲演中俄革命军人有团结之必要。

邵元冲为军校做了哪些工作呢？归结起来有以下几个方面：

第一，讲授各国革命史课，每周两次。讲课前要备课。

早在1924年5月，邵元冲即在黄埔军校任教官授课。其日记记载：

1924年5月13日，邵元冲至广州。15日即到军校，给学生讲课《革命军人之大任》，论述中国革命之意义，革命军人之责任。[1]

5月31日，偕季陶、仲恺等至黄埔军官学校，讨论教科（课）问题。余所任之各国革命史共计授课八小时，每星期一次。星期四午前十时至十一时为授课时间。自下星期授。予拟分为：一、绪论；二、美国之独立；三、法国之大革命；四、日本之维新；五、德国之革命；六、俄国之革命（革命运动）；七、俄国之革命（建设事业及新经济政策）；八、现在各国革命运动之趋势。午后二时顷，离军校。[2]

6月1日，九时，至中央执行委员会，与季陶讨论讲授课程事。

6月5日，讲各国革命史略。

12日，九时，偕展堂、精卫同乘电艇至黄埔军官学校，十时半讲各国革命史略第二讲：美利坚之独立。十一时半下课。

19日，蒋、胡先行。等一小时，至十一时始抵黄埔，上课时已不及而止。

---

① 邵元冲：《邵元冲日记》，上海：上海人民出版社，1990年，第5页。
② 邵元冲：《邵元冲日记》，上海：上海人民出版社，1990年，第14页。

第二，研究黄埔军校国民党特别党部组织和职员选举工作。（见 6 月 28 日、29 日，7 月 2 日的邵元冲日记）

第三，政治部工作进行事宜和兴革。多次与校长蒋介石一起讨论政治部工作。（见 6 月 26 日、28 日，7 月 2 日、6 日的邵元冲日记）

7 月 13 日，晨五时顷起，午前复学生数函。19 日，五时后至黄埔军校。晚在政治部讨论内部问题。

20 日十一时至十一时一刻，为政治科讨论班。

30 日，（下午）六时后散会，乘电船赴黄埔。晚与介石少谈。即至政治部，询日来经过事实。又与波洛克等讨论政治部应办事宜。十一时顷寝。

10 月 23 日，午前乘电船至黄埔军校，在政治部稍处分部务。十二时后归。

第四，研究组织学员政治讨论。

为了引导学员关注思考政治和社会问题，邵元冲创立了学员政治讨论会的办法。制定了规则："政治讨论会，以促进各同志了解本党主义，提高研究政治问题的兴趣和观察力为目的。"政治讨论会由政治部主持，以各区队为讨论班。每区队组织选定三人为主席团，轮流主持讨论会，推定二人记录。讨论会主席得任意指定会员发言，并许自由发言。政治部分派指导员指导巡视。讨论终结后以政治部规定之答案作为结论。讨论情况填入报告表，上交政治部。①

7 月 5 日晚，召集政治部学科讨论组之各组组长，研究讨论办法及出题方法等。7 月 12 日晚，分配全校学生开始讨论各政治及社会问题。7 月 16 日晚，召集各股股长开会，讨论上次星期六晚讨论成绩及改良方法。阅诸生报告表，尚多佳者。尤以第一队第二股徐石麟"主义"之报告表成绩最佳，颇为欣慰。又有四川学生曾扩情，立言亦多条理，可喜。他披阅学员的报告表，了解学员水平。

23 日，（午后）五时顷至黄埔军校，先偕介石在长洲司令部晚餐。餐后至校，晚召集各级组长会议，讨论至十时顷归室。阅学生报告，至十一时半寝。

---

① 《政治讨论会规则》，《中央军事政治学校规则全部》中册，广东革命历史博物馆编：《黄埔军校史料》，广州：广东人民出版社，1982 年，第 210 页。

24 日，午前披阅学生讨论报告表。十时至十一时讲"各国革命史"毕。午后一时顷离校。

10 月 21 日，午前偕介石、精卫乘电船至黄埔，赴政治部，稍区分应办各事，并听精卫讲"三民主义"。

第五，参与研究军校校务，为军校物色干部。

7 月 1 日日记：晤从伦敦回国之张静愚，觉其材质可用，邀其在此襄办党务。不久，即被聘为黄埔军校政治部英文秘书。7 月 26 日，五时后，偕张静愚至黄埔军校晤介石，并约其在政治部办事。

7 月 9 日晚，讨论校务整理及政治部讨论班办法。

7 月 15 日，午后二时顷至高审厅访协之，嘱代觅军官学校书记及请姚君（粟若，画家）等绘画事。

10 月 17 日，午前九时顷至仲恺寓，一行遂由南堤乘电艇至黄埔军校……午后开校务会议。

从邵氏日记看，除 7 月下旬至 10 月上旬，他离粤到上海，办结婚大事处理别的事务外，他在广州期间，对军校政治部工作还尽心尽职的。

11 月上旬，邵元冲随孙中山北上。离开广州前，邵与国民党中央党部和黄埔军校同人相别、交谈。11 月 7 日晨，赴军官学校办事处及总部、中央执行委员会一行。11 时顷，胡谦（军校教育长）来谈，半时许去。8 日午后，至总司令部及大本营一行。归途至胡谦寓一谈。傍晚，（蒋）介石、（廖）仲恺来，约华（邵妻张默君）至黄埔。9 日，赴高师听孙中山讲演，5 时顷归。6 时，应介石之约，偕华乘电船至黄埔，寓于长洲要塞司令部。晚与介石谈，兼赏月。11 时后寝。11 月 10 日，午前偕华至长洲要塞观览兼野眺。……晚与华及介石观月。11 时后寝。

邵元冲 6 月就任政治部主任。因为 1924 年 10 月，冯玉祥发动反直系的北京政变，随后冯玉祥、段祺瑞邀请孙中山北上。11 月 10 日，孙中山发表北上宣言，11 月 13 日乘永丰舰北上。邵元冲随孙中山北上，任行营机要主任秘书。

邵元冲是孙中山点名要他跟随北上，他才离开军校的。他与军校同人相处甚好，岂有被赶出校门之事呢！

可能有人臆想，邵元冲考过秀才，只会讲孔孟。实际上邵元冲留学美国，游学欧洲，通晓欧美近代政治历史和大战前后社会状况。请看其日记中其他讲演：

1924 年 8 月 5 日：晨四时起，准备演稿。……二时后至九曜坊省教育会，应实业部讲演之招，到者约二百人，由精卫主席。余之讲题为"大战前后欧美之实业状况"。由精卫译成粤语。

他在黄埔军校系统讲述欧美各国近代革命史。如：

10 月 17 日，午后二时至三时许讲演"革命运动与反革命运动"。

10 月 22 日，午前至广东大学晤邹海滨（邹鲁，广东大学校长），征集党史材料。……商广东大学讲授"政治概论"事。其子目为：帝国主义侵华史，各国革命史，中国革命史，三民主义四种。由余与精卫分任之。

显然，邵元冲不是只懂孔孟。他通晓并研究国际国内历史、政治和社会状况，以及各国革命史和孙中山的三民主义。

周恩来

邵元冲之后，军校政治部主官是周恩来。

据张申府说：廖仲恺、戴季陶对他很热情，希望他推荐在国外学习的优秀学生到黄埔军校来。张申府推荐了 15 人，全是中共党员，有周恩来、周佛海等人。张写信给周恩来，邀请他速来黄埔军校。周恩来路费困难，张向廖仲恺反映，廖立即答应寄路费。[1]

虽然张申府说，是他把周恩来介绍给黄埔军校的。[2]但关键还是周恩来具备进入国民党军官学校任职的条件。

周恩来于 1920 年冬到达欧洲，准备留学。他观察欧洲社会，体察民众

---

① 张申府：《所忆——张申府忆旧文选》，北京：中国文史出版社，1993 年，第 31 页、34 页、36–38 页。

② 舒衡哲：《张申府访谈录》，北京：北京图书馆出版社，2001 年，第 132 页。

生活，撰写了许多通讯稿件回国内发表。1921 年春，他在法国加入中国共产党。此后，他积极从事中共旅欧支部和共产主义青年团的组织宣传活动。1923 年，中共"三大"决定与国民党合作。周恩来在法国与旅欧中国共产主义青年团员八十多人以个人身份加入了国民党。11 月，周恩来任国民党驻欧支部执行部总务局主任，代执行部部长。他对中国反帝反军阀的国民革命有清晰的认识。他著文说：国民革命后还要进行无产阶级的阶级革命，但现阶段进行三民主义革命。1924 年 1 月国民党"一大"后，国民革命运动迅速发展，需要干部。旅欧中国共产主义青年团选送干部回国，周恩来于 7 月下旬启程。①

旅欧中国共产主义青年团执行委员会给团中央报告，对周恩来的评语是：为人"诚恳温和，活动能力富足，说话动听，作文敏捷，对主义有深刻的研究，故能完全无产阶级化。英文较好，法文、德文亦可以看书看报。本区成立的发起人，他是其中一个。曾任本区三届执行委员，热心耐苦，成绩卓著"。②这一评语，概述了周恩来的政治水平和能力性格。周恩来是张申府在欧洲发展的共产党员，后又成为精明能干的国民党员。显然，这为周恩来回国后担任黄埔军校政治部主官准备了充分的条件。

据载：周恩来 9 月到达广州。其时，正逢广州发生商团叛乱。孙中山在苏联顾问鲍罗廷、中共广东区委支持下，迅速平定商团之乱。10 月，中共中央建立广东区委（亦称两广区委），周恩来任中共广东区委书记兼宣传部长（任职 3 个月）。是年秋，周恩来进入黄埔军校，任政治教官，讲授政治经济学。③

通行说法：周恩来到黄埔军校就当了政治部主任。据载，他先当的是政治部副主任。《黄埔军校史料》收有钱大钧《黄埔军校开创时期之组织

---

① 中共中央文献研究室编：《周恩来传（1898–1949）》，北京：中共中央文献出版社，1989 年，第 79 页。
② 中共中央文献研究室编：《周恩来年谱（1898–1949）》，北京：中央文献出版社，2020 年，第 67 页。
③ 中共中央文献研究室编：《周恩来年谱（1898–1949）》，北京：中央文献出版社，2020 年，第 69–70 页。

第一表》，表中列出政治部主任戴传贤，副主任周恩来。① 至 1925 年 4 月第一次东征时，周恩来已任政治部主任。《黄埔军校校军之组织（第一次东征时期）》表列出：政治部主任周恩来。② 据《陆军军官学校编制之改订》表载："本年四月，又添设军法处及军械处，以周恩来为政治部主任兼军法处处长。"③

据《一年来政治部之概况》文说："总理北上，邵先生随着去了。……十三年十一月，周恩来先生继任本部主任。"④ 钱大钧《黄埔军校开创时期之组织第一表》中，政治部列有戴季陶任主任，周恩来任副主任。如果理解为，戴、周他们二人同时任职，那么戴季陶离军校后，应由周恩来副主任代理或接任政治部主任，而非邵元冲继任政治部主任。故如以为周任戴季陶副手的话，那明显是错误的：戴季陶在军校时，周恩来还没有回到国内。

《周恩来年谱》和《周恩来传》都说，1924 年 11 月，周恩来任军校政治部主任。实际上，周恩来 1924 年秋入黄埔军校，任政治教官。1924年秋周恩来到军校时，是当政治教官，若是 11 月邵元冲离校后，他接任政治部副主任，倒是与钱大钧表中所列相合。但包惠僧回忆说："一九二四年秋冬之交，周恩来就任黄埔军校政治部主任。"⑤ 包这一说法缺乏佐证。或者，周恩来以政治部副主任代理主任，亦不无可能。

1925 年初东征，按上引黄埔军校组织表，周恩来任东征军中黄埔军校政治部主任，亦即黄埔军校政治部主任，至 4 月，又兼军法处处长。

与以前两位政治部主任（戴季陶、邵元冲）均系兼职不同，周恩来是军校的专职政治部主任，故他能全副精力集中于军校政治部工作。

---

① 钱大钧：《黄埔军校开创时期之组织》第一表《黄埔军校校本部之组织（开创时期）》，广东革命历史博物馆编：《黄埔军校史料》，第 97 页。
② 钱大钧：《黄埔军校开创时期之组织》第四表《黄埔军校校军之组织（第一次东征时期）》，广东革命历史博物馆编：《黄埔军校史料》，广州：广东人民出版社，1982 年，第 100 页。
③ 《陆军军官学校编制之改订》，广东革命历史博物馆编：《黄埔军校史料》，广州：广东人民出版社，1982 年，第 96 页。
④ 《初期政治部主任之更迭》，《一年来政治部之概况》原文整理，广东革命历史博物馆编：《黄埔军校史料》，广州：广东人民出版社，1982 年，第 178 页。
⑤ 包惠僧：《包惠僧回忆录》，北京：人民出版社，1983 年，第 155 页。

据载：周恩来任政治部主官后，"他提议政治部要做三项工作：其一是向新成立的校军教导第一团选派党代表。其二是建立'青年军人联合会'，出版油印壁报《士兵之友》。其三是建立政治部正常工作秩序和政治部工作制度。最后还进行了分工，制订了工作细则。"① 另据载：周恩来到职后，除健全政治部工作制度，建立正常的工作秩序，政治部增加了部员，分为指导、编纂、秘书三股，选调共产党员杨其纲、王逸常等到各股任职。政治部负责制订士兵政治训练计划，举行学员政治讨论，对学生进行政治教育，出版刊物，办墙报，教唱歌曲。②

周恩来为活跃士兵文化生活，办墙报、组织教唱歌曲之外，还在学员中成立剧社，宣传演出。据述：1925 年 1 月 18 日，军校政治部在周恩来领导下，组织成立业余文艺团体"血花剧社"。"血花"取自廖仲恺的"烈士之血，主义之花"两句题词。其意义在于动员广大革命者为实现孙中山的"三民主义"，不惜流血牺牲，用鲜血浇灌主义之花。血花剧社隶属于军校政治部，社长以军校校长蒋介石挂名。蒋介石时常亲临观看演出，屡次邀请剧社成员到他家中会餐。而剧社的实际领导是周恩来。由此可见周组织工作之细致和用心。③

周恩来还是黄埔军校里的中共负责人，秘密开展共产党的活动。据王逸常回忆："黄埔军校各期中的黄埔支部组织机构，我只略知一二期的情况。负责人是周恩来同志。办公地点就在政治部，属于广东区区委的军委（代号'明星'）领导。军委主要负责人也是周恩来同志。"④ 周恩来代表中共广东区委领导在黄埔军校中的党组织，发动党团员和进步青年开展工作。1925 年 2 月 1 日，周恩来指导军校内革命军人成立青年军人联合会……以

① 王逸常：《周恩来同志在黄埔军校》，《长江日报》，1980 年 1 月 6 日，广东革命历史博物馆编：《黄埔军校史料》，广州：广东人民出版社，1982 年，第 181 页。
② 中共中央文献研究室编：《周恩来年谱（1898–1949）》，北京：中央文献出版社，2020 年，第 70 页。
③ 张在军：《斯民卅载沐恩来——聂绀弩与周恩来的情谊》，《同舟共济》，2021 年第 8 期，第 28–29 页。
④ 王逸常：《中共黄埔特别支部的领导和主要成员》，广东革命历史博物馆编：《黄埔军校史料》，广州：广东人民出版社，1982 年，第 116 页。

军校内共产党员和青年团员为骨干，联合粤军讲武堂、滇军干部学校、桂军军官学校的青年军人组成。周恩来把它作为政治部联系青年军人的桥梁。军校内后来出现了孙文主义学会。这两部分学员发生对立和斗争。至 1926 年，蒋介石校长将两个团体予以解散，成立黄埔同学会。

因盘踞东江流域之陈炯明部准备进犯广州，1925 年初，广州政府东征讨伐。黄埔军校参加东征。周恩来负责黄埔军校的政治工作。1 月 31 日，他在黄埔军校东征誓师大会上进行政治动员。他以政治部主任身份参与东征的政治宣传和民众工作。2 月底，国民党中央授命他为东江各地党务组织主任，有权委派军队各级党代表。3 月中旬，他委派共产党员鲁易、杨石魂等为潮汕、梅县等处国民党部特派员。30 日，他在兴宁黄埔军校追悼孙中山逝世大会上宣读祭文。[①]

周恩来军校政治部主任一职结束，是在 1925 年 7 月党军与军校分离之时。周恩来任国民革命军第一军第一师党代表，9 月复任第二次东征军总政治部主任，全权负责前方的政治工作。至此他离开黄埔军校。但其后，他仍以中共广东区委军事部长身份，通过在军校任职的共产党员鲁易、熊雄、恽代英、萧楚女、高语罕等继续领导黄埔军校内中共党的活动。[②]

卜士奇、包惠僧

先说卜士奇。据说：卜士奇于 1925 年春任黄埔军校政治部代理主任。这源于包惠僧的回忆。

包惠僧回忆说："1924 年冬……陈炯明陈师石龙，随时有进犯广州的可能。广东革命政府不得不发动第一次东征（1925 年），周恩来随军出发。黄埔军校的政治部由李汉藩、杨其纲、李默庵、黄鳌、袁策夷、陈启科等（都是共产党员）负实际责任。由卜士奇挂名代理政治部主任。卜士奇是鲍罗

---

① 中共中央文献研究室编：《周恩来年谱（1898–1949）》，北京：中央文献出版社，2020 年，第 74–78 页。

② 中共中央文献研究室编：《周恩来年谱（1898–1949）》，北京：中央文献出版社，2020 年，第 82–83 页。

廷的翻译,他很忙,很少到政治部。"一说:卜士奇挂名代理政治部主任,是被拉来临时顶替这个职位,但是他对黄埔军校的政治工作并不热心。在任命下来的一个多月内都没有到职,无奈之下只能另寻他人了。此说亦无佐证。

卜士奇(1902-1964年),为湖南益阳人。原名卜道明,别名士琦、士奇、世畸。曾就学于北京外国语学校俄文班。1919年在复旦大学旁听。他参加过陈独秀等主办的工读互助团和外国语学校学习,后赴莫斯科东方大学、苏联科学院世界经济研究院毕业。1922年起任上海大学俄文讲师。曾任中国社会主义青年团中央干事,《中国青年》编辑。1924年夏赴广州,任黄埔军校校长蒋介石的俄文翻译。后来任国民党中央组织部国际问题编审、中央军校俄文教官、军事委员会航空委员会秘书等职。

再说包惠僧。包惠僧1920年加入中国共产党。在他接任军校政治部主任前,曾兼任中国共产党领导的铁甲车队的政治教官。

包惠僧《自传》中说:"一九二四年国共建立联合战线,我奉中共之命,加入国民党。一九二四年夏,我奉调到广州,参加国民党工作。历任中央党部党员训练班委员,兼任广东大学师范部教员、铁甲车总队政治教官、滇军干部学校政治部主任、黄埔军官学校政治部主任。"①

周恩来1925年初参加第一次东征,尚未脱军校政治部主任的身份。包惠僧说:校内孙文主义学会与青年军人联合会之间闹矛盾,廖仲恺认为,必须有一个得力的政治部主任常驻黄埔,解决二者的矛盾。他与时任中共广东区书记的陈延年商量,想请陈代理黄埔军校政治部主任。陈延年推荐包去。②据《一年来政治部之概况》说:"当东征时,第三期入伍生入校。后方政治部主任包惠僧先生代理主任。"③这就是说:周恩来参加第一次东征时,校内政治部需有人负责。包惠僧曾担任校内政治部主任(代理政治部主任)。

包惠僧说,为了让青年军人联合会和孙文主义学会之间的对立情绪安

① 包惠僧:《包惠僧回忆录》,北京:人民出版社,1983年,第438页。
② 包惠僧:《包惠僧回忆录》,北京:人民出版社,1983年,第156页。
③ 《初期政治部主任之更迭》,据《一年来政治部之概况》原文整理,《黄埔潮》,第二十四期,录自《黄埔军校史料》,第179页。

定下来，他把政治课程安排得很紧，每天两次至四次，每次两小时，这样把学生每日的时间安排得很紧，使他们除了吃饭、睡觉和军事课程以外，其余时间都在学政治课。因此，军校内这段时间学员思想没有什么波动。①

包惠僧还说：1925 年 5 月平定滇桂军刘震寰、杨希闵之战，"当时黄埔军校的学生和官兵差不多都调出去作战或服战勤去了。校内只留下代理教育长胡谦及政治部主任包惠僧及少数的秘书、副官、参谋，及一个入伍生连，不到一百人，负校本部及长洲警卫之责，并办理调配船只、输送给养等任务。"平定刘、杨之役结束后，包惠僧见过周恩来和蒋介石，汇报工作情况。蒋介石问了学校的一些情况，并说："周主任（恩来）很忙，一时不能回学校，你快一点回学校去，继续主持政治部的工作。"②

1925 年 8 月初，包惠僧调任黄埔军校党军第三团党代表，参加过解散粤军许崇智、梁鸿楷等部二次东征战役。抵达潮梅后，复调任黄埔军校入伍生政治部主任。杨其纲《本校之概况》文中说："本校改组时，恰好第四期学生开学。同时成立入伍生部，并设立入伍生政治部，以专其成。"③不过，包惠僧未及到差，又改任黄埔军校教导师党代表兼政治部主任。

汪精卫、邵力子

1925 年初夏以后，国民党中央党部命令，调包惠僧任党军第三团党代表。包惠僧说："邵力子接我的下手，任政治部主任，鲁易任副主任。"④还有记载说："周恩来调任国民革命军第一军政治部主任时，邵力子继任黄埔军校政治部主任。"⑤这些说法都不准确。

---

① 包惠僧：《包惠僧回忆录》，北京：人民出版社，1983 年，第 17–158 页。
② 包惠僧：《包惠僧回忆录》，北京：人民出版社，1983 年，第 178 页。
③ 杨其纲：《本校之概况》，《黄埔日刊》，1927 年 3 月 1 日，广东革命历史博物馆：《黄埔军校史料》，广州：广东人民出版社，1982 年，第 90 页。
④ 包惠僧：《包惠僧回忆录》，北京：人民出版社，1983 年，第 182 页。
⑤ 王逸常：《中共黄埔特别支部的领导和主要成员》，广东革命历史博物馆：《黄埔军校史料》，广州：广东人民出版社，1982 年，第 117 页。

　　事实情况是：1925 年 7 月，国民党军与军校分离，周恩来任第一师党代表，汪精卫兼任军校政治部主任。8 月 20 日，黄埔军校党代表廖仲恺被刺后，汪精卫任军校党代表。具体过程，与孙中山逝世后汪精卫在国民党中央和广州国民政府中的地位跃升相关。

　　汪精卫，自同盟会成立起一直追随孙中山革命。国民党改组，汪为国民党中央重要人物。孙中山逝世后，汪进入国民党中央核心。1925 年 7 月 1 日广州国民政府成立，汪被举为国民政府委员会主席，继兼任国民政府军事委员会主席。汪从而成为国民党中央党政军的总负责人。汪精卫原本即为黄埔军校政治教官，7 月 22 日，任军校政治部主任。8 月 20 日，军校党代表廖仲恺被刺。国民党中央政治委员会举汪氏为党所领导之各军和各军校总党代表。9 月 14 日，国民党中央任命汪为中央军事政治学校党代表。

　　《一年来政治部之概况》文中说："（一九二五年）七月，（军校内）教导团改为党军，与学校分离。自此以后，学校与是队（团）政治工作也各自分了。本校政治部由中央执行委员会汪精卫先生和邵力子先生为正副主任。九月，汪先生被任命为本校党代表，不能兼顾本部事，遂由中央执行委员会任命邵力子先生和鲁易先生为本部正副主任。邵（力子）先生因事赴上海，部务全由鲁易副主任担任。从这时起，本部重行改组，仿照国民政府军事委员会政治训练部之组织而加以扩大，正副主任之下设秘书，秘书之下设宣传、组织两科，而以书记三人办理部内庶务。"①

　　邵力子，浙江会稽人，1908 年在日本加入同盟会。1916 年加入国民党，在上海创办《民国日报》，编《觉悟》副刊。1920 年，他参加中共创建活动，为早期党员（1926 年 11 月退出）。1924 年任国民党上海执行部秘书。1925 年夏赴广州，任黄埔军校秘书长。

　　邵力子 1925 年 9 月任军校政治部主任。1926 年任国民党中央监察委员。北伐战争开始，邵力子任国民革命军总司令部秘书长，不再任军校政治部主任。

---

① 《一年来政治部之概况》原文整理，《黄埔潮》，第二十四期，广东革命历史博物馆：《黄埔军校史料》，广州：广东人民出版社，1982 年，第 179 页。

鲁易，1918 年，曾赴日留学。1919 年赴法勤工俭学，1921 年回国后在海南任过师范学校教员。1922 年加入中国共产党。1924 年，赴广州，在中共两广区委工作。11 月入黄埔军校，任政治部秘书。1925 年 8 月代理部务，10 月任政治部副主任。

聂荣臻回忆可为佐证：他们在苏联东方大学和红军学校学习的同志，1925 年 7 月至 8 月由苏联回国，9 月中旬，被分配到黄埔军校。当时，周恩来任国民革命军第一军政治部主任兼第一师党代表。军校继任政治部主任是邵力子，副主任是鲁易。[①]

1926 年 1 月，鲁易任国民革命军第一军第三师党代表兼政治部主任。中山舰事件后离开第一军，任军校高级政治训练班秘书。

熊雄

熊雄，清末为江西新军学生军。民初，随李烈钧赴日本，参加中华革命党。1916 年回国参加护国军，任过湘军上校参谋。1921 年赴法国留学，1922 年在德国加入共产党。后赴苏联莫斯科东方大学学习，1925 年被派到红军中学习军队政治工作。

1925 年 9 月，熊雄回国。同行的聂荣臻回忆说：他们被中共中央派赴广东，在黄埔军校任职。熊雄随即参加东征军去了。至 1926 年初回到黄埔，任军校政治部副主任，接替鲁易的工作。[②]

同年 10 月，国民革命军第二次东征，熊雄任东征军总政治部秘书长。1926 年 1 月 6 日，任黄埔军校政治部副主任，同时还担任中共广东区委军委工作。当时，国民党中央陆军军官学校改名为国民革命军中央军事政治学校，熊雄为军校改组筹备委员之一。3 月，熊雄兼军校潮州分校政治部

---

① 聂荣臻：《聂荣臻回忆录》，北京：解放军出版社，上册，1983 年，第 44—45 页。
② 聂荣臻：《聂荣臻回忆录》，北京：解放军出版社，上册，1983 年，第 44—45 页。

主任。①4 月，军校筹备直属国民党中央党部之特别党部，熊雄与方鼎英、张治中等 5 人为筹备员。5 月，军校国民党特别党部成立，熊雄当选为监察委员。

熊雄在《一九二六年政治部组织之发展》一文中说："我自东征归来，一月六日奉命为本校政治部主任（应为副）。其组织，在主任、秘书之下设宣传、组织两科，全部职员不过二十余人。""三月一日，第四期新生即已入校开学。本校改组后，本部组织亦随本校改组，略有变更：主任、副主任及秘书之下分设总务、宣传、党务三科。全部职员按编制已达七十余人，聘定专任政治教官十余人，临时政治教官亦有十余人。"②

熊雄担任黄埔军校政治部副主任后，军校定期举行政治讨论会、政治讲演竞赛。他在《告第五期同学》讲演中提出：一、在思想上须贯通理论与实际；二、在行动上须遵守革命纪律；三、一个革命者必须有确定的革命人生观。③

1926 年 7 月，国民革命军开始北伐。1927 年 1 月，中央军事政治学校迁往武汉。熊雄继续留广州，任政治部主任。④

结语

国民党陆军军官学校教职员一览表中列出最初军校官长名录，政治部主任戴传贤，副主任张崧年。但《中国国民党陆军军官学校第一期同学录》中"第一期教职名录"中，政治部主任列出戴季陶、邵元冲、周恩来三人。

---

① 熊雄在《一年来之政治工作》一文中说："党与政府决议统一军事教育机关公布后，本校改组工作即从（一九二六年）二月一日开始，旋由党与政府任命蒋中正、邓演达、严重、邵力子、熊雄、陈公博、冯宝森等七人为本校改组筹备委员。"《黄埔日刊》，1927 年 1 月 1 日，广东革命历史博物馆：《黄埔军校史料》，广州：广东人民出版社，1982 年，第 73 页。

② 据《一年来政治部概况》原文整理，《黄埔潮》，第二十四期，广东革命历史博物馆：《黄埔军校史料》，广州：广东人民出版社，1982 年，第 179–180 页。

③ 熊雄：《告第五期同学》，《黄埔日刊》，1926 年 11 月 17 日，广东革命历史博物馆：《黄埔军校史料》，广州：广东人民出版社，1982 年，第 233–234 页。

④ 中共党史人物研究室编：《中共党史人物传》第 9 卷，西安：陕西出版社，1983 年，第 132 页。

"第二期教职名录"中称周恩来为"前政治部主任",党军第一师党代表;汪兆铭为政治部主任,邵仲辉(力子)为副主任。[①]"第三期教职名录"中,政治部主任、副主任分别为邵力子、鲁易。"第四期教职名录"中,政治部主任邵力子,副主任熊雄。[②]第四届(1926 年 5 月 22 日)(国民党)特别党部监察委员中有熊雄。1927 年 3 月特别党部委员中亦有熊雄。[③]

根据上述,试编列黄埔军校政治部主任、副主任人名表:

主　任	戴季陶	邵元冲	包惠僧[④]	周恩来	汪精卫	邵力子	熊　雄
始　任	1924.5	1924.6.25	1925 春	1925.2	1925.7	1925.9	1927.1
离　任	1924.6.19	1924.11.10	1925.7	1925.7	1925.9	1926.6	
副主任	张申府	刘庐隐			邵力子	鲁　易	熊　雄
始　任	1924.5	1924.6.25			1925.7	1925.9	1926.1
离　任	1924.6	1924.11			1925.9	1926.1	1927.1

黄埔军校创建时,孙中山实行联俄容共方针。廖仲恺忠实贯彻执行。蒋介石尽管思想上有所保留,但也遵从孙中山的指示。蒋曾赴苏俄考察,留意到苏联红军军事政治双首长制,对于军校政治工作比较重视。

黄埔军校政治部的主官,均为当时政治精英,有学识,且都走出过国门,了解中外历史文化和革命原理。

在国共合作氛围中,军校内国共两党党员(中共党员加入国民党)合作较好。政治部工作人员多为中共党员。政治部主官除邵元冲、汪精卫外,多为中共党员(加入国民党),或与中国共产党有过关系:戴季陶参与过中共创建活动、邵力子为中共早期党员。他们的思想曾是激进的,赞成社会主义。中共党人初步具有马列主义共产主义思想,有一定理论水平,擅长政治宣传工作,务实能干。孙中山领导国民革命正需要这些新鲜成分。

军校奉行孙中山三民主义思想,政治部工作富有成效。国共两党干部

---

① 《中央陆军军官学校史稿》第三篇,《黄埔军校史料》,第 504 页、506 页、507 页。
② 《黄埔军校史料》,第 510 页、515 页。
③ "本校第一至第四届特别党部委名录",《黄埔军校史料》,第 521 页。
④ 1925 年 2 月军校部分学员参加东征后,包惠僧在校内代理黄埔军校(后方)政治部主任。

也在黄埔军校学习了本领，积累了经验。在军校工作的共产党人，以周恩来为首，对军队政治工作做了初步尝试和探索。黄埔军校的经验对国共两党军队的建设都有积极影响。

黄埔军校师生，秉承爱国、革命、进步的精神，精诚团结。黄埔同学，国共两党分裂后不幸发生内战，但在大革命北伐战争和抗日战争中曾经共同战斗。

1949 年后，国共两党分处海峡两岸，但当年锻造的黄埔精神，百年不老！

（曾景忠，中国历史研究院近代史研究所编审）

简述黄埔军校、保定军校之异同

李振武

摘要： 保定军校和黄埔军校是中国近代两所著名的军事院校，都为近代中国军事教育体制的形成发挥了重要作用。保定军校的课程设置、教学方式为黄埔军校所继承，保定军校的诸多学员成为黄埔军校的教员。与保定军校主要是移植德国、日本的办学模式不同，黄埔军校创建初期更多借鉴了苏俄军校的办学模式，政治教育与军事教育并重，建立党代表制度和政治工作制度，高度注重对学生的精神培养，使它摒弃了以往旧军事教育培训体制的诸多弊端，成为一所完全新型的军官学校，开创了中国军队现代化建设的新时期。保定军校在对学员的精神教育方面则远远不如黄埔军校。将两所军校简单比较，亦可窥视民初中国近代军事教育的一些样貌。

关键词： 保定军校 黄埔军校 中国近代军事教育 异同

一、两校在中国近代军事教育史上都占有重要地位

中国近代军事教育发端于清末洋务运动时期，这一时期，洋务派官僚先后创办了数所新式军事学堂，首次引进西方现代自然科学和军事技术知识，出现了与以往军事教育迥然不同的军事教育形式和军事教育内容，从

而培养出第一批具有现代特征的新式军事人才。在他们的推动下，军事改革逐渐脱离了仅仅是武器更新的器物层面的努力，开始深入到军事体制的制度层面，从而走上了军事现代化的道路。

洋务运动时期的军事教育改革仅停留在学习西方军事技术的器物层面，而没有推进到军事制度、军事思想现代化的层次，这也导致了甲午战争的全面溃败。甲午战争中，日本军队给中国上了痛苦而深刻的一课，清政府开始新政时期的全面军事改革，大量增设陆军军事学堂，军事教育开始了制度化、规范化的发展局面。

保定军校始建于清末，发起创办人为时任直隶总督的袁世凯，初名北洋速成武备学堂，后改为北洋陆军速成学堂、陆军军官学堂，进入民国后改为保定陆军军官学校。保定军校是仿照日本陆军士官学校的办学模式来进行军事人才的培养的，即军官养成教育。日本的陆军大学必须是士官学校毕业到军队服务表现优秀的尉级军官才有资格被遴选，而士官学校的学生，则来自各地的陆军中学。比起以往的军校，保定军校已形成一套较为完整、正规的规章制度。[①]保定军校是中国近代第一所中央陆军军官学校，是清末民初最正规、规模最大、影响最大的一所军事学校。保定陆军军官学校在办学过程中，为中国军事教育近代化提供了先进的教学理念、教学模式、管理机制，培养了一批先进的教育人才。保定军校主要是为北洋新军培养初级军官，同清末民初的北洋新军一样，该校身处新旧过渡时代，既保留有较浓的旧军事教育训练体制的色彩，又采用国外新式教学方法，开创了中国近代军事教育的先河，成为近代军事教育的摇篮，其中黄埔军校的一些教官甚至校长蒋介石本身都是保定军校出身。保定陆军军官学校是从1912年创办到1923年停办，虽然只存在了十余年，但培养毕业生6500余名，其中列入《现代名人辞典》的45人。他们担任国民党的军政要人，参与中央政府方针政策的制定，影响着国民政府的政治、经济发展。也有少数毕业生积极探索救国救民的道路，加入中国共产党。

① 张智强、陈勇编：《泪血枭雄——保定军校将帅征战史》，成都：四川人民出版社，1996年。

　　黄埔军校全称为"中华民国陆军军官学校"，是孙中山鉴于长期革命失败的教训，接受共产国际代表马林关于"创办军官学校，建立革命军"的建议，按照苏俄红军建设的经验在广州开办的陆军军官学校，在中国军校与军队建设史上具有划时代的意义，它是第一次国共合作的产物，是一所为创建真正属于革命党军队而建立的军事学校。[①] 军校于 1924 年 6 月 16 日开学，1926 年 3 月改称为国民革命军中央军事政治学校。作为军事政治学校的任务，它首先是政治的，其次才是军事的。所谓政治的，就是说它的教育理念是政党的教育，是为实现党的主义和政策而设立的军事政治学校。[②] 它摒弃了以往旧军队制度上的一些弊端，提出了一套比较完整的建军路线，培养了大批的军事政治人才，开创了中国军队现代化建设的新时期。黄埔军校鲜明的办学特色为之后军校的建立树立了榜样。如受黄埔军校建立的影响，当时驻粤客军为培养自己的军官，也相应建立了随营军官学校和讲武学校。中国共产党人直接参与黄埔军校的创建和管理，积累了一定的办学经验。1931 年 11 月，苏区临时中央政府成立后，仿照黄埔军校模式建立了中央军事政治学校。红军长征到达陕北后创立的中国人民抗日军事政治大学也仿效了黄埔军校的建学原则和办学精神。在培养军事人才方面，据统计，国民党军队中，任少将级以上将官的黄埔军校师生共 255 人，其中特级上将 1 人，即蒋介石；一级上将 15 人，占国民政府全部 26 名一级上将的 62%；二级上将 12 人，占国民政府全部 33 名二级上将的 36%；普通上将 10 人，占国民政府全部 36 名普通上将的 28%；中将 159 人，占国民政府全部 957 名中将的 17%。在共产党军队中，出身黄埔担任正军职以上

---

① 孙中山创建黄埔军校除了接受苏俄顾问的建议外，与他本人自投身革命之初即重视军事力量的培养也有着密切关系。早在 1903 年 8 月，流亡海外的孙中山在日本东京创办军事训练班，并为学员制定了"驱除鞑虏，恢复中华，创立民国，平均地权"的誓词。训练班首期报名者为黎勇锡、李自重、胡毅生等 14 人，他们住在日本近卫师团青山训练场附近，得以观摩近卫师团各兵种之训练。孙中山请日本现役少佐日野熊藏为军事教官，教授布尔散兵战术及以寡敌众之夜袭法。"二次革命"失败后，流亡日本的孙中山又在东京创建军校浩然学社，聘请多名日本教官，招生 79 人。

② 宋一平：《论黄埔军校的政治工作》，《文史研究》，2012 年第 6 期（新 148 期，总 211 期），第 99 页。

领导职务的有40余人,新中国成立后担任中央、地方党政要职者多达数百人。

二、课程设置及办学特色之比较

保定军校是依照日本的陆军士官学校创办的。其教学内容与教学方法则是参照德国与日本的军事教育结合中国的实际情况制定而成。军校学制为两年,下设步兵、骑兵、炮兵、工兵、辎重5个科。军事教材主要采用日本教材翻译加工制定,由北洋政府陆军部统一审定办法。课程设置分学科教授和术科训练两个方面。学科教授主要授以初级军官所必需的军事理论,以及与之相应的术科文化和外语,主要课程有:军制学、战术学、兵器学、筑城学、地形学、马学、卫生学、经理学、勤务学和各兵科的典范令等。教材大都是将当时日本士官学校的教材翻译过来,由陆军部统一颁发。术科教练主要授以初级军官所必须具备的实战技能和士兵指挥等技艺。主要课程有:校内教练、野外教练、马术、劈刺技术、体操等“平时课业”,以及野营演习、野外筑垒实习、兵器与火药制造实习、扛炮操法、手枪操法和兵棋等“特别课业”。各兵科还重点学习一些兵种专业课程。[①]在教学过程中,采取内场(校内教课)与外场(校外训练演习)、理论与实际相结合的方法。内场主要是通过课堂教育的方式讲述教科书上的军事理论,外场则是学习实际操作,包括了出操训练、演习等活动。教学中采用的训练方法极为严格,对于达不到要求的学生,则打军棍、关禁闭、疲劳训练,以示惩罚。[②]与清末初创的保定军官学堂相比,保定军校“其程度之增高,组织之完备,则诚不可同年而语”[③]。保定军校师资力量雄厚,为培训军事人才奠定了良好的师资基础。物质条件比较优越,虽然在办学过程中也遇到过困难,但在资金、教学设备和学生待遇方面,较其他军校还是好的。

---

① 史全生主编:《中国近代军事教育史》,南京:东南大学出版社,1996年。
② 马亚娜:《云南陆军讲武堂与保定军校之比较》,见2009年10月26日云南昆明“百年军校,将帅摇篮”学术会议论文集。
③ 静观:《纪军官学校》,《东方杂志》,1919年第16卷第4期。

由于 1924 年广东革命政府面临极为严峻的形势，对军事人才的需求极为强烈，因此黄埔军校不得不打破常规，缩短学制，制定了半年一期的招生训练计划，共招收了四期学生。根据这一计划，军校在初期军事教育课程设置上，首先选定最为急需的基础科目：学科和术科。学科课目有战术、兵器、筑城和交通地形；术科课目有制式教练和演习课。演习课分为野外演习、战术实行和野营演习三大类。学生们在校期间都戎装待命，随时准备出动演习。军事演习常连续日夜进行，实战形态逼真，战斗空气甚为紧张，当时称之为"知行合一"。① 虽然黄埔军校的军事教学内容和方式与保定军校大体相同，但黄埔军校的课程设置更注意突出实战性，学科与术科均以讲授实战中的应用为主。训练课目主要是由苏联顾问团根据苏联红军的经验来确定的，注重实用，注重技能，注重效果。使学生能够抓住要领，触类旁通。② 相对于保定军校对单纯军事教育的重视，黄埔军校在对学员进行军事教育的同时，更加注意加强政治教育，着力贯彻政治教育为主、军事教育相辅而行的原则。黄埔军校开设的政治教育课程主要有：帝国主义侵略史、社会发展史、帝国主义的解剖、社会主义、中国政治经济状况和中国国民党史、三民主义等。

保定军校和黄埔军校都十分重视学生军事纪律的养成教育。保定军校校长蒋百里认为军事纪律在于军人内心的自发，达到精神与纪律制度的高度一致。军纪教育要求军人在仪表上能整齐严肃，在行动上要规规矩矩，同时要有爱国心、自尊心，乐于为国牺牲。他多次告诫学生必须严格遵守军风军纪，如有违反，必予以严厉惩罚。蒋百里任职伊始，即严格组织纪律，整顿校风，为保定陆军军官学校严谨校风的形成打下了基础，也为后来继任的其他校长所继承。如第三任校长曲同丰更是以严格著名，他上任后，建立各项规章，一切按制度办事，严格校风校纪。针对学生中流行押宝、赌博的现象，他亲自率领卫队抓赌并严格惩戒。他坚持原则，任何人违纪

---

① "中央陆军军官学校第一期军事教育科目"，见广东革命历史博物馆编：《黄埔军校史料（1924-1927）》，广州：广东人民出版社，1985 年。

② 李默庵：《世纪之履：李默庵回忆录》，北京：中国文史出版社，1995 年。

违规,处理一视同仁,无厚此薄彼之分。严格的军纪保证了学生的培养质量。

黄埔军校从建校之初起,就十分注重军纪建设。校长蒋介石强调,"军队和军事学校里最要紧的就是军纪"[①]。学校军纪严明,颁布了《革命军连坐法》《革命军刑事条例》《革命军惩罚条例》《审判条例》和《陆军监狱规则》等一系列处罚条例。这些军事法规的颁布对于黄埔军校形成良好的校风起到了重要的作用。除颁布军事法规外,黄埔军校还制定了《学生队学生遵守规则》《陆军军官学校请假及休假规则》等,对军校学员在校期间应遵守的纪律以及请假制度等作了严格的规定。军校实行严格的管理制度,条例众多,在1924年到1927年期间,共颁布各种条例、章程50种,涉及招生、考试、教职员任用、考勤、军事教育与训练、晋薪晋阶、惩罚、请假、执勤、军械管理、社团组织等诸多方面,形成了中国有史以来最缜密的军校管理体制,实现了军校管理的制度化,为军校的正常运行与发展提供了有力的支持。

由此可见,黄埔军校和保定陆军军官学校在课程设置、教学训练方式等方面有很多共同之处,并存在着相当的传承性,课程都按照学科和术科进行设置,都注意对军事课程的设置与重视。但也存在着明显的不同,黄埔军校提倡"军事教育与政治教育并重,政治教育要有超过军事教育";保定军校则没有正规的政治教育。

三、黄埔军校对保定军校的超越

创建于先的保定军校的军事教育观念、军事课程设置、教学训练方式等,对黄埔军校产生过很大影响,黄埔军校确实传承了保定军校诸多办学经验。黄埔军校在中国近代军事教育史上的地位更体现在它的创新上,这种创新是在对中国近代军事教育的传承、对苏联红军军事教育的借鉴基础上的创新,由此引领了中国军事教育发展的方向,对中国社会产生了深远

---

① 邓文仪:《黄埔训练集》,国防部新闻局,1947年,第59页。

的影响。从某种程度上说，黄埔军校较保定军校更具优势的原因在于机构设置上，其建立党代表制度和政治工作制度以及注重培养学生的爱国思想和革命精神，用优秀的黄埔精神来培养学生，无疑使其较不具有此种机构、此种精神的保定军校更具优势。

（一）建立党代表制度和政治工作制度

黄埔军校是国共合作的产物，该校设立了国共两党参加的特别党部。黄埔军校初创时，即在校本部之下设政治部，掌管全校的政治教育、党务和宣传工作。到 1924 年 10 月，军校仿照苏联红军建制建立教导团，在连以上设党代表。党代表制度是一项崭新的制度，也是中国军队建设史上的一项重大变革。黄埔军校实行党代表制度，是直接借鉴了苏军的经验，他们注意到，苏俄红军内部"权责甚明"，实赖于采取党代表制。而"我国士兵，大部分知识幼稚，与苏俄正复相同"，所以孙中山等人认识到"欲练成为主义牺牲之军队，非采用党代表制不可"。[①] 校党代表直接领导政治部，政治部是校党代表的办公机构，具体协助党代表进行工作。它对党代表负责，在党代表指导下负责党务、组织、宣传教育等工作，被视为党代表的参谋部，采取军事与政治并重的教育方针，军校政治工作受到前所未有的重视，政治部主任是校党代表的参谋长。[②] 国民党一届三中全会对军校和军队的党代表的职权作了规定："在军校及军队中，所有一切命令均由党代表副署，由校长或由应管官长执行。军中党的决议，其执行亦须遵照此程序。"[③] 党代表的地位更加突出。

党代表制度的设立，对于加强军校和军队的政治工作建设起了很大的作用，开创了中国军校史上政治工作制度的先河。也正是因为其有效的政治工作，使得黄埔军校的学员士气与战斗力是旧军队所无法比拟的。[④] 政治部肩负着讲授革命理论，传播革命思想，帮助师生养成树立以爱国革命

---

① 台湾"国防部"史政局编：《北伐战史》，中华大典编印会出版，第 108–109 页。
② 广东革命历史博物馆编：《黄埔军校史料》，广州：广东人民出版社，1982 年，第 86 页。
③ 李世平主编：《中国现代多党合作简史》，成都：四川大学出版社，1989 年。
④ 唐正香：《黄埔军校的创立及其办学特色——纪念黄埔军校创立 80 周年》，《军事历史研究》2004 年第 2 期。

为核心之"黄埔精神"的重任。政治部机构也在逐步扩大，同时制定了政治教育大纲草案，健全组织条例、服务细则，建立健全了各项规章制度，从组织机构规章制度上保证了政治工作的顺利开展。军校的政治教育制度提高了学生反帝反封建的自觉性和斗志，而严格的军事训练方式加速了军事人才的培养。军校早期的政治教育课程有三民主义、中国民族革命问题等，后来政治部购买社会主义、共产主义、马克思主义方面的书籍供学生阅读，对不同时期的革命思想理论兼收并蓄。除课堂理论教学外，政治部还采取政治演讲会、政治讨论会、政治问答等多种教学形式，提高学员研究政治问题的兴趣和观察力。政治部不但在校内开展多种形式的政治教育，还组织学生积极参与社会实践，如支援工农运动等，锻炼学生实际工作能力。这在中国半殖民地半封建社会暮气沉沉的政坛上是别开生面的，在旧的军校教育中更是史无前例的。[1]

笔者认为，军人的政治素质在那个年代尤为重要，虽然保定军校的学制比黄埔军校长，就军事教育方面来说教学质量可能会更好些，但是在那个中国备受帝国主义列强欺侮和封建军阀蹂躏的时代背景下，军人的政治素质比军事素质要重要得多。黄埔军校虽然学制较短（最短的只有半年），但训练刻苦，学生的军事素质比人们想象的要好，担任北伐军的排、连乃至营级干部是能够胜任的。从对战争的影响力来看，保定学员是远远不如黄埔学员的。因为黄埔军校毕业生的政治素质比北洋军阀部队中的保定军校毕业生强得多，所以在战场上能够打胜仗。由上可见，党代表制度和政治工作制度在黄埔军校中发挥了重要作用。

（二）两校精神之对比

提起黄埔军校，不能不说黄埔精神。黄埔精神和理念最重要之处，是将精神教育和人格培养放在知识灌输和工具训练之上。1926年9月23日黄埔军校政治教官、共产党员安体诚在《黄埔日刊》第一版上撰文，正式提出了"黄埔精神"的概念。安体诚说："一个团体，一种组织，只要它

---

[1] 李明：《黄埔军校》，广州：广东人民出版社，2005年。

能继续存在而成为一种势力，必定具有也必定形成一种特殊精神；能使它的正当精神得到充分的发扬与光大，这种团体必定是能完成其使命而创造出无限之价值的……总结黄埔军校这历史的和客观的特殊性质，我们现在就可以说黄埔精神，是坚信并实行总理所定"联俄、联共、扶助农工"三大政策的革命军人的精神！"① 那么什么是黄埔精神？黄埔同学会副会长李默庵将其概括为"精诚团结，振兴中华"。一些黄埔同学会会员则把黄埔军校当年的校训"亲爱精诚"作为黄埔精神的主要内涵。国民党主政台湾时期，黄埔精神被概括为"团结、负责、牺牲"，也有人将其解释为"保持团结，遵守纪律，不怕牺牲，英勇作战"等。② 综观种种提法，黄埔精神的基本要义应是爱国奉献、团结御侮、革命进取。而根据孙中山在黄埔军校开学典礼上的演讲内容，以及孙中山为黄埔军校制定的办学宗旨和校训，黄埔精神的内涵可概括为：黄埔精神是黄埔军校在第一次国共合作、进行国民革命斗争中，为完成国家统一、救国救民的革命事业，实行"联俄、联共、扶助农工"三大政策，贯彻孙中山的办学宗旨与校训，发扬中华民族的优良传统，而形成的爱国革命、亲爱精诚、奋斗牺牲的革命精神。③

　　作为黄埔精神最根本的爱国革命精神，孙中山创办黄埔军校就是本着这种崇高的爱国主义思想，同时也通过革命行动具体体现出来，"爱国、革命"的思想始终贯穿于军校的军事政治教育中，这是黄埔精神的核心，也是黄埔精神的本质。正是由于爱国精神的激发，全国各地的有为青年，为报效国家，奔赴广州，报考黄埔军校。"凡海内外的同胞，无论东西南北革命的青年，热血沸腾的时代青年，都喊出一个口号，就是'到黄埔去'。大家可以知道这个黄埔精神，当时表现在国内外是怎样的伟大，怎样的普遍。"④ 爱国思想是黄埔精神和政治教育的联结点，黄埔精神贯穿于军校的政治教育中，成为培养人才的核心价值观。正是在日常的政治教育中注

---

① 广东革命历史博物馆编：《黄埔军校史料·续篇》，广州：广东人民出版社，1994 年，第402–403 页。
② 《纪念黄埔军校创立 80 周年学术笔谈》，《南京政治学院学报》2004 年第 4 期。
③ 王聚英：《中国共产党与黄埔军校》，北京：党建读物出版社，2007 年。
④ 广东革命历史博物馆编：《黄埔军校史料（1924–1927）》，广州：广东人民出版社，1985 年，第 67 页。

重黄埔精神的培养，使黄埔师生在统一广东、出师北伐推翻北洋军阀反动统治、实现国家统一的战斗中英勇作战，取得赫赫战绩，彰显了黄埔军校的建校宗旨。虽然国民党右派制造分裂，扭转了黄埔军校的革命方向，使轰轰烈烈的大革命归于失败，但是孙中山所倡导的爱国主义的黄埔精神并没有泯灭，它"由革命的黄埔生保持着，并且在共产党所领导的革命运动中继续发扬着革命的作用"。①

讲了黄埔精神，顺便说一下保定军校有无一种精神。"守信、守时、苦读、勤练、爱校、爱国"是保定军校的校训，在某种程度上，也被称为保定军校精神。保定军校自建立之日起就标榜"军人以保家卫国，服从命令为天职""军人不问政治为高尚"，形成保定军校学生一种职业军人的特点。保定军校里大多数学生不乏正义感，有着强烈的爱国心，课余时间他们常常聚集在一起，或钻研功课，或抒发爱国情怀。这些勤奋好学、励志报国的青年是学生队伍中的骨干，毕业后，也大多受到重用，有的日后还成为军界著名人物。②从中我们也可以看到爱国精神在保定军校也是同样被看重的，但却未能在近代救国救民的道路上发挥重要作用也是值得我们深思的。

综上所述，黄埔军校和保定陆军军官学校都是中国近代史上的军事名校，两者在课程设置上存在着共同点，但是在机构设置上，黄埔军校作为一所完全新型的陆军军官学校，其重要标志就是仿效苏联军队建立党代表和政治工作制度，这是其与保定军官学校最本质的区别。另外，黄埔军校在教学实践过程中铸就了爱国革命、亲爱精诚、奋斗牺牲的黄埔精神，正是因为有了黄埔精神的鼓舞，黄埔军校师生在近代救国救民的道路上一往无前，取得了彪炳史册的光辉业绩。

（李振武，《广东社会科学》总编辑、研究员）

---

① 王聚英：《黄埔红光——中国共产党与黄埔军校》，北京：党建出版社，2007年。
② 马亚娜：《云南陆军讲武堂与保定军校之比较》，田云翔主编：《百年军校 将帅援笔》，昆明：云南人民出版社，2010年。

黄埔军人与军事委员会别动军的
对日特种作战

孙潇潇

　　摘要：抗战期间，黄埔军人秉持革命大义，挺身抵御外侮，牺牲奉献，功在国家。关于黄埔军人在抗日战场上的英勇事迹，学界研究已多，唯在阵地战、游击战、海空战等常规战法之外，黄埔军人曾组建并指挥别动军针对日本侵略者展开特种作战，由于相关资料缺乏等原因，较少被人重视。兹值黄埔建校百年之庆，笔者鉴于尚无专文对别动军的来龙去脉进行研究，拟根据海峡两岸所藏原始档案，辅以文史资料、报刊所载之忆述史料，粗略梳理别动军的沿革、组织、训练、战果及军纪等基本情况，并对黄埔军人指挥别动军从事对日作战的表现作一初步评价。

　　关键词：黄埔军人　别动军　军统局　特种作战

一、全面抗战爆发后军统局领导的抗日武装

　　全面抗战爆发后，国民政府军事委员会调查统计局（以下简称"军统局"）为有效开展对日特种作战，陆续成立了忠义救国军、便衣混城队、铁道破坏队等外勤单位，这些武装力量日后多被改编为军事委员会别动军，

因此要研究别动军的历史沿革，首先须对上述组织的产生经过加以说明。

别动军的历史，最早可以追溯到淞沪会战期间成立的苏浙行动委员会别动队，此一部队的编成，与黄埔学生戴笠有密切关系。戴笠，字雨农，浙江江山人，黄埔军校六期骑科出身，1935 年出任军事委员会调查统计局第二处（又称"特务处"）处长，主持特务工作。淞沪会战爆发后，戴笠由南京来上海活动，他于观察战场形势后，向蒋介石提出了派遣便衣队"到处扰乱，使敌疲于应付"的建议。① 蒋介石接受建议，并决定由戴笠负责上海方面对敌破坏、扰乱之责，于 9 月 7 日电令戴笠："速即组织浦东区、京沪与沪杭二线之便衣队，预防敌军进入此三区时积极活动，破坏其后方一切。"②

戴笠奉命组织便衣队之际，国军在淞沪战场尚有一个类似组织，即隶属于第三战区第九集团军的上海别动队，该部队约在 8 月中旬成立，由国军八十七师师长王敬久兼任司令，上海市警察局长蔡劲军、上海市保安总团长吉章简兼任副司令，实际由帮会人士杜月笙之门徒陆京士负责召集人员并筹措训练经费。由于事权不一，该部队自建立之始即存在严重的人事与经济纠纷，王敬久深感情形复杂，无法负责，于 9 月初辞去兼职，由第九集团军总司令张治中改委淞沪警备司令杨虎兼任。戴笠基于便衣队"指挥必须统一"之原则，经与杨虎、杜月笙、蔡劲军等人迭次协商后，决定撤销"无甚成绩"的上海别动队司令部，另秘密组织"上海行动委员会"，下设别动队指挥部，直属大本营，受第三战区司令部指挥。③

9 月 10 日，戴笠呈奉蒋介石批准，派杜月笙、杨虎、蔡劲军、吉章简、刘志陆、戴笠为上海行动委员会委员，杨虎、杜月笙、戴笠为常务委员，

① 《戴笠致蒋介石电（1937 年 8 月 17 日）》，台北"国史馆"藏，戴笠史料，144-010112-0002-075。

② 《蒋介石致戴笠电（1937 年 9 月 7 日）》，台北"国史馆"藏，蒋介石档案，002-020300-00009-082。

③ 《戴笠致蒋介石电（1937 年 8 月 17 日）》，台北"国史馆"藏，戴笠史料，144-010112-0002-075；戴笠致蒋介石电（1937 年 9 月 10 日），台北"国史馆"藏，戴笠史料，144-010105-0004-031。

刘志陆为别动队总指挥；原有上海别动队司令部所属各部队均交由上海行动委员会切实点验，汰弱留强，期成有用之部队。①9月17日，上海行动委员会召开第一次常委会议，由杨虎、杜月笙共推戴笠兼任书记长，负责处理行动委员会一切事宜。戴笠鉴于行动委员会之行动区域并不局限上海一地，而是包括浦东、京沪、沪杭三区，遂于9月19日再电蒋介石请示，将上海行动委员会改称为苏浙行动委员会，并请国民政府发给关防，以资信守。②

10月中旬，苏浙行动委员会别动队编成五个支队及一个特务大队，官兵 8700 余名。第一支队长何行健、第二支队长陆京士、第三支队长朱学范均为杜月笙之门生，官兵由帮会分子及上海劳工编成。③第四支队长张业、第五支队长陶一珊、特务大队长赵理君均是戴笠所属干部，且均为黄埔学生，这两个支队及特务大队的官兵是由特务工作人员、高中以上学生军训总队以及曾在上海接受国民军事训练的热血青年编成。④

11月上旬，淞沪会战进入尾声，别动队由于是乌合之众，训练不精，在日军强大的军事压力下，几乎损失殆尽，残部 1700 多人经苏州、溧水、繁昌、九江等地，撤退至安徽省祁门县历口镇，整编为"别动队教导第一团"。⑤此外，特务处在遂安、江山、东阳三地组织的游击队于 1938 年 3 月统一编为"别动队教导第二团"，以何行健为团长。同时将别动队总指挥部改编为教导总团部，以戴笠兼任总团长，俞作柏任副总团长，负实际责任。⑥

3月13日，蒋介石电令戴笠"即收容整编流散浦东及京沪、沪杭沿线

---

① 《戴笠致某长官电（民国二十六年九月十三日）》，《戴先生遗训》第 3 辑，台北"国防部保密局"，1954 年，第 331 页。
② 《戴笠呈蒋介石电（1937 年 9 月 19 日）》，台北"国史馆"藏，戴笠史料，144–010105–0004–029。
③ 朱学范为上海工人运动主要领导人之一，也是民革主要创始人之一，为便开展工运，于 1928 年拜杜月笙为先生。见朱学范：《我的工运生涯》，福州：福建人民出版社，1991 年，第 31–33 页。
④ 台北"国防部情报局"编印：《忠义救国军志》，1962 年，第 7–9 页。
⑤ 台北"国防部情报局"编印：《忠义救国军志》，1962 年，第 11 页、61 页。
⑥ 《戴笠手令（1938 年 3 月 12 日）》，《戴先生遗训》第 3 辑，台北"国防部保密局"，1954 年，第 190 页。

之国军，期以加强敌后游击工作"。戴笠奉令后，当即派遣重要干部分别
潜赴敌区，开展收容扩编工作，陆续编成七个支队及一个南京行动总队、
一个直属大队。同年 5 月，戴笠呈准国民政府军事委员会，将"苏浙行动
委员会别动队"改编为"苏浙行动委员会忠义救国军"，简称"忠义救国
军""忠救军""忠义军"，起初在汉口成立总指挥部，旋经江西南昌、
安徽屯溪，进驻浙江孝丰，接替"苏浙行动委员会别动队教导总团部"指
挥权责。总指挥部初以戴笠为总指挥，同年 8 月，特务处升格改组为军统局，
戴笠担任副局长，于 9 月辞去忠救军总指挥兼职，由俞作柏接任。

1939 年 3 月 1 日，忠救军总指挥部由孝丰移驻宜兴，以加强对友军之
联络协调及对所部之作战指挥。自 4 月起，忠救军不断收编地方武力、流
散部队及投诚伪军，逐渐扩编为四个纵队和一个南京行动总队，共辖 26
个支队和两个直属大队，总兵力 29611 人、长短枪 17785 支，分布于浦东、
南京、上海及京沪铁路、沪杭铁路、京杭公路一带。戴笠鉴于忠救军日益
扩充，人员日趋复杂，于同年 11 月在金华召集忠救军干部会议，决定汰
弱留强，将部队进行缩编整训。1940 年 1 月，俞作柏调任军事委员会中将
参议，由黄埔四期学生周伟龙接任忠救军总指挥。3 月，忠救军在孝丰集中，
遵照金华会议决定，全军缩编为三个支队（又名教导团）、两个行动总队
（每总队官兵不超过 700 人）、一个特务大队和一个军官训练队。全军缩
编完成后，除南京行动总队仍然留驻江浦就地整训外，其余一律集中孝丰，
总指挥部亦由宜兴移回孝丰，以便就近督导训练。[①]

1941 年 1 月，忠救军整训完毕，按照对敌游击作战企图，将部队重新
编组为"苏嘉沪区挺进纵队""澄锡虞区挺进纵队""锡武宜区挺进纵队"
及"京丹溧区挺进纵队"。4 个纵队挺进陷区后，先后收容游杂部队 3300
余人，新编成一个先遣支队和一个独立支队。至此，忠救军又扩充至人枪
一万余众。[②]

除忠救军外，军统局于 1940 年成立便衣混城队。此一部队的编成，源

---

① 台北"国防部情报局"编印：《忠义救国军志》，1962 年，第 11—19 页。
② 台北"国防部情报局"编印：《忠义救国军志》，1962 年，第 11—19 页。

于是年3月蒋介石在参谋会议上提出组织混城队，混入敌营或沦陷城市中，专任造谣、放火以及各种扰敌工作。[①]并于会后不久，指示该部队之组织与训练须由军统局负责。[②]

4月，戴笠选派军统局内10名出身军校之高级干部前往各战区设立便衣混城队编练处：第一战区设于洛阳，编练专员赵理君；第二战区设于宜川，编练专员徐光英；第三战区设于上饶，编练专员郭履洲；第四战区设于柳州，编练专员杨继荣；第五战区设于襄阳，编练专员徐志道；第六战区设于恩施，编练专员朱金骅；第七战区设于韶关，编练专员汤毅生；第八战区设于五原，编练专员高荣；第九战区设于长沙，编练专员罗国熙；鲁苏战区设于临沂，编练专员贺元。10名专员除徐光英外，其余9人全部出身黄埔军校前六期。各编练处受训人员自各战区部队中挑选，训练一个月，课程有城市暴动、破坏术、行动术、侦察与化装、通讯联络等。自7月至12月，共计训练6000余人。

训练完毕后，便衣混城队编练处改为督导组，以编练专员任督导组长，负责协助战区司令长官指挥混城队。第一战区混城队官兵1048名，派往开封、商丘、新乡、泌阳、安邑、运城、闻喜、侯马等地；第二战区混城队官兵323名，派往临汾、新绛、稷山、河津等地；第三战区混城队官兵1120名，派往杭州、萧山、无锡、南京、南昌、厦门、狄港、东流、彭泽等地；第四战区混城队官兵362名，派往龙州、钦州、南宁等地；第五战区混城队官兵640名，派往孝感、信阳、钟祥、荆门、当阳、安庆、合肥、黄陂、随县及皖北等地；第七战区混城队官兵922名，派往广州、汕头、江门、新会等地；第八战区混城队官兵213名，派往包头、归绥等地；第九战区混城队官兵1477名，派往岳阳、临湘、通城、崇阳、咸宁、安义、武宁、永修、武昌、大冶、鄂城、阳新等地。[③]

---

① 中国国民党中央委员会党史委员会编印：《总统蒋公思想言论总集》第17卷，1984年，第164页。
② 《戴笠致毛人凤转俞作柏电（1940年5月27日）》，台北"国史馆"藏，戴笠史料，144-010107-0003-035。
③ 《各战区便衣混城队编训及派遣概况表》，《国防部情报局史要汇编》上册，台北"国防部情报局"，1962年，第80-81页。

同年，军统局又系奉军事委员会参谋总长何应钦之命，负责办理各沦陷区对敌破坏工作单位之组织与训练。[1] 经于 1941 年 2 月向蒋介石呈请批准预算后，截至同年底，已在平汉、粤汉、津浦、龙海、京沪、淮南、南浔、广三、广九、京芜、道清、苏嘉、汴新等铁路沿线成立各队，分段进行铁道破坏工作。[2] 各队名称多称某铁道破坏队，如粤汉铁道破坏队、津浦铁路破坏队，亦有称作工作队、爆破队者，如豫南工作队、鄂南工作队、湘北爆破队、南浔爆破队等。

以上苏浙行动委员会忠义救国军、各战区便衣混城队以及各铁道破坏队、工作队、爆破队，均可视作军事委员会别动军的前身。

二、别动军的正式成立与组织训练

1941 年夏，英国驻华军事代表团团长戴尼斯（L.E.Dennys）少将向蒋介石提出组织游击队之计划大纲，拟由英方监督该队，打击敌寇。11 月中旬，戴尼斯再向蒋介石提出具体设想，指出游击队实即破坏队，该队之作战方式拟"以最新之策略，以困扰敌军于战地或据点，用正规战以外之方法，捣毁其厂库，破坏其运输"，并承诺由英方提供各种特种作战器材，如烈性炸药、缓性爆炸装置、弃置性爆炸装置、用于纵火之烟瓶等，同时请蒋介石指派一位中国高级官员作为该队联络员。蒋介石对戴尼斯的计划表示赞同，但指出该游击队应由中国统辖，由中国军官指挥，而非由英方控制。[3] 此外，蒋介石将戴尼斯之计划批交军统局研究，后戴笠呈复，推荐忠义救国军总指挥周伟龙负责与英方接洽。

---

① 《戴笠呈蒋介石报告（1941 年 2 月 25 日）》，台北"国史馆"藏，蒋介石档案，002-080102-00035-006；戴笠手令（1941 年 9 月 10 日），《戴先生遗训》第 2 辑，台北"国史馆保密局"，1962 年，第 115-116 页。

② 《戴笠呈蒋介石报告（1941 年 12 月 18 日）》，台北"国史馆"藏，戴笠史料，144-010105-0004-018。

③ 《戴尼斯建议》，台北"国史馆"藏，蒋介石档案，002-080103-00056-004；戴笠手令毛人凤（1941 年 11 月 20 日），《戴先生遗训》第 2 辑，第 147 页。

当时军统局掌握的各种抗日武装中，忠义救国军历史较长，组织人事较为健全，对敌作战亦较有成绩。相对而言，便衣混城队及铁道破坏队的成绩则不尽如人意。便衣混城队虽已进入敌后，但"各战区因武器与通讯及活动费等无法供给，殊难切实掌握，作积极之行动"，"未能发挥甚大之效果"。① 铁道破坏队则因军统局设计指导不周、训练迟缓、高级技术人员不敷分配、破坏器材欠精良及不易运入沦陷地区等原因，"毫无成绩表现"。② 因此英方提出的游击计划，为军统局严行整饬、统一指挥该局所辖的各种抗日武装提供了契机。12 月 16 日，周伟龙经与英方晤谈，向蒋介石建议挑选便衣混城队、铁道破坏队、军统局爆破训练班及忠义救国军中之忠勇干部，接受英方训练，并成立"别动总指挥部"及华南、华中、华北 3 个纵队司令部，以便统揽整个敌后破坏扰乱工作。③

12 月 19 日，戴笠在周伟龙建议的基础上，本着"人力财力集中，事权统一，发挥工作之效能"的原则，向蒋介石签呈了更为详细的别动军组织纲领与工作实施办法，其要点为：一、对英方所提议"有全国性之秘密破坏工作"一点，为组织合理、名实相符、便于指挥计，拟设别动军总指挥部，隶属于军事委员会；别动军总指挥部之组织以现有之忠义救国军总指挥部组织调整补充健全之；苏浙行动委员会忠义救国军改称军事委员会忠义救国军，以忠义救国军总指挥周伟龙兼任别动军总指挥；二、各战区便衣混城队均改隶别动军总指挥部，由别动军总指挥部整理训练指挥之，各战区便衣混城队督导组均改称别动军某支队；三、所有之铁道破坏队均改隶别动军总指挥部，加强指导与训练，以宏其工作之效果；四、于浙江衢州、广西梧州、河南洛阳三处设班，分批抽调有关各部门人员进行训练，由英

---

① 《戴笠呈蒋介石报告（1941 年 12 月 18 日）》，台北"国史馆"藏，戴笠史料，144–010105–0004–018。

② 《戴笠手令（1941 年 9 月 10 日）》，《戴先生遗训》第 2 辑，台北："国防部保密局"，1952 年，第 115–116 页。

③ 《周伟龙呈蒋介石报告（1941 年 12 月 16 日）》，台北"国史馆"藏，蒋介石档案，002–080103–00056–004。

方人员担任各班技术总教官，并义务供给各班所需器材。①1942 年 1 月初，蒋介石对戴笠之计划批示：别动军总指挥部改为指挥部，以周伟龙兼任指挥；各战区便衣混城队缩编成 3000 人，月定经费 60 万元，其他可照原签。②

戴笠奉命后，随即着手组织别动军司令部，截至 1944 年，除将忠义救国军划归别动军指挥外，并陆续将各战区便衣混城队改编为别动军的 7 个纵队，兹将各部组织、人事、驻敌等情形简述如下：

别动军司令部设于重庆，首任司令周伟龙，1942 年 1 月到任；第二任司令徐志道，1944 年 2 月到任。副司令陶一珊，1944 年 9 月到任。参谋长尚望，1942 年 7 月到任。③

第一纵队驻广东清远，指挥官翟荣基。

第二纵队由第九战区便衣混城队、军统局鄂南工作队、湘北爆破队等单位编成，驻江西萍乡。指挥官初为盛瑜，1944 年 5 月由杨遇春继任。④

第三纵队驻广西南宁，指挥官徐光英。副指挥初为邓匡元，后为陈砥澜。⑤

第四纵队由第六战区便衣混城队编成，驻湖南宁乡。指挥官何际元，1942 年 10 月到任。副指挥孟慰民，1943 年到任。⑥

第五纵队由第一战区便衣混城队、军统局豫东工作队、郑州行动队等单位编成，驻河南镇平。⑦首任指挥官杨蔚，1942 年 8 月到任，1943 年 5 月离任。后由廖宗泽继任。1944 年 3 月再由刘慕德继任。⑧

① 《戴笠呈蒋介石报告（1941 年 12 月 18 日）》，台北"国史馆"藏，戴笠史料，144-010105-0004-018。
② 《戴笠手令毛人凤（1942 年 1 月 9 日）》，台北"国史馆"藏，戴笠史料，144-010113-0005-029。
③ 《尚望人事登记卷》，台北"国史馆"藏，侍从室档案，129-210000-4057。
④ 《戴笠手令（1944 年 5 月 7 日）》，《戴先生遗训》第 3 辑，第 338 页；陈启棠：《军委别动军第二纵队在萍乡》，《萍乡文史资料》第 12 辑，政协萍乡市文史资料研究委员会，1990 年 12 月，第 25 页；刘明天、邓启基：《抗战末期在东桥的别动军第二纵队》，《湘东文史资料》第 2 辑，政协萍乡市湘东区文史资料研究委员会、中共萍乡市湘东区委党史工作领导小组，1991 年 8 月，第 77 页。
⑤ 《戴笠手令（1943 年 8 月 22 日）》，《戴先生遗训》第 3 辑，第 341 页。
⑥ 何衡生：《略记先父何际元》，《湖南文史》第 39 辑，1990 年 9 月，第 125 页。
⑦ 《戴笠手令（1944 年 3 月 7 日）》，台北"国史馆"藏，戴笠史料，144-010112-0001-010。
⑧ 戴笠致潘其武转徐志道函（1944 年 3 月 4 日），《戴先生遗训》第 2 辑，第 256 页。

第六纵队由第五战区便衣混城队、军统局豫南行动队等单位编成，驻河南、湖北交界之老河口。首任指挥官徐志道，1943 年 4 月到任。[1]1944年 2 月，徐志道升任别动军司令。第六纵队指挥官先后由孙树伦、岳烛远接任。[2]

第七纵队由第三战区便衣混城队编成，驻浙江淳安。1943 年 4 月，由戴笠保举鲍步超出任第七纵队指挥官。[3]唯第七纵队编成后，因人数不足，只编成两个支队，于 1943 年底拨归忠救军第三纵队。[4]

忠义救国军于 1942 年拨归别动军指挥后，于 1943 年再度整编为 4 个纵队及南京、淞沪、浙东、浦东、锡澄虞 5 个行动总队。总指挥周伟龙于1942 年 6 月离职后，由副总指挥阮清源代理总指挥职务，至 1943 年 10 月由马志超接任。[5]

此外，在 1945 年以后，别动军又有新的第七纵队以及第八纵队、第十纵队、绥远独立支队编成，因其时间较晚，对日作战较少，本文暂不论列。

别动军的编制，除忠救军外，每纵队下设 3 个支队，每支队下设 3 个大队，每大队下设 3 个中队，每中队下设 4 个战斗组，每个组设正副组长各一人，队员 18 人，队员均以准尉为起点。[6]唯各纵队情形不同，尤其随着战事进展，未必均有 2000 人左右之足额，如驻防广东的第一纵队，直至 1945 年 3 月仅有 1023 人。[7]

别动军的装备和训练，原由英方派约瑟克、倪和露二人负责，后因英

---

① 徐志道：《戴笠将军与我》，《中外杂志》第 14 卷第 1 期，1973 年 7 月，第 37 页。
② 曲云章：《军统别动军六纵队在河南》，《河南文史资料》第 29 辑，1989 年 2 月，第 150 页。
③ 《戴笠致顾祝同电（1943 年 4 月 17 日）》，台北"国史馆"藏，戴笠史料，144–010103–0001–042。
④ 鲍步超履历表，新北"国家发展委员会档案管理局"藏，"国防部军事情报局档案"，A305050000C/0035/0372/5023/0002；翁养正：《我所知道的忠义救国军》，《建德文史资料》第 8 辑，中国人民政治协商会议建德县委员会文史资料委员会，1991 年 11 月，第 88 页。
⑤ 台北"国防部情报局"编印：《忠义救国军志》，第 21 页。
⑥ 曲云章：《军统别动军六纵队在河南》，《河南文史资料》第 29 辑，第 151 页；刘明天、邓启基：《抗战末期在东桥的别动军第二纵队》，《湘东文史资料》第 2 辑，第 78 页。
⑦ 《潘其武呈戴笠报告（1945 年 8 月 18 日）》，台北"国史馆"藏，军统局档案，148–010200–0016。

方缺乏合作诚意，至迟在 1942 年 9 月间，合作计划即告停顿。戴笠为此曾向宋子文吐露："前与英方约瑟克、倪和露等合作之破坏工作，委座当时期望甚大，无如英方无诚意合作，器材既不能作相当之供给，技术又不能开诚教授，且在我国内各战区借合作名义自由活动，搜集情报，实违反合作协议，故奉委座命中止进行。"①

别动军的成立，使军统局所属抗日武装力量得以整合，但因对英合作未能持续，别动军的战斗力并无显著提升。戴笠在呈给蒋介石的报告中坦承："生局所设之各铁道破坏队及别动军各纵队，以及隶属该军之忠义救国军，在各战区之敌后破坏工作，虽已尽到其最大之努力，但以缺乏优良之技术训练，而装备既缺且劣，故未能发挥极大之成果，而予敌以致命之打击。"②

至 1943 年，军统局再与美国合作，成立军事委员会中美特种技术合作所，在全国各地设班训练军统局所属抗日武装，简称中美班，使别动军再次迎来脱胎换骨的契机。各中美班由戴笠兼任主任，副主任由戴笠挑选军统局内长于军事之干部兼任，负实际责任。为争取时间，训练采速成方式，按各部队差异而确立时间多少，最少两个月，最多 4 个月。训练编组方面，在实施之初，原系各部队保送优秀人员入班受训，唯受训人员毕业后返回原部队时，归建后力量分散，难收成效；如集中使用，则又牵涉各部队原有编组。于是在 1944 年后，即改为各部队按照番号顺序，整营整连入班受训，结业后即予装备，按情势需要及技能特性，分别派往指定地区执行任务，或归还原部队建制。训练地点，原来计划系在别动军、忠救军及铁道破坏队驻地附近，后因战局变化，多有更动。其具体实施情形如下：

第一班，1943 年 3 月成立于安徽歙县雄村，以郭履洲为副主任。自 1943 年 6 月至 1945 年 2 月共办 7 期，调训散布于苏浙、太湖一带的忠义救国军及铁道破坏队。结训后均经美方重新装备，遣回原部队作战，担任沿青弋江截断长江、控制芜湖米库，截断京芜路、进击南京，并由徽州、

---

① 《戴笠致萧勃转宋子文电（1942 年 9 月 11 日）》，台北"国史馆"藏，戴笠史料，144–010101–0002–033。
② 《戴笠呈蒋介石报告（1943 年 11 月 17 日）》，台北"国史馆"藏，蒋介石档案，002–080102–00036–006。

绩溪、临安，经徽行过道进击杭州；同时监视孝丰、湖州、苏州一带日军活动等任务。

第二班，1943 年 6 月成立于湖南南岳，陶一珊、罗毅先后为副主任，分期训练和装备分布于粤汉、湘桂两铁道沿线的别动军第一、第二、第四各纵队和第五纵队第一大队，以及粤汉铁道破坏队等。自 1943 年 8 月 9 日至 1944 年 6 月，先后抽调 2217 人，分三期训练完毕。经戴笠及中美合作所副主任梅乐斯亲临主持毕业典礼，严格考核，不合标准者予以淘汰。1944 年 8 月，召训第四期，将军统局鄂南工作队 141 人编为别动军第二纵队第一支队第一大队，未及开训，因日军发动长衡会战，情势紧急，乃先后迁往沅陵、洪江、镇远等地，在艰难中完成训练。另创办湘乡、宁乡两分班，就近调训驻防长沙以北的第四纵队基层干部及士兵。

第三班，1943 年 10 月成立于河南临汝，以文强为副主任，分期调训别动军第五、第六纵队及平汉、陇海、津浦、同蒲各线铁道破坏队。第一期由别动军第五、第六两纵队及军统局豫南工作队等单位抽调 381 人，11 月 28 日开训，1944 年 2 月 28 日结业，经中美双方会同考核，以 37 人留班助教，其余均由美方配发新式武器，派 35 人往军统局行动队工作，309 人回第五、第六纵队工作。第二期先向第五纵队及豫南工作队等单位调集 363 人，1944 年 2 月 28 日举行开训式；因日军发动中原会战，班址先迁卢氏，再迁镇平，就近调训别动军第六纵队；5 月，第二期结业，考核与装备后，留班 15 人，派军统局行动队 42 人，遣回第五纵队 111 人，其余均分发第六纵队。第三期班址再迁陕西商县，调训别动军第五、第六纵队及平汉铁道破坏队 867 人，6 月 16 日开训，8 月 12 日结业，由美方装备后，以 59 人编组同蒲路破坏队，其余归还建制。第四期班址迁往西安牛东，改派杨蔚为副主任，仍调第五、第六纵队及津浦、胶济铁道破坏队等单位人员共 614 人，11 月 1 日开训，1945 年 1 月 8 日结业，经考核后分发原部队。

第五班，1944 年 9 月成立于广西南宁，以陶一珊为代主任，徐光英为副主任，训练装备第三纵队。时值衡阳沦陷后，日军乘胜分三路向桂林、柳州进犯，重庆震动，第五班自 9 月 10 日开始编队施训，因战局紧迫，

10 月 1 日提前结束，匆匆装备，即按预定计划进入玉林、梧州、南宁三区从事敌后工作。

第十三班，1944 年底成立于广东梅县，调训别动军第一纵队及粤汉铁道南部行动人员 1207 人，以汤毅生为副主任。[①]

中美班的课程系以新的军事技术为主，约占 75%，由美籍教官教授；其他一般军事基本学识、典范令与政治教育为辅，约占 25%，由中国教官教授。本国课程分为军事科目、技术科目、政治科目、其他演习四类：军事科目分为学科与术科，学科包括步兵操典、基本战术，术科包括基本教练、射击教练、战斗教练、阵中勤务；技术科目分为学科与术科，学科包括情报业务、城市暴动、行动技术，术科包括夜间演习及行动演习；其他演习包括防空演习、行军演习、紧急集合演习等。学科每次一小时，术科每次两小时，野外每次两小时。美国教官教授课程分为军事科目与技术科目两类：军事科目包括飞机识别、伪装及掩护、地图判读法、战地急救法、观测、射击目标之指示及火战指挥、搜索、侦察、埋伏、袭击、巷战、夜间步哨勤务、夜间演习、野外演习、手榴弹、手枪、汤姆逊冲锋枪；技术科目包括擒拿术、联络及秘密通讯、破坏、情报、爆破。[②]

中美班采取一边训练一边装备、课堂学习与实地演习相结合的方式，受训人员由美方发给新式轻武器装备，包括汤姆逊冲锋枪、卡宾步枪、左轮手枪和软性炸药，统称"三枪一炸药"。据中美班第三班副主任文强回忆，软性炸药的威力比 TNT 硬性炸药大 5 到 8 倍，可做成油条、烧饼等形状，粘贴于目标上，导电爆破，威力可观。美方通过翻译，向受训人员讲授"三枪一炸药"的性能及使用方法，再进行实弹演习、爆破演习，在演习过程中逐人考查成绩，及格者发给武器，否则需要再受训练或予以淘汰。[③]训练结束后，别动军按四四二的比例发给汤姆生轻机枪、卡宾步枪及左轮手

---

① 台北"国防部情报局"编印：《中美合作所志》，1970 年，第 47–54 页。
② 台北"国防部情报局"编印：《中美合作所志》，1970 年，第 56–60 页。
③ 文强：《我在风穴寺主持中美特种技术训练班第三班始末》，《临汝文史资料》第 4 辑，1987 年 12 月，第 7–8 页。

枪，另每人发给手榴弹两枚，按需供应其他火箭炮、烧夷弹等各种爆破器材。由于施教得法，考核严格，别动军的兵员数量、素质、战斗力均得到显著提升。

综观别动军的组织与训练，黄埔军人在其中扮演了相当重要的角色。无论是别动军司令部领导层、各纵队指挥官还是各中美班副主任，几乎全由黄埔一至六期学生担任：别动军首任司令周伟龙出身黄埔四期经理科，第二任司令徐志道出身黄埔四期步科，副司令陶一珊出身黄埔军官研究班，参谋长尚望出身黄埔五期步科。第一纵队指挥官翟荣基出身黄埔一期；第二纵队前后任指挥官盛瑜、杨遇春分别出身黄埔六期、高教班四期；第三纵队指挥官徐光英是唯一一个非黄埔出身的，但该纵队前后任副指挥邓匡元、陈砥澜分别出身黄埔四期步科、八期步科，且戴笠有意让黄埔六期步科出身的何峨芳顶替徐光英，只因何峨芳推辞而未果；[1]第四纵队指挥官何际元出身黄埔五期步科；第五纵队前两任指挥官杨蔚、廖宗泽均出身黄埔四期步科，第三任指挥官刘慕德出身黄埔一期；第六纵队指挥官孙树伦、岳烛远分别出身黄埔四期工兵科、黄埔六期；忠义救国军总指挥马志超出身黄埔一期。中美所第一班副主任郭履洲出身黄埔六期步科，第二班副主任罗毅出身黄埔四期步科，第三班副主任文强出身黄埔四期政治科，第十三班副主任汤毅生出身黄埔五期。

上述人事安排，一方面是因戴笠与所派诸人有黄埔同学之谊，但更重要的，是黄埔军人曾受革命熏陶与专业军事教育，是负责别动军工作的合适人选。可以说，别动军自始至终是一支由黄埔军人负责训练、指挥的特种部队，日后别动军取得的战果与黄埔军人灌注的心血密不可分。

三、别动军的抗日战果与功过是非

在抗战末期，别动军成为国民政府从事对敌特种作战的最大单位。[2]所

---

① 乔家才：《戴笠和他的同志》第 1 集，台北：中外图书出版社，1985 年，第 207 页。
② 《戴笠致毛人凤、潘其武、徐志道、易炜、鲍志鸿函（1945 年 3 月 23 日）》，台北"国史馆"藏，戴笠史料，144-010103-0004-029。

谓特种作战，一方面是指别动军受特务机关军统局指挥，各级人员由军统局委派，一方面则是就其作战方式而言。别动军是轻快部队，又是便衣部队，主要针对日伪从事情报、潜伏、偷袭、突击、策反等活动，有时配合友军，重心突破，而较少进行正规战。别动军既是一个战斗集体，又是一个情报网组织，每名队员都有单独作战任务和能力，部队经常分散驻防，支队、大队集中使用不多。[①]

戴笠对于别动军作战方式的制定颇为关心，曾指示别动军司令徐志道、参谋长尚望等人："应总合七年来敌寇对每一个战役所采取之战略与所施用之战术，详加研究与分析，而后作适应之对策，以达成吾人打击敌寇、争取胜利之目的。因是对于我别动军之编组与训练及装备等，均有详加研究、逐步改进之必要。"当 1944 年 7 月别动军第二、第四两纵队在湖南与日军激战后，戴笠指示："我别动军司令部与我中美合作所之作战组应即汇集各种有关材料，对于各该纵队之优劣得失详细检讨，而对于当地之地形与敌情及与友军之联系、民众之配合与各该纵队官兵之性能及其补给通讯等，均应切实查明，详细检讨。检讨结果并须立即采取补救之行动，务使各该纵队能继续作战，有更大成绩之表现。因此时官兵已有杀敌信心，而友邦参加作战之人员对我亦有相当之认识与信任也。"并下令军统局电讯处切实改进别动军通讯迟缓以及器材不足等问题。[②]

同年 9 月，戴笠再指示别动军应对敌展开重点攻击："根据敌军行动之情报与其战斗之企图，随时破坏其交通，阻止其运输，并于左右两翼，或其部队之后方，以有力之部队作猛烈之攻击，以配合友军之行动，破坏敌军之战略，不惜牺牲，争取成果。"当时豫湘桂会战正在进行，戴笠根据战场形势具体指出："最近敌图打通粤汉湘桂之联络，以图将其南洋部队撤回，吾人于此时必须加紧训练别动军第三纵队，充实其装备，健全其干部，并与地方密切联络，俟敌军打通粤汉湘桂之联络，自越南撤兵入桂时，

---

① 曲云章：《军统别动军六纵队在河南》，《河南文史资料》第 29 辑，第 151 页。
② 《戴笠致毛人凤、徐志道、尚望、鲍志鸿、魏大铭、潘其武电（1944 年 7 月 8 日）》，台北"国史馆"藏，戴笠史料，144–010103–0001–040。

则吾人应予以不断严重之打击，使其南洋部队不能安全通过。"①

　　根据戴笠提示的原则，别动军各纵队积极开展对敌行动。由于资料不全以及篇幅限制，别动军的全般作战经过尚难详知，仅就史料可考者简述如下：

　　第一纵队原配属于第四战区，第七战区成立后，配属于第七战区，在广州、清远、黄埔、吉山、龙田、三水、广利、肇庆、花县、四会、广宁、大塘、横石、禄步、新塘等地及附近地区袭扰日寇。②1944 年下半年，为牵制广州地区日寇北上，袭敌 51 次，毙敌 1500 余人。1945 年 1 月，专门袭击粤汉铁路，一个月内出击 17 次，炸毁敌军火车头 3 辆、车厢 13 节，拆毁铁轨 500 公尺，缴获敌军电台 1 部，摧毁敌军电讯学校 1 所。2 月，继续袭击日寇据点和交通要道，出击 32 次，俘获日寇 156 人，炸沉汽艇 7 艘，炸毁敌机 1 架、桥梁 7 座、火车头 2 辆及汽车多辆，使日寇不胜困扰。③

　　第二纵队于 1944 年 6 月在中美班结训后，正值长衡会战紧急关头，乃开赴湘赣边界醴陵、攸县、萍乡一带沦陷区作战。途经醴陵五里墩时，与大股日军遭遇，发生激战，击毙击伤日军近千人，但二纵队亦损失惨重，战后开往萍乡东桥，仅剩 5 个大队 800 余人。嗣后二纵队继续分散在醴陵、浏阳、湘潭、平江、攸县、茶陵及长沙郊区一带活动，截至 1945 年 4 月 29 日，对敌突击 259 次、破坏 57 次，击毙敌军官佐 32 员、敌军士兵 3570 名、敌军马 198 匹，击伤敌军官兵 1594 名，俘获敌军官兵 45 名、敌军马 32 匹。④

　　第三纵队主力配置在广西东南的敌后地区，1944 年 10 月桂柳会战期间，曾由第二支队连夜集中兵力，突袭进犯百色之日军后路，使百色转危为安。此后该纵队第一支队经常从桂东南地区向玉林、梧州各交通要道以及丹竹机场乘夜袭击，破坏桥梁，焚烧油库；第二支队则负责袭扰南宁通往桂北

---

① 《戴笠致毛人凤、郑修元函（1944 年 9 月 12 日）》，台北"国史馆"藏，戴笠史料，144-010106-0005-014。

② 郭旭：《军统控制的武装部队的组织概况及其罪恶活动》，《文史资料存稿选编》第 15 册，北京：中国文史出版社，2002 年，第 805 页。

③ 台北"国防部情报局"编印：《中美合作所志》，第 102 页。

④ 刘明天、邓启基：《抗战末期在东桥的别动军第二纵队》，《湘东文史资料》第 2 辑，第 78 页。

的主要公路和铁路，经常截断日军补给，突击日军巡逻队；第三支队则截击西江方面的水路交通。大小战役百余次，予日军相当损害。①

第四纵队于长衡会战期间，对敌作战34次，击毙日寇967人，击伤195人。1944年6月进军宁乡途中，在石潭附近被日寇发觉，纵队司令部曾三度被敌军围困，后在当地百姓的协助和指引下，成功跳出包围圈，并由特务队冒险突击敌军后路。由于四纵队有将近半数人员曾在中美合作所受训并换装，汤姆逊冲锋枪、卡宾枪充分发挥火力，与日寇的三八式步枪短兵相接，在武器上占绝对优势，日寇措手不及，被毙伤200多人。此外四纵队擅长俘虏敌军，据说自1944年6月受训结束至1945年8月抗战胜利，曾先后俘获日寇300余人。四纵队抓俘虏的方式多种多样：常由队员预先埋伏在树林中，捕获掉队敌军，迅速转移；有时队员乔装成农民，设法打入日寇据点充当伙夫，待时机成熟，里应外合，将据点敌军擒获。各支队俘虏都陆续解送到指挥部特务队关押，凑齐50名就交给美军第十四航空队转解重庆，据湖南宁乡大田乡乡长张季任回忆，第四纵队曾先后从田坪里解送五批俘虏合计250人。②

第五纵队主要负责对平汉铁路和商南公路沿线日军进行狙击、侦察、破坏，其活动地区在郑州、许昌、舞阳、南阳、方城、镇平等地。该纵队曾于1944年1月协助平汉铁路破坏队破坏焦作煤矿及黄河新铁桥，截断平汉路交通，迟滞日军进攻。③同年春，在豫北濬县附近，取得伪皇协军牛应得部掩护，连续炸毁日军机车10部。中原会战之后，国军主力转移至豫陕边区，该纵队转移至河南镇平前线。1945年1月，该纵队在西平南焦庄车站炸毁由汉口北开之兵车一列，炸死炸伤日军300余人。同年4月，袭扰侵占镇平之敌，曾攻入镇平县城，炸毁碉堡5座，击毙日军40余人，使各县日军闻风丧胆。7月，与日寇发生韩营攻防战，毙敌千余，缴获迫击炮3门，掷弹筒、枪榴弹、机步枪及弹药甚多。此外该纵队曾在镇平开

---

① 台北"国防部情报局"编印：《中美合作所志》，第100页。
② 张季任：《何际元和别动军第四纵队》，《宁乡文史资料》第4辑，1986年10月，第69-71页。
③ 台北"国防部情报局"编印：《中美合作所志》，第94-95页。

展锄奸工作，曾枪决经济汉奸、石佛寺地主冀国瑞。①

第六纵队指挥部设在河南老河口马家岗，自 1944 年 9 月 24 日起至 1945 年 4 月 28 日止，在明港、信阳、桐柏、老河口等地及附近地区作战。该纵队针对日军多驻信阳城郊和驻马店车站沿线的特点，沿铁路两侧袭击日军巡逻队，并伺机炸毁铁路、火车头、重要桥梁，缴获日军运输的武器弹药；并指派干员在信阳、驻马店搜集情报，掌握日军动向。另对伪皇协军等汉奸部队进行策反工作，使其成为别动军的外围部队，协助别动军情报人员前往日占区；有时还派人员打入伪军内部，探取日军情报；对甘心附逆的伪军头目，则进行暗杀，将其部队吃掉。②

忠义救国军，自 1944 年 8 月 2 日起至 1945 年 2 月 4 日止，在广德、嵊县、江阴、孝丰、吴兴、杭州、萧山、诸暨、苏州、常熟、无锡、长兴、吉安、上海、硖石等地及附近地区作战，对敌突击 136 次、破坏 45 次。举其要者，如 1944 年 9 月至 10 月间连续破坏湘赣铁路；1945 年 2 月破坏钱塘江大桥；5 月破坏浦阳江铁桥；5 月与日军激战于浙江於潜方元铺；6 月破坏苏南宝城煤矿，同月在飞云江布雷歼敌；8 月与敌在浙江昌化河桥发生遭遇战；等等。③

总计自 1944 年 4 月至 1945 年 4 月，别动军 6 个纵队及忠义救国军对敌发动突击 836 次、破坏 333 次、暴动 4 次，击毙敌军官佐 202 员、敌军士兵 14354 名、伪军官兵 37 名、敌军马 511 匹，俘获敌军官兵 93 名、敌军马 75 匹，虏获轻重机关枪 29 挺、步马枪 530 支、手枪 25 支、炮 2 门、手榴弹 1118 枚、掷弹筒 13 具、刺刀及指挥刀 11 把、步炮弹 29676 发、电话机 14 部、无线电机 19 部、电线 7754 斤、汽油 465 加仑、汽艇 1 艘，炸毁敌军驻所 50 所、仓库 39 所、飞机 6 架、普通桥梁 51 座、铁桥 17 座、汽车 111 辆、坦克（装甲）车 4 辆、铁道机车 41 辆、火车车厢 187 节、

① 《中美合作所志书面意见》，台北"国史馆"藏，军统局档案，148-010200-0027；马保民：《别动军第五纵队在镇平的抗日活动》，《中原抗战：原国民党将领抗日战争亲历记》，北京：中国文史出版社，1995 年，第 649–653 页。
② 曲云章：《军统别动军六纵队在河南》，《河南文史资料》第 29 辑，第 151–153 页。
③ 邢烨：《戴笠与忠义救国军》（南京师范大学硕士学位论文），第 27–28 页。

兵舰 1 艘、汽艇 48 只、驳船 71 只、炮 4 门、机枪 36 挺、步枪 613 支、步炮弹 2152 箱、汽油 700 加仑、铁轨 42 段 27532 公尺，攻占城镇 7 座。①

由于抗日有功，负责指挥别动军各部的黄埔军人大都在抗战胜利后得到了国民政府的勋奖。1945 年 9 月，第四纵队指挥何际元以在湘阴、衡山一带打击敌伪，卓著功绩，由国军第四方面军司令官王耀武呈请上级，颁给干城甲种一等奖章。②同年 10 月，第一纵队指挥官翟荣基因率所部于英德、清远及三江下游一带袭击顽敌，并深入敌后实施城市破坏战斗，战果辉煌，获颁四等云麾勋章。③1947 年 9 月，前别动军司令周伟龙、副司令陶一珊获颁四等宝鼎勋章，前别动军司令徐志道、参谋长尚望、第二纵队指挥官杨遇春、第四纵队指挥官何际元、第五纵队指挥官廖宗泽、第六纵队指挥官岳烛远、忠义救国军总指挥马志超、参谋长郭履洲，获颁四等云麾勋章；第三纵队副指挥邓匡元获颁忠勤勋章。④

然而在可观的战果之外，别动军的局限乃至劣迹亦为不容忽视的事实。和抗战时期的众多国军部队一样，别动军也存在贪污腐化、内部派系纷争、与共产党军队发生摩擦等一系列问题，而为人诟病的，则是其军风军纪不佳。就现存资料来看，别动军第一、第五、第六等纵队纪律问题较少，而在湖南沦陷区活动的第二、第四两纵队则往往有扰民害民事件发生。

据曾在别动军第四纵队担任军需工作的张季任回忆，该纵队纪律败坏，"在宁乡乃至湘中地区的群众中，留下了深刻印象"。具体而言，该纵队要求当地供应一切生活物资，如队员及其家属需要的房屋，队员出行时的轿子、轿夫，再如日常伙食，以及鸡鸭酒肉等各类招待物品；且该纵队队员骄傲自大，态度恶劣，往往稍有不遂，便对民众恶语咒骂，拳脚交加，

---

① 《军统局报告》，石叟资料室藏原件，陈诚档案，分类号：008.265，登录号：1339。
② 《宋子文呈国民政府（1945 年 8 月 29 日）》，台北"国史馆"藏，国民政府档案，001–035100–00089–014。
③ 《宋子文呈国民政府（1945 年 10 月 11 日）》，台北"国史馆"藏，国民政府档案，001–035100–00090–039；国民政府令（1945 年 10 月 24 日），台北"国史馆"藏，国民政府档案，001–035100–00090–040。
④ 《国民政府令（1947 年 9 月 25 日）》，台北"国史馆"藏，国民政府档案，001–035100–00014–025。

甚至诬蔑对方为汉奸，进而敲诈勒索。① 和第四纵队相比，在赣湘边界的第二纵队更加声名狼藉，据《湘东文史资料》的记载，该纵队腐化堕落，嫖赌成风，指挥官杨遇春家有妻室，却强娶醴陵当地某女青年为妾，其手下大小军官也竞相效尤；此外该纵队设卡收税，搜刮民财，强行买卖，迫害群众，而美其名曰"经济开源"，对不肯俯首听命者动辄扣以"通敌""资敌"罪名，实行抄家，"给当地人民带来了深重灾难"，以致别动军被人讥为"别有用心，动则要钱"。② 虽然该文提到的若干情节尚待查考，但第二纵队纪律荡然确是事实，这在株洲、萍乡的很多文史资料中都有体现，并非孤证。

对于别动军军风军纪的问题，戴笠亦有所闻，曾于 1944 年 11 月 22 日指示别动军："第四纵队何际元部纪律废弛，应举出事实，以本人名义电饬何际元迅行切实整饬，如有作奸犯科、骚扰地方者应即查明严惩，不得有丝毫偏袒。"③ 何际元作为一名具有一定爱国思想和正义感的黄埔军人，亦曾三令五申，要求所部严格遵守军风军纪，并曾惩办一些作奸犯科者。如第四纵队在华容县有一黎姓外围工作人员奸淫掳掠，经揭发后，被执行枪决；第一支队副支队长兼大队长喻伟龙违法乱纪，亦被关押；教导二营联络员喻季冬强奸妇女，由何际元亲自指示营长徐德亮将该员就地枪决，等等。只是直至抗战结束，第四纵队的纪律仍未明显好转。④ 又如杨遇春也曾试图挽回声誉，曾下令将一名横行乡里的大队长谭崇威枪决，并将该大队解散，但因第二纵队劣迹太多，这类迟来的补救措施，并不能从根本上扭转当时民众以及后世史家对该纵队军风军纪的评价。⑤

推究别动军若干部队纪律不佳的原因，首先在于政治思想教育不足。当 1944 年该军接受中美班训练时，其课程设置是在军事训练的同时，辅以政治思想教育，以期受训人员既能充实学术能力，又能陶冶革命军人品德，发挥报国热忱。但中美班采用速成方式，军事训练尚嫌不足，政治训

① 张季任：《何际元和别动军第四纵队》，《宁乡文史资料》第 4 辑，第 72 页。
② 刘明天、邓启基：《抗战末期在东桥的别动军第二纵队》，《湘东文史资料》第 2 辑，第 80 页。
③ 《戴笠手令（1944 年 11 月 22 日）》，台北"国史馆"藏，戴笠史料，144-010108-0003-027。
④ 张季任：《何际元和别动军第四纵队》，《宁乡文史资料》第 4 辑，第 72-73 页。
⑤ 罗乃文、罗新初：《攸县新市青年学生队》，《株洲文史》第 7 辑，第 114 页。

练分配的时间更少，戴笠为此曾向徐志道感慨："我别动军各纵队与忠义救国军及现在中美合作各训练班，无论官兵，对政治之训练均属毫无。"[1]其次在于别动军内部分子复杂，良莠不齐，如第二纵队因于1944年秋与日军激战，严重减员，于同年冬招收青年学生及散兵游勇约1000人；再如第四纵队为便开展抗日工作，曾纠集地痞流氓充当情报员、勤杂兵，并不上报备案，这类未经正式训练的外围人员比编制内人员多上几倍，常狐假虎威，欺压民众。再次则与别动军的活动方式有关，以第四纵队为例，该纵队队员都穿便衣，不挂符号，对外严格保密部队番号与个人身份，不肖分子违法乱纪后，受害民众不知对方单位姓名，往往忍气吞声，何际元虽然有心严肃军纪，但因所部广泛分布在湖南的十几个县，纵队指挥部鞭长莫及，对于军纪往往难以贯彻执行。[2]

总之，别动军虽然抗日有功，但因种种主客观因素，其有若干部队曾经为害地方也是事实，后人对此应有客观认识。

四、结语

1937年全面抗战爆发后，国民政府军统局陆续成立忠义救国军、便衣混城队、铁道破坏队等抗日武装，并于1942年将上述武装整合为军事委员会别动军，拟由英国特工部门施予训练、提供装备，以便有效开展对日特种作战，后因英方未能开诚教授技术并如期供给器材，导致别动军战果不彰。1943年，军统局再与美方合作训练并装备别动军，终于使该军兵员素质、作战能力得到大幅提升。

别动军各部自1944年在中美合作所训练班受训并装备后，以轻快部队、便衣部队的面貌陆续开入沦陷区，凭借美式装备的强大火力，利用游击、突袭、埋伏、爆破、暗杀、策反等手段，配合正面战场作战，破坏日军交

---

① 《戴笠致毛人凤、潘其武、徐志道函（民国三十三年九月十八日）》，台北"国史馆"藏，戴笠史料，144-010107-0003-001。
② 张季任：《何际元和别动军第四纵队》，《宁乡文史资料》第4辑，第72页。

通运输，予敌伪以相当打击。但毋庸讳言的是，别动军因欠缺政治思想教育，加以作战方式特殊、成员良莠不齐等原因，常有扰民害民情事发生，此外别动军还存在贪污腐化、内部派系斗争以及常与共产党抗日武装发生摩擦等一系列国军部队的通病。故对别动军的历史评价，不必过分否定亦不必全面肯定，而贵在实事求是，功过并陈。

特种作战作为对日抗战的重要组成部分，由于资料缺乏等原因，较少被学界提及，唯此种作战方式对抗战的贡献实非浅鲜。日本学者菊池一隆在其著作《中国抗日军事史》中曾分析"中国战胜、日本战败的结构性原因"，指出"国民党系特务组织的武装抗日活动、地下抵抗活动和情报战，也是不应忽视的事实"，并指出军统局"不仅直接打击日军和傀儡政府有关人员，还进行经济抵抗，对工厂和交通线实施破坏，动摇了日军对占领地区的统治"，"这些活动实际上是逐步将日军逼入绝境的多重抗战结构的一部分"。① 查军统局于抗战初期的对日行动，是以在上海、南京、杭州、天津、广州等大城市内刺杀日伪高官、破坏日伪经济设施为主，然而随着日伪在沦陷区的统治日益巩固，军统局在各大城市的潜伏单位于 1941 年前后几乎被破坏殆尽，故在太平洋战争爆发、世界反法西斯同盟形成以后，军统局转而寻求与英美国家合作训练武装部队，将对敌行动的重心由城市地下战场转向正面战场与敌后战场，别动军正是在这种背景下应运而生，并成为抗战后期国民政府从事对敌特种作战的最重要单位。别动军自始至终由黄埔军人负责组织、训练、指挥，部队取得的抗日战果，与黄埔军人灌注的心血密不可分，通过梳理别动军的来龙去脉，不仅可以深化抗战史研究，也让后世有机会了解黄埔军人对国家民族的特殊贡献。

（孙潇潇，首都图书馆历史文献中心助理馆员）

---

① ［日］菊池一隆著，袁广泉译：《中国抗日军事史》，北京：社会科学文献出版社，2011 年，第 275–276 页。

刘峙之《黄埔军校的创设》读论

王伟凯

摘要： 刘峙著写的《黄埔军校与国民革命军》一书中，第一章就是《黄埔军校的创设》，其对黄埔军校创办的国际和国内背景论述十分详细，这足以补其他资料之不足。对于筹备过程，作为亲历者也是详细记述，这对我们研究黄埔军校初期的情况很有帮助。

关键词： 刘峙 黄埔军校 创设 读论

关于黄埔军校的创设，档案出版社 1989 年影印出版的《中央陆军军官学校史稿》中的记载颇为简略，从创办的背景到筹备经过，用字不到千言，多言革命失败的原因就是"缺乏革命武力"，① 但刘峙将军的著作中，却进行了详细分析，所以本文就以刘氏所著展开了粗浅分析。

刘峙将军在其著写的《黄埔军校与国民革命军》一书中，开篇即谈到了"黄埔军校的创设"，其作为亲历者和当事人，自然对学校创建的时代背景和社会背景较为清晰。2024 年是黄埔军校建校 100 周年，再次回眸百年前的社会状况，将会使我们对黄埔军校的创建缘由有更为深刻的认识。

---

① 中国第二历史档案馆：《黄埔军校史稿》，北京：档案出版社，1989 年，第 99 页。

一、对国际背景的分析

任何一个事物的出现，都有其必然的时代背景，因为"世界上的任何事物都不能孤立地存在，都同周围的其他事物联系着，每一事物内部的各个要素也不能孤立地存在，都同其他要素联系着"。① 黄埔军校的创建也是如此。

按照刘峙将军的观点，黄埔军校创办受制于国内国际两个背景，国内背景一是"国内的军阀混战不已，割据一方，弄得民不聊生。所谓民国，所谓共和，名辞而已"。二是随着第一次世界大战的结束，"各国都在加紧对殖民地以及次殖民地的侵略，帝国主义国家的稳定，实孕育了新的矛盾——新的掠夺世界市场的斗争就从此时起，中国受列强的侵略和压迫就日益加深了。中国国民革命在各帝国主义的加紧侵略与国内封建军阀残酷摧残的双重压迫下，遭遇了空前的困难与挫折，中国国民革命者的任务当然更觉日益重大起来。中国国民党在总理孙中山先生领导之下，就肩荷着这个伟大的任务。民国十三年党的改组，便是针对着当时的困难环境而产生的。然而这还不够，建立革命的武力，已成了客观环境迫切的需要，但建立革命军必须首先培养革命的干部，黄埔军校便因此而诞生了"。

他认为黄埔军校创建的那年，正是一九二四年。当时的国际形势，可以归纳为三点，"（一）战后的欧洲，表面上似乎日趋稳定，实际上隐伏了极大的危机。（二）远东方面，华盛顿会议虽有尊重中国主权之规定，但实际上，列强对华的掠夺斗争是日益尖锐化了。（三）苏联革命的成功，给欧陆各小国以及各弱小民族极大刺激，革命运动弥漫全世界，对我们中国无异是一服兴奋剂。黄埔军校——中国国民革命军的基础，便是在这样的一个国际环境中产生的"。

可以说严峻的国际背景是推动黄埔军校创建的重要外部原因，按刘峙将军的分析，主要是两件大事，一件是"我们经过多年作战，对于国民革

---

① 单爱珍：《简明哲学教程》，上海：上海交通大学出版社，2004 年，第 102 页。

命军为骨干的国家武力，既已完成了经天纬地的圣战之机很大，日本独霸辽东的企图，遭遇了美国强烈的对抗。列强对苏联的武装干涉，也因步骤分歧而失败了"。第二件是国际联盟的成立，"成立时共有四十四个国家参加，表面上是实现了美总统威尔逊国际和平机构的理想，实际上却成为少数强国压迫弱国的工具。美国没有参加国联，苏联则因仇视之故亦未加入，中国虽是国联构成的一员，但并不能因此而减轻各帝国主义对中国的侵略和压迫"。

同时美国远东战略的变化，使中国的主权依然受到摧残和威胁，也推动了黄埔军校创建的步伐。按刘峙将军的分析，"一九二一年华盛顿会议的召集，更确定了美国在远东的领导地位。本来大战后，各帝国主义要补偿在大战中的损失，为要恢复本国的元气，不能不加紧对殖民地及次殖民地的掠夺。因此列强在太平洋上，特别是在中国方面的冲突，就日益尖锐化起来。日本帝国主义乘大战正酣之时，在中国攫取了巨大的权力，大有造成独霸中国之势。这当然为英美诸国所不能忍受，特别是美国，大战后亦已雄踞世界经济宝座之上，太平洋上的霸权是它所必争的"。

美国之所以发起召集华盛顿会议，在当时看来，一是提高自己在军事上的地位，削弱他国的军备竞争；二是巩固与扩大美国在远东尤其是在中国的利益；三是拆散英日同盟，以经济力量挟持欧洲各国，打击日本的对华独占政策。华盛顿条约的最主要成果，就是制定了《海军条约》，规定了英美日五五三造舰的比率。虽然表面上看，通过会议相互之间的冲突是缓和了，但实际上英美日三国在太平洋上的争霸战，却是与日俱深。除了《海军条约》外，还签订了与中国休戚相关的九国公约，涉及中国的内容主要有，一是尊重中国之主权与独立暨领土与行政之完整；二是予中国以发展机会，并维持巩固有力之政府；三是门户开放、机会均等。但这些说辞都是一些"好听的外交辞令，实际上关税依然不能自主，领事裁判权、内河航行权依然存在。此外英国对西藏、法国对安南、日本对满蒙，以及各国对军阀的大宗借款，促成循环不息的内战"。以致刘峙将军感慨说："尊重主权云乎哉？所以华盛顿会议以后，列强对中国的侵略只有加剧，所谓'机会均等主义'，与'势力范围主义'究又相差几远呢。"

此外，苏联十月革命的成功，同样是一个不容忽视的因素。刘峙认为，"苏联的革命，对于全世界，尤其是被压迫的弱小民族是一个极大的刺激。俄国人民经过很大的努力，推翻了沙皇统治，建立了无产阶级的革命政权。列强数次的联合武装干涉，终于失败了；在整个的世界政治上引起了空前的变革。因为由于整个资本主义的世界恐慌，各帝国主义对于一切弱小民族的加紧榨取，便引起了欧陆以及殖民地次殖民地无数的革命。革命的浪潮，震荡了全世界。例如 1918 年 1 月芬兰爆发革命；1918 年 11 月，德奥两国都发生革命；1918 年 3 月，匈牙利爆发革命；1920 年 9 月，意大利爆发革命；1923 年，保加利亚发生农民革命，1924 年 12 月爱沙尼亚的革命。欧洲的国家，被革命的火焰弥漫着。此外，许多殖民地及次殖民地国家，如印度，自 1919 年至 1921 年，爆发了伟大的革命斗争，甘地所领导的'非武力抵抗主义''不合作主义'，虽然并未成功，但对大英帝国的统治给予极大的威胁。至于 1921 年土耳其的民族革命，可以说是我们中国最好的榜样。土耳其从各帝国主义的压迫下站了起来，其他如 1925 年的摩洛哥、叙利亚及荷兰东印度各地，都不断地发生武装运动，这一片革命的浪潮，正与帝国主义的扩大侵略相对照的发展者。"

通过上述观点可以看出，刘峙将军对一些国家爆发的革命是持支持和羡慕态度的，认为在当时的社会背景下，只有革命才能救国于苦难。

二、对国内环境的分析

如果说国际背景是重要的外因，那么国内环境则是起决定作用的内因。刘峙将军在分析国内环境时，并不是片面、割裂地看待问题，而是用发展的、联系的视角进行了深入探讨。

"我们要追述黄埔军校创设前的国内情势，似乎也应该从第一次世界大战结束的后一年，即民国八年（1919 年）说起，在那年，我们中国发生了划时代的民族觉醒运动，即有名的'五四'运动。这一运动，包含着新文化运动和政治运动，这就是国民革命的前奏。'五四'运动的经过是很简单的：就是五月四日那天，北京学生为了反对与日本缔结卖国条约，集合三千多人，举行大示威运动。殴打卖国贼曹汝霖、陆宗舆、章宗祥等，并捣毁他们的住宅。当时学生被军警殴伤者甚多。继后学生组织演讲团，宣传抵抗日货，全国各地学生纷纷罢课响应，上海且有罢工罢市情形，藉示对北平学生的援助。这一运动的影响，实在是太大了。它表现着中华民族的觉醒，是中华民族解放运动的前奏。中国新文化运动，也是以五四为启蒙时代，所谓文学革命、科学思想、反礼教运动以及妇女解放运动，都是随着五四运动而展开的，从'五四'起，中国青年开始参与政治了。一般青年救国的情绪绝不是'安心读书'可以遏止的。所以黄埔军校创设时，各地青年如风起云涌的来投考，并不是一件偶然的事。"

在这里，其把五四运动作为青年参与政治的开端，正是因为青年在政治上的清醒，才有了黄埔军校创办后青年纷纷报考的情形。如果说五四运动是一个偶发事件，那么军阀内战也是促成青年政治觉醒的重要原因。刘峙将军分析说："华盛顿会议后，各国在华的角逐更加剧烈，北洋军阀的混战，也就反映了列强利益的尖锐冲突。从袁世凯称帝复辟起，国内反动的封建势力日渐增大。在列强掠夺对立的情势下，就形成了一个军阀割据的局面。北洋军阀分为直皖两系，直系首领为曹锟吴佩孚；皖系首领为段祺瑞。直系的后台是英帝国主义，皖系的后台是日本帝国主义。民国九年（1920年），直皖爆发的战争，实际上就是英日帝国主义在中国的争夺战。结果皖系失败，直系军阀的力量日益膨大起来。"但日本帝国主义并不因皖系失败而灰心，又开始支持第二个代理人——奉系军阀，这直接导致了1921年的第一次直奉战争，结果奉系失败不得不退至山海关。同时国民革命军北伐因陈炯明叛乱被迫中止，使得英帝国主义既抓住了直系军阀作为侵华代言人，同时又利用陈炯明事件"以遂其欲"。特别是直系军阀取得胜利后，其势力扩张到了湖北、湖南、四川及长江下游。民国十三年八月，苏浙战争爆发，浙江皖系战败，苏浙皖闽赣五省都落在了直系军阀掌握中，英美在长江中下游的掌控愈加巩固。面对这种情况，日本帝国主义不甘示弱，再次挑起了第二次直奉战争，这次的规模和激烈程度远超上次。最后因为冯玉祥主和，与胡景翼、孙岳合组国民军，导致直系军队一蹶不振。曹锟下台后，段祺瑞出任临时执政，但段是具有亲日色彩的，孙中山先生北上北平，本想与其合作，"开诚共谋国是，谁知一经接触，非常失望"。此后军阀混战仍是循环不息，如第二次苏浙战争、中原之战、奉军与东南五省联军之战，直到民国十五年（1926 年），国民革命军大举北伐，军阀内战终于告终。

连年的内战，第一说明各帝国主义在幕后的操纵、挑拨和支持，唯恐中国不乱。因为唯有这样，各帝国主义才能加深对中国的侵略和榨取。第二说明中国封建力量的长大，一般军阀官僚和无耻的买办阶级混成一团。他们在牺牲中国民众利益的前提下，无恶不作，以致生灵涂炭，民不聊生，将国家弄到濒临灭亡。各帝国主义对华掠夺的剧烈，国内封建力量的长大，都迫切需要最强的革命武力，才能完成国民革命的使命。当时广东革命政府的情势是这样的。要革命必须北伐，要北伐就必须建立强大的革命军，这样才能打倒军阀，打倒帝国主义。黄埔军校的创办就是为适合这样的要求。

帝国主义对中国的侵略和掠夺，刘峙将军的分析可谓一针见血。同时对五四运动也给予了极高评价，可见五四运动的伟大历史意义之所在。

三、军校筹办的概况

民国十二年（1923 年）八月，孙中山先生派蒋介石前往苏联考察。十一月，苏联方面又派鲍罗廷来华。鉴于当时的国内形势，并未全面集中革命力量，孙中山先生决定改组本党，并发出了改组宣言，重新办理党员登记，委托邓泽如、林森、廖仲恺等 9 人出任临时中央委员，并聘鲍罗廷为顾问，积极进行改组事宜。

民国十三年（1924 年）一月二十日，国民党第一次全国代表大会开幕，通过了多项文件，其中"创办军官学校，便是一全大会决议案之一"。在孙中山先生与苏联马林的会谈纪要中，也提到了这一点："马林在桂林逗留了3天，与孙中山（在胡汉民、许崇智等国民党干部陪同下）进行了两次长时间的会谈。马林的建议是以中国国民党和苏联合作为前提的，内容有如下3点：1.改组国民党，与社会各阶层，尤其与农民、劳工大众联合。2.创办军官学校，建立革命军的基础。3.谋求中国国民党和中国共产党的合作。"[①]

从蒋介石被委派为军校筹备委员会委员长后，便开始了筹备工作，民国十三年2月初在粤垣南堤设立了军校筹备处。自2月8日起至5月初第一期学生入校时止，共召开校务筹备会议32次。其中对各省区分配名额，经筹委会拟定共324名。同年3月，首先对军校的下级干部进行了考试选拔，录用了四五十名（按1924年4月24日《广州民国日报》报道，共录取了王声聪、吴济民等50名），然后举行了新生入学考试，第一次录取了300多名，第二次录取了200多名。关于学校编制，即在校长之上设总理，校长下设六部，教育方面是政治、教授、教练三部，事务方面是管理、军需、军医三部，另设党代表，"以示黄埔军校为党的学校"。学生成立一总队，下设队、区队、班等。5月5日，第一期学生进校，编为第一、第二、第三队，后又将备取生编为第四队。从此时起到正式开学日止，为预备教育期间，实际上从学生入校起就开始训练了。5月31日，预备教育期满，举行徒手检阅，"师生都充溢着革命的活力"。

根据有关资料记载，1924年2月10日分配了各省区招考学生的名额："拟定招学生三百二十四名，东三省、热河、察哈尔共五十名；直隶、山东、山西、陕西、河南、四川、湖南、湖北、安徽、江苏、浙江、福建、广东、广西每省十二名，共一百六十八名；湘、粤、滇、豫、桂五军各十五名，共七十五名。本党先烈家属二十名，尚余十一名，另招备取三十名至五十名。……三月二十七日假广东高等师范学校为实验场，举行入学试验，共计各地投考生一千二百余人，凡三日试毕。因各生学术教佳者多，故酌量

---

① 广东革命历史博物馆：《黄埔军校史料》，广州：广东人民出版社，1982年，第11页。

宽限录取。四月二十八日入学考试案揭晓，正取三百五十名，备取一百余名。"①显然招生数量的记载与刘峙将军的回忆有些许出入。

实际上在正式命名为黄埔军官学校前，国民党已做出了几个决议，如"设陆军讲武堂提案"，按《广州民国日报》1923 年 10 月 16 日报道，"十月十五日上午八时国民党党务讨论会开会，议决事项第九号议案：建议设陆军讲武堂于广州，训练海外本党回国之青年子弟，俾成军事人才，拥护共和案。"②如"国民党军官学校之规划"，按《广州民国日报》1924 年 1 月 3 日报道，"国民党前由恳亲会开党务讨论会时，经决议组织军官学校，现经中央执行委员会开会，议决进行，命名曰国民党军官学校。以测量局及西路讨贼军后方医院为校址，经由该会呈请孙总理，令饬测量局及病院办事人，觅地搬迁。并闻该校已定孙总理担任校长一席，其余各事，经陆续筹备进行云。"③"国民党军官学校"拟由孙中山任校长，由廖仲恺和苏联顾问鲍罗廷筹划开办和选定教职人员。但到 1924 年 1 月，原定的"国民党军官学校"尚无正式开办，孙中山先生又命名成立"陆军军官学校筹备委员会"，委蒋介石为筹备委员会委员长，并指定以黄埔旧水师学堂和陆军小学的旧址为校址。

此时恰逢国民党第一次全国代表大会在广州召开，参加大会的国民党员和以个人身份加入国民党的共产党员代表，都受托回到各地选拔优秀学生来校应考，如毛泽东便曾在上海负责上海等地区转来考生的复试和接送工作。

四、小结

关于黄埔军校的研究成果，可谓汗牛充栋，但就成立背景的专门系统研究，客观地说还不多见，通过刘峙将军的这本著作，可以让我们较为系

---

① 广东革命历史博物馆：《黄埔军校史料》，广州：广东人民出版社，1982 年，第 28 页。
② 广东革命历史博物馆：《黄埔军校史料》，广州：广东人民出版社，1982 年，第 23 页。
③ 广东革命历史博物馆：《黄埔军校史料》，广州：广东人民出版社，1982 年，第 24 页。

统地把握创办的历史条件。

另外他在书中分析了黄埔精神的源头，也给我们以研究的启发，即把教育理念和黄埔精神结合起来，如他认为"黄埔教育是有一个整体的体系的，根据教育目的而定教育理想，根据教育理想而定教育方针，根据教育方针而定教育方法，再根据教育目的和理想而定教育内容，根据教育内容而定教育编制。其间本末分明，系统严整。由于这种教育而奠定了中国军事教育的久远基础，由于这种教育而创造了复兴民族的黄埔精神"。

关于教育目的和教育理念，刘峙将军在书中写道："从教育的总分类来看，教育可分为两大类，一为普通的、经常的、有永久性的教育；一为特殊的、应变的、有时代性的教育……黄埔军校的教育，无疑地是属于第二类。""黄埔教育的目的，除了创造革命的武力这一个中心之外，围绕这个中心的还有许多比较具体的细目：为了当时的一般党军没有受过严格的训练，所以要办黄埔来加以改革，来加以整顿。为了当时的本党同志精神散漫，威望中隳，所以要办黄埔来整顿革命纪律，来扶持革命气质，至少是要来做个模范。为了当时的革命环境，日益扩大，革命先进渐多陨落，所以要办黄埔来培养新的干部，来继承先烈未竟之遗志。"

当然，由于受时代制约以及价值观的影响，刘峙的观点有些也失之于偏，甚至是谬误，在阅读他的著作时，必须用历史唯物主义的方法去甄别，只有这样，才能从中获得有价值的信息，而不能全盘照搬。总之，通过阅读刘峙将军的著作，能够使我们更加全面系统把握他本人对黄埔成立的背景认知，以及其他方面的观点，这对开阔我们深入研究黄埔军校的视野意义重大。

（王伟凯，天津市中国特色社会主义理论体系研究中心秘书长、研究员）

附　录

弘扬黄埔精神，为同心共圆中国梦凝心聚力

——孙中山与黄埔军校学术研讨会在北京召开

韩金伟

2024 年 6 月 5 日至 7 日，民革中央、中国社会科学院中国历史研究院在北京共同主办"孙中山与黄埔军校——纪念黄埔军校建校 100 周年学术研讨会"（以下简称研讨会）。研讨会政治站位高、学术氛围浓、情感交流深、组织服务好、活动成果多，取得圆满成功。

一、基本情况

这次研讨会，是为纪念黄埔军校建校 100 周年而举行的重大主题活动，得到有关部门的精心指导，得到全国政协文史委、中国社会科学院近代史研究所、中国辛亥革命研究会、中华中山文化交流协会、黄埔军校同学会、民革中央孙中山研究学会以及团结报社、团结出版社有限公司的大力支持。全国人大常委会副委员长、民革中央主席郑建邦，中国社会科学院院长、党组书记，中国历史研究院院长、党委书记高翔出席开幕会并讲话。黄埔军校同学会、香港两岸和平协进会、台湾统一联盟党等负责同志在开幕会上致辞。各有关单位负责同志，来自台湾、香港、澳门及海外的团体、学者、黄埔后裔代表，论文作者、特邀专家学者和嘉宾以及新闻媒体记者 200 余人参加研讨会开幕会及相关活动。

研讨会期间分别举办了黄埔后裔联谊沙龙、主旨演讲、大会发言、青

年学者论坛、黄埔师生后裔论坛、学术沙龙等形式多样、内容丰富的系列活动，得到与会领导和嘉宾的一致认可。

二、主要特点

（一）领导高度重视，全程严把政治关，具有鲜明的政治性。在黄埔军校建校百年这个重要时间节点，举办以"孙中山与黄埔军校"为主题的学术研讨会，对于坚持以习近平新时代中国特色社会主义思想为指导，继承发扬孙中山及黄埔师生的爱国精神和优良传统、促进海内外交流凝聚广泛共识、不断壮大反"独"促统力量，推进祖国统一大业，具有重要意义。此次会议被列入国家层面纪念黄埔军校建校 100 周年的活动之一。

民革中央和主席班子对此次研讨会高度重视，主席办公会两次听取专门汇报。郑建邦主席提出以突出"政治性、时代性、学术性"办好会议的要求，并多次作出重要批示，给予精心指导，亲自审核重大文稿，全程出席联谊沙龙、开幕会和主旨演讲并两次发表讲话。谷振春副主席主持开幕会、出席联谊沙龙和主旨演讲，陈星莺副主席主持联谊沙龙、出席开幕会和主旨演讲，机关各部门负责同志出席活动。团结报社、团结出版社相关同志全程参与，提供全面服务。中国社会科学院中国历史研究院作为联合主办单位，对此次活动也高度重视。高翔院长多次协调相关工作、出席开幕会并讲话。院领导班子多次专题研究，在论文审核、会务组织、人员统筹等方面提供了学术指导和大力支持。中央统战部、国台办等有关负责同志对文稿审核、邀请台港澳及海外嘉宾情况等提出意见建议，确保研讨会自始至终都坚持正确的政治方向，把牢意识形态工作导向。

（二）相关研究领域专家云集，研讨氛围浓厚，具有鲜明的学术性。研讨会召开前，主办方面向专家学者、中国辛亥革命研究会理事、民革中央孙中山研究学会理事、黄埔师生后裔进行了较大范围的论文征集，共收到中国社会科学院中国历史研究院、北京大学、台湾中华战略学会等高校、科研机构、社会团体的专家学者和黄埔后裔提交的文章 86 篇。这些论文聚焦主题、围绕议题，展现了该领域的创新观点和前沿进展，有较高的学术价值；部分黄埔后裔的文章侧重寄托对前辈的缅怀与追忆，表达对祖国完全统一的信心与期盼，饱含情感，真挚动人。

研讨会期间，5 位专家学者围绕研讨会主题作了精彩的主旨演讲，发表了真知灼见。10 位嘉宾作了大会发言，结合研究成果和时代使命进行深刻阐述。12 位嘉宾分别在青年学者论坛和黄埔师生后裔论坛上作了深入交流。4 位嘉宾在学术沙龙上分享了观点，并和与会人员进行了现场互动，进一步推进了学术沟通与交流。同时，在不同的环节安排相关领域有影响力的专家学者担任发言人、主持人、点评人，确保学术交流全面深入、研讨氛围浓厚活跃。

（三）深入挖掘黄埔精神的时代内涵，促进祖国统一，具有鲜明的时代性。研讨会紧扣主题，以孙中山与黄埔军校为切入点，引导黄埔同学及其后裔不忘先辈遗志，勇担时代重任，围绕弘扬"爱国、革命"的黄埔精神，增强投身反"独"促统事业的责任感、使命感，鼓励他们在新形势下进一步做好相关工作，积极投身中国式现代化建设，为推进强国建设、民族复兴伟业作出贡献。

尤其是研讨会开幕前晚，民革中央专门组织开展了联谊沙龙活动，邀请与会的黄埔后裔代表和部分黄埔后裔中的民革党员，通过视频播放、嘉宾访谈的形式讲述先辈事迹、回顾峥嵘岁月、传承黄埔精神，共同表达对祖国完全统一、中华民族伟大复兴的殷切期盼。与会黄埔后裔代表深受感动，引起强烈的情感共鸣，一致认为联谊沙龙思路创新，是一场筹备精心、组织精细、呈现精彩的情感交流会。研讨会由团结报社提供全媒体支持，以专栏、专刊等形式做好预热宣传，广泛邀请人民日报社、新华社等主流媒体参会报道，集中以文字、图片、视频等方式刊发系列深度报道，有效提升了活动的社会影响和传播力度。

三、主要成效

（一）对孙中山先生和黄埔军校历史贡献的认识更加深化。郑建邦主席在联谊沙龙和开幕会上的讲话中，深情回顾了黄埔军校发展的历程，高度评价了黄埔师生作出的积极贡献。与会代表一致认为，"黄埔军校是第一次国共合作的产物，在中华民族发展史上书写出名垂青史的绚丽华章""黄埔先辈用他们的报国之志、血肉之躯、英勇之魂铸就了以'爱国、革命'为核心的黄埔精神"。参会的领导和专家学者在讲话、致辞和研讨活动中，从孙中山与黄埔军校的建立，黄埔军校与大革命、国共合作，黄埔军校建校的重要意义，黄埔军校的历史贡献等不同角度进行了深入解读分析、阐释论证。特别是来自海峡两岸的专家学者，通过研讨交流，对孙中山先生和黄埔军校的历史地位、独特作用的认识进一步深化，为以学术研究为渠道增进共识奠定了学理基础。

（二）对在新时代传承、弘扬黄埔精神的共识更加凝聚。与会代表除了论文作者，大部分都是黄埔师生后裔，对黄埔军校有天然的亲近感，对黄埔精神有自发的认同感。大家一致认为，黄埔军校建校百年来，虽然几次易地，但以中华民族利益至上的爱国情怀始终没有变，黄埔精神所代表的人生追求、价值观念和浩然正气没有变。举办学术研讨会，就是要重温那段战火纷飞的历史，回忆那种穿越时空、烛照当下、历久弥坚的精神，更好地汲取精神营养。作为黄埔后裔，应该成为黄埔精神的传承者、践行者，成为一颗传播黄埔精神的"火种"，向下一代、向各方面讲述先辈故事、弘扬黄埔精神，传承红色基因、赓续红色血脉，从而进一步激发海内外中华儿女为实现中华民族伟大复兴贡献力量。

（三）对实现祖国完全统一和中华民族伟大复兴的信念更加坚定。实现祖国完全统一，是中山先生一生的夙愿，是黄埔人不变的初心，也是大陆及台港澳海外等全体中华儿女的共同追求。与会专家和台港澳及海外嘉宾一致认为，实现祖国完全统一是大势所趋、大义所在、民心所向，祖国必须统一，也必然统一。当前，中华民族伟大复兴已进入不可逆转的历史进程，我们比历史上任何时期都更接近、更有信心和能力实现祖国完全统一的目标。要牢记习近平总书记的殷殷嘱托，携手同心，以黄埔军校建校100周年为契机，进一步继承发扬黄埔精神，投身新时代反"独"促统事业，共同完成祖国完全统一的历史使命，共同书写中华民族伟大复兴的崭新篇章。

孙中山与黄埔军校

——纪念黄埔军校建校 100 周年学术研讨会综述

鲍家树

2024 年 6 月 6 日至 7 日，孙中山与黄埔军校——纪念黄埔军校建校 100 周年学术研讨会在北京召开。全国人大常委会副委员长、民革中央主席郑建邦出席并讲话。郑建邦指出，黄埔军校是第一次国共合作的结晶，具有深厚的红色传统，铸就了"爱国、革命"的核心基因。在黄埔精神的激励下，黄埔军校师生为中国近现代史书写了不朽篇章，作出了不可磨灭的历史贡献。我们要缅怀黄埔先辈，弘扬黄埔精神，助力中华民族复兴伟业和国家统一大业。

本次研讨会由民革中央、中国社会科学院中国历史研究院主办，民革中央宣传部、中国历史研究院近代史研究所、中华中山文化交流协会、中国辛亥革命研究会、民革中央孙中山研究学会、团结出版社承办。来自中国社会科学院中国历史研究院、北京大学、中山大学、广东省社会科学院、上海大学、上海师范大学、南京大学、中国第二历史档案馆及台湾中华战略学会、台湾中华黄埔研究学会、台湾中华侨联总会等高等院校、科研机构、社会团体的专家学者及黄埔军校师生后裔提交文章 86 篇，会议议程分为主旨演讲、大会发言、青年学者论坛、黄埔师生后裔论坛、学术沙龙等。

孙中山、黄埔军校与大革命时期的中国共产党

大革命时期，孙中山、黄埔军校与中国共产党彼此存在着紧密的联系和互动，共同为中国革命事业作出贡献。

在孙中山创建黄埔军校的实践和影响方面，汪朝光《孙中山与黄埔军校》认为，孙中山在创办黄埔军校时，尤为重视引进党的力量、引进主义的力量和创新军校办学方法，并在此基础上培育国民革命军。王奇生《比较中审视：黄埔军校的办学模式与历史定位》认为，从武装革命的角度看，黄埔军校的建立可视为"大革命"的开端。罗君《变革型领导视角下孙中山创建黄埔军校的实践及其影响》以变革型领导理论为视角，从德行垂范、愿景激励、领导魅力、个性化关怀四个维度探讨了孙中山创建黄埔军校的实践策略。刘瑜《略论中山先生政治、军事思想对黄埔军校的影响》从孙中山政治、军事思想的发展演变着手，认为黄埔军校不仅是孙中山毕生革命实践的结晶，更成为中山精神的物化载体。邵雍《孙中山与黄埔军校》认为，黄埔建军反映出孙中山的与时俱进和伟大转变，初步实现了武力与国民的结合。孙中山逝世后，中国共产党人创建人民军队，最终实现孙中山"武力成为国民之武力"之目标。卢纲、卢璟《黄埔军校武汉分校与中共建军的历史探析》梳理探析武汉分校与中共建军的历史关系及武汉分校的历史贡献。姜涛《打破地方主义：黄埔军校、国民革命与中国军事教育的近代转型》认为，黄埔军校创建之初，以政治教育为核心，以北伐与国民革命为目标，而与此相背离的地方主义则逐渐成为"不革命""反革命"的代名词，黄埔早期学生中逐渐形成一股反地方主义的革命思想。吴张迪《陆海军大本营时期孙中山筹备军校的初步尝试——大本营陆军讲武学校》认为，黄埔军校与大本营陆军讲武学校在大元帅府体制内并存并相互影响。王伟凯《刘峙之〈黄埔军校的创设〉读论》认为，刘峙的《黄埔军校的创设》对黄埔军校创办背景论述，可补史料之不足。

在共产党人与黄埔军校关系方面，曾庆榴《中山舰事件后共产党人维护黄埔军校的若干举措》认为，中山舰事件后，共产党人对蒋介石的反共

分裂活动作了有力抵制，并通过开展一系列工作化解危局，在巩固和发展黄埔军校共产党组织的同时，维护了国共合作局面，推动了黄埔军校进一步发展。赵立彬《黄埔军校与中国共产党广州时期的实践》认为，黄埔军校的创办及围绕军校展开的斗争，是中国共产党在广州时期政治、军事实践的重要组成部分，是中国共产党实行统一战线政策的有力成果。

在共产党人与早期武装斗争研究方面，郑大华《论大革命时期中国共产党人对武装斗争的认识》认为，中国共产党对武装斗争经历了从初步认识到认识其重要性的过程。丰新妹、曾胜程《论黄埔师生在早期人民武装力量创建中的杰出贡献》认为，黄埔师生中的共产党员在开拓革命军事教育、领导武装起义等方面，为早期人民武装力量的创建作出杰出贡献。

在苏联对黄埔军校的影响和支持方面，闻蕾《"共产主义是三民主义的好朋友"——孙中山、列宁论科学社会主义真谛》以中苏合作、国共合作为背景，以孙中山 1912 年就三民主义、社会主义的两次演讲和列宁对其的评论为视角，梳理黄埔军校创建和发展过程的一系列史实。刘育钢《联共（布）、共产国际与黄埔军校的创办》认为，孙中山决定创办黄埔军校后，苏联从智力、人力、财力、物力等方面给予支持帮助，指导军校建设。黄埔军校开办后，又不断在经费和装备方面给予援助，保证军校办学规模和发展壮大。冯杰《黄埔建军前后的苏俄军事顾问——以加伦为中心》认为军事总顾问加伦是国共合作统一广东革命根据地的有力外援。

黄埔军校与国共合作

黄埔军校不仅培养了一大批革命军事政治人才，而且成为推动国民革命的重要力量。

金以林《黄埔军校与大革命》认为，领导大革命的核心力量，是实现第一次合作的国共两党，其重要标志是两党共同创建黄埔军校。俞祖华《民族复兴：第一次国共合作形成与黄埔军校建立的底层逻辑》认为，国共合作形成与黄埔军校建立的底层逻辑是国共两党有着振兴中华的共同追求并在民族复兴目标与实施途径上达成基本共识，共同主张反帝反封建是两党合作的政治基础。

陆卫明、王文辛《大革命时期黄埔军校的政治教育》认为，大革命时期，作为国共第一次合作产物的黄埔军校十分重视政治教育。良好的政治教育锻造了革命新军、传播了革命思想、培养了革命干部，留下宝贵的历史经验。王飞、鲍依婷《国共合作时期黄埔军校的思想政治工作及其启示》认为，黄埔军校思想政治工作的实践，为国共两党培养了大量军政人才。

此外，廖大伟《国共合作与黄埔军校在沪招生》依靠国共两党决策层面的档案资料及多方回忆资料，对黄埔军校在沪招生问题展开溯源。通过对"军校在沪招生"的研究，既丰富对国共合作中"国共关系"的理解，亦透析中共早期青年运动之开展及其效果。

黄埔军校的历史贡献与黄埔精神的时代价值

黄埔军校的贡献不仅体现在对军事教育的影响，还体现在对中国革命历史进程的推动。黄埔精神与中华民族发愤图强相关联，至今仍然具有重要的时代价值，是实现中华民族伟大复兴和祖国和平统一的精神力量。

在黄埔军校的历史贡献方面，王晓华《黄埔军校的历史贡献及对两岸统一的作用》论述黄埔军校师生在统一广东根据地、北伐战争、抗日战争、反对"台独"等方面所作的历史贡献。孙潇潇《黄埔军人与军事委员会别动军的对日特种作战》梳理别动军的沿革、组织、训练、战果、军纪等情况。此外，孙继业《黄埔军校的历史贡献——纪念黄埔军校建校 100 周年》、高东英《论黄埔军校的历史贡献和功绩——纪念黄埔军校建校 100 周年》也对该论题予以探讨。

在黄埔精神的时代价值方面，谢佳良《从孙中山思想到黄埔精神的家国情怀》认为，黄埔精神是对孙中山思想的继承与发扬，体现爱国爱民、忧国忧民、救国救民的家国情怀。戴鹏《论黄埔精神与祖国统一》认为，黄埔精神是反"独"促统的精神纽带，是实现国家统一、民族复兴的精神动力。尤永盛《黄埔军校作为两岸命运共同体符号表征的价值意义及传播路径》提出，作为孙中山留下的宝贵财富，黄埔军校是承载共同记忆、增进家国认同、实现统一夙愿的两岸命运共同体符号。

黄埔军校相关人物研究

黄埔军校群英荟萃，与会学者不仅关注黄埔人物的生平事迹，更致力于挖掘其思想精髓，集中展示其在推进中国革命进程中所发挥的重要作用。

曾景忠《有关黄埔军校政治部主官之更替》对黄埔军校政治部主官进行考证和梳理。王小丫《周恩来与黄埔军校政治文艺工作探微》爬梳分析周恩来在黄埔军校开展政治文艺工作的成功案例和重要作用。李霭君、刘则永《黄埔军校与李济深的革命活动》探讨李济深为黄埔军校的筹建和发展作出的卓越贡献及中华人民共和国成立后李济深依托黄埔师生开展的促进祖国和平统一工作。李霭君、陈澄波《黄埔师生共筑抗日统一战线长城——记李济深、宣侠父在广西的抗战活动》着重论述黄埔军校副校长李济深、黄埔一期生宣侠父在抗日战争中的贡献。覃珊《黄埔军校的政治思想教育对父亲覃异之的影响》、曾晓庄《黄埔军校二期生陈公培》、彭云祥《如红日不落 如星辰永存——回忆父亲彭克勋的黄埔经历》从黄埔学生后裔的角度，分别论述了黄埔军校二期生覃异之、陈公培，黄埔军校十六期生彭克勋在黄埔军校的经历、贡献及其革命斗争实践。

此外，钟远明、谭宇雄《黄埔军校教育长林振雄军旅事迹述略》、尤永盛《熊雄在黄埔军校时期的统一战线思想及启示》、费国容《从黄埔军校走出的红四军军长王良》、刘建国《李运昌与冀东人民抗日大起义》、罗天《黄埔抗战英烈、壮族骄子周元将军》等也对相关黄埔人物的事迹与功绩进行了研究。

黄埔军校相关区域研究

与会学者对黄埔军校与湖南、桂林、兴宁等进行了区域性专题研究。

陈予欢《黄埔百年 湖湘之光——从档案史籍年谱日记回忆录考释湖南籍师生与黄埔军校渊源》依据海峡两岸史料，整理黄埔军校与湖南的渊源。胡坚《革命黄埔 源起桂林——试论孙中山与马林桂林会见对创办黄

埔军校的影响》、刘玉《桂林：孙中山创建黄埔军校的策源地》以孙中山
在桂林期间与共产国际代表马林会见为主要研究对象，梳理孙中山在桂林
开展的政治动员、组织策划、军事行动等，论证桂林作为黄埔军校重要策
源地的历史地位。李长莉《辛亥革命地域效应与黄埔军校——广东兴宁考
察》认为，广东兴宁对孙中山革命有较深厚的民众基础。广东兴宁籍学员
在黄埔军校前五期学员中人数居于广东前列的原因，除生计艰难、家族关
系紧密、崇文重教及离乡外出谋生外，孙中山在广州建政、创办黄埔军校
及国民革命军的发展，为兴宁子弟提供机遇。

结语

综观本次研讨会，呈现出如下特点：

一是政治导向鲜明。2024 年是中华人民共和国成立 75 周年，是黄埔
军校建校 100 周年。在此重要时间节点，由民革中央、中国社会科学院中
国历史研究院联合举办孙中山与黄埔军校——纪念黄埔军校建校 100 周年
学术研讨会。作为黄埔军校建校 100 周年的活动之一，本次研讨会对于坚
持以习近平新时代中国特色社会主义思想为指导，研究、弘扬黄埔精神，
坚定不移推进祖国统一大业，具有重要意义。

二是学术成果丰硕。本次研讨会研究内容丰富、研究视野开阔、研究
方法创新，纪念性研究特征明显。有相当数量的论文展现黄埔军校研究领
域的创新观点和前沿进展，体现出较高的学术水准。与此同时，与会学者
认为，在黄埔军校研究领域，仍有更进一步的学术空间，值得共同拓展深化。
例如，黄埔军校史料发掘与研究、黄埔军校分校研究、黄埔军校人物思想
研究、改革开放以来的黄埔军校人物研究等。

三是时代特色强烈。坚持历史与现实相结合，富有时代特色。来自港
澳台及海外的 22 位黄埔师生后裔代表参加本次研讨会，讲述先辈事迹、
传承黄埔精神，表达对祖国完全统一、民族伟大复兴的信心和期盼。本次
研讨会对于广泛交流、凝聚共识，深入挖掘黄埔精神时代内涵，不断壮大
反"独"促统力量，共同推进祖国和平统一进程具有重要的时代意义。

两岸暨港澳人士吁弘扬黄埔精神、共推民族复兴

陈建新

　　"孙中山与黄埔军校——纪念黄埔军校建校 100 周年"学术研讨会 6 日在北京举行，来自两岸暨港澳地区和海外的逾百名嘉宾与会。参会人士呼吁缅怀黄埔先辈，弘扬黄埔精神，促进两岸交流合作，携手共创民族复兴伟业。

　　"国共合作形成与黄埔军校建立的底层逻辑，在于国共两党有着振兴中华的共同追求，并在民族复兴目标与实施途径上达成了共识。"鲁东大学历史文化学院教授俞祖华认为，这其中就包括两党均痛感当时中国沦于半殖民地半封建社会的深渊，两党均期盼中华民族实现从落后挨打到民族复兴的转变，两党均体认要实现民族复兴必先进行反帝反封建斗争，以及两党均深知"打倒列强除军阀"须建立军队进行武装反抗。

　　西安交通大学马克思主义学院教授陆卫明关注到大革命时期黄埔军校的政治教育。在他看来，受苏联影响，黄埔军校作为国共第一次合作的产物，十分重视政治教育，在教育组织机构、教育目标与内容，以及教育方法上形成了较为完善、系统的规章制度。良好的政治教育为在军事上锻造革命新军、在思想上传播革命思想、在组织上培养革命干部作出重要贡献，留下了宝贵的历史经验。

　　祖籍云南的香港黄埔军校后代亲友联谊会理事李维镇，自小在台湾长大。列举祖辈及其他云南籍黄埔师生投入革命和抗战的历史事迹，他表示，讲述云南与黄埔的渊源，感悟前辈初心，将为新时代的事业坚定信念、增

添力量。"天下黄埔是一家"，这虽然只有短短七个字，但却高度概括两岸黄埔人拥有的共同情感、共同事业和共同目标。

澳门辛亥革命与中山文化研究会理事长李时泰表示，黄埔军校培养了大批优秀军事人才，在中国革命和建设的各个关键时期发挥了重要作用。从军校第一批毕业生离开校园，立即奔赴战场参加讨伐北洋军阀，到抗日战争爆发，军校师生赴抗日前线参与战斗，这些事迹无不体现出黄埔精神。

在当前国际大变局中，如何发扬黄埔精神完成祖国和平统一事业？在李时泰看来，要增强团结协作能力，凝聚共识形成强大合力，以黄埔的团结精神激励全民族同心同德；树立责任担当意识，肩负维护国家利益的历史责任，以高度使命感、责任心投入到祖国统一事业中；增强文化自信，提升文化软实力，向全世界展示中华优秀传统文化，增进国际社会理解与认同，为和平统一创造有利条件。

"黄埔军校是所有中国人共同的光荣记忆，刻画着民族力图振兴的浴血历程。"台湾黄埔军校同学会后代联谊会理事长丘智贤表示，两岸与海外的黄埔同学、亲属后代就像是一棵百年巨树上一片又一片的青翠绿叶，血脉相连，气息相通。我们要研究黄埔历史，铭记黄埔先烈，继承和发扬黄埔精神，为实现民族复兴贡献力量。

继承先辈遗志　坚定反"独"促统

"孙中山与黄埔军校——纪念黄埔军校建校 100 周年"学术研讨会侧记

付振强

人类军事史上，很少有一所军校能像黄埔军校一样，极大影响一个国家的历史进程。习近平总书记在致黄埔军校建校 100 周年暨黄埔军校同学会成立 40 周年贺信中提到，"黄埔军校是第一次国共合作的产物，是我国第一所培养革命军队干部的学校"。

天下黄埔是一家。直到今天，黄埔军校仍是联结海峡两岸同胞的精神纽带之一，黄埔精神铺就黄埔师生及后辈们追求统一的精神底色。

黄埔军校铸就"爱国、革命"的核心基因

"升官发财请往他处，贪生怕死勿入斯门。"走进黄埔军校旧址，一副对联正气浩然，道出中国革命军人的崇高志向与奉献精神。这副对联出自孙中山，也是经他批准贴在了黄埔军校的大门口。

"这副对联体现了黄埔军校高举爱国旗帜，培养具有革命理想和牺牲精神的军事政治人才的初心使命。'亲爱精诚'的校训，更是饱含了孙中山先生期盼通过黄埔军校师生为纽带，团结国共两党共同革命的真挚情感和深切期望。"近日，"孙中山与黄埔军校——纪念黄埔军校建校 100 周年"学术研讨会在京召开，全国人大常委会副委员长、民革中央主席郑建邦在

开幕会讲话时说。

"百年黄埔，是砥砺奋进的百年，是英雄辈出的百年，也是爱国革命精神薪火相传的百年。我的祖父郑洞国在逝世前，无比遗憾地对我说：'我对国事、家事均无所憾，只是可惜没能看到祖国统一。什么时候国家统一了，国民革命才算彻底成功了。'这是老一辈黄埔军人的共同心声！"郑建邦表示，回望百年，黄埔军校是第一次国共合作的结晶，具有深厚的红色传统，铸就了"爱国、革命"的核心基因，"中共十八大以来，以习近平同志为核心的中共中央统筹中华民族伟大复兴战略全局和世界百年未有之大变局，以中国式现代化全面推进强国建设、民族复兴伟业，开启了全面建设社会主义现代化国家新征程，我们比历史上任何时期都更接近中华民族伟大复兴的目标，这是全体中华儿女的共同期盼，也是广大黄埔师生孜孜以求、心之所向、行之所往的美好夙愿"。

薪火相传百年路。当年，一大批热血青年在黄埔军校熔炉中淬炼成长，无数出身黄埔的爱国人士为了革命信仰、爱国理想前仆后继。直至今日，黄埔军校师生的后辈们还在紧密聚集一起，秉承父辈爱国之志，愿意为中华民族伟大复兴做出表率。

"黄埔军校自建校伊始，就把政治教育和军事训练摆在同等重要的地位，注重培养学生的爱国思想和革命精神，为中国革命培养了一大批优秀军事政治人才。"黄埔军校同学会第六届理事会副会长陈知庶说。一批批热血青年在黄埔军校学习革命理论、接受军事训练、参加社会实践、播撒革命火种，逐步磨炼成长为真正的"革命者"，肩负起救国济民的历史责任。

"培养学生的革命精神和爱国精神，是黄埔军校区别于一切旧式军校的主要特点。"陕西科技大学马克思主义学院教授王飞表示，黄埔军校所进行的思想政治工作的创新实践凝结着国共两党在建军过程中治学育人的宝贵经验，如"理论性内容和革命性实践相融合""先进性个人和广泛性群体相辉映""专业性队伍和多样性教育相结合"等创新工作方法，虽然这些工作经验与创新实践还是初步的和不够完善的，但它的工作体系和一些基本原则、工作方法，在黄埔军校创办以前的中国军事史上没有先例。

抚今追昔，孙中山先生振兴中华的深切夙愿，黄埔先烈对中华民族发展的美好憧憬，已经逐步变为现实，中华民族迎来了从站起来、富起来到强起来的伟大飞跃，中华民族伟大复兴进入不可逆转的历史进程。"在黄埔百年华诞的重要时刻，我们更加怀念以孙中山先生为代表的所有黄埔先烈，他们为国家独立和民族解放作出杰出贡献，所展现出的崇高品格和精神风范，永远值得我们缅怀、学习和传承。"陈知庶说。

不忘先辈遗志，两岸携手勇担时代重任

当前两岸和平发展的最大威胁是台湾岛内"台独"势力及其分裂活动。研讨会当天，与会代表表示，两岸黄埔人和黄埔后裔应该继承孙中山先生遗志，秉持黄埔"爱国、革命"精神，团结起来，为实现祖国完全统一和中华民族伟大复兴勇担时代重任。

多位两岸黄埔后代表示，黄埔军校的创建及其走过的百年历程，是两岸所有中国人共同的光荣记忆，祖国统一、振兴中华更是两岸黄埔人矢志不渝的奋斗目标。两岸同胞唯有怀抱如此理想信念，方能为台湾海峡创造和平曙光。不论是台湾退役将领还是在役台湾青年军人，都不希望两岸兵戎相见，两岸中国人历经百年沧桑，更加珍视来之不易的和平。黄埔精神也定能凝聚海内外、岛内外一切爱国力量，驱散"台独"势力，实现祖国统一。

台湾黄埔军校同学会后代联谊会理事长丘智贤认为，百年黄埔追求国家统一、民族复兴的历史，是两岸中国人共享的光荣资产，虽然两岸关系陷入低潮，但实现祖国和平统一，依然是两岸黄埔同学及我们这些黄埔后人矢志不渝的奋斗目标。

台湾中华青年发展联合会副理事长董百胜认为，现在台湾地区不少年轻人喜欢军事史，目前来看，他们对黄埔军校的认识还不够深入，这与民进党当局刻意"去中国化"和淡化台军与黄埔渊源有关，其用心险恶。在这种背景下，两岸黄埔后代更应该团结起来，捍卫我们共同主权，反对"台独"，促进两岸早日实现统一。

　　"黄埔情缘是天然的、割不断的。"澳门辛亥革命与中山文化研究会理事长李时泰说，当下，中华民族稳步走在伟大复兴征程中，两岸人民，特别是两岸年轻人应该秉持共同的信念和决心，发扬黄埔精神，"亲爱精诚"，投身祖国统一、民族复兴的大业中。

　　陈知庶说："在推进祖国统一的历史进程中，黄埔军校同学会愿与民革中央一道，更加紧密地团结在以习近平同志为核心的中共中央周围，高举爱国主义旗帜，继承黄埔先辈遗志，大力弘扬'爱国、革命'的黄埔精神，顺应历史大势，坚守民族大义，坚定反'独'促统，为实现祖国完全统一和中华民族伟大复兴作出新的更大贡献。"

　　"作为黄埔后人，我在此郑重、真诚地呼吁：海内外、岛内外尤其是海峡两岸的黄埔师生和后代朋友们，要牢记初心使命，利用好这独有的历史积淀和政治优势，以宽阔的政治胸襟和高度的历史自觉，不断深化两岸同胞的历史记忆和文化认同，积极宣传黄埔历史，不断挖掘黄埔精神的时代内涵，大力弘扬包括黄埔精神在内的伟大民族精神，让黄埔精神永远传颂、代代相传，凝聚起反'独'促统的磅礴力量，激发出海内外、岛内外全体中华儿女实现强国建设、民族复兴伟业的蓬勃热情，为中国式现代化凝心聚力、齐心协力，共同追求国家完全统一的美好未来。"郑建邦说。

百年回望　薪火相传

"孙中山与黄埔军校——纪念黄埔军校建校 100 周年"
学术研讨会侧记

刘　军

6 月 6 日至 7 日，北京，一场研讨会在首都宾馆举行。

这是一场有关历史的学术研讨会，关键词有两个——"孙中山"和"黄埔军校"。2024 年是黄埔军校建校 100 周年，去年 1 月，民革中央决定与中国社会科学院中国历史研究院等单位联合举办孙中山与黄埔军校学术研讨会。在一年多的时间里，征集到来自高校、科研机构、社会团体的专家学者和黄埔后裔提交的文章近 90 篇。本次研讨会是征集成果的集中展示，也是一场思想火花的碰撞。

演讲嘉宾"大咖"云集，内容抓人。黄埔军校成立之前，中国各地的旧式军校数量不少，但培养出的学生都效力军阀。孙中山通过哪些措施把黄埔军校打造成中国前所未有的新式军校？中国社会科学院近代史研究所副所长金以林、北京大学历史学系主任王奇生、中国社会科学院世界历史研究所研究员汪朝光围绕黄埔军校与大革命、黄埔军校的办学模式、孙中山与黄埔军校依次展开精彩论述。

而一些另辟蹊径、小切口的研究课题也令人耳目一新。"广东省有一百多个县，兴宁地处粤东北偏僻山区，但黄埔军校前五期学员人数却位于广东前列。黄埔系兴宁人多是什么原因？"中国历史研究院近代史研究所研究员李长莉的演讲内容勾起了在场听众的好奇心，也引起了点评专家、上海大学近代中国研究中心主任廖大伟的浓厚兴趣，"这个研究角度很有意思"。

虽然讨论的是历史，但这并非一场只在故纸堆里打转的研讨会。"抗战 14 年，95% 的黄埔军校学生都牺牲在保家卫国的战场上，这在世界军校史上是绝无仅有的，体现了黄埔精神。"澳门辛亥革命与中山文化研究会理事长李时泰探讨的重点是，在百年未有之大变局的当下，如何发扬黄埔精神，完成祖国和平统一大业。而陕西科技大学马克思主义学院教授王飞则在研究国共合作时期黄埔军校的思想政治工作时，着重分析这些工作如今带来的启示。两个人的演讲均被点评专家称赞"具有相当重要的现实意义"。

这是一场嘉宾来自五湖四海的研讨会。"大家好，我叫李维镇，是台湾的云南人，祖国宝岛是我生长的地方，云南是我的老家，当年我们家总共有 4 位男丁投入抗战行列，我的父亲也出自黄埔……"台湾中华黄埔亲友联谊会执行长、辛亥武昌起义同志会副秘书长李维镇以讲述自己的故事开场。他专程从台湾赶到北京，克服平日的"社恐"站上台，只为"让'统派'声音被更多人听到"。据悉，与会者中有将近 20 位来自台港澳和海外。

这是一场注入了年轻血液的研讨会。黄埔百年，历史厚重，参会嘉宾中却出现了"00 后"的身影。民间学者、自由撰稿人王小丫发言的题目是《周恩来与黄埔军校政治文艺工作》。由于参会的年轻学者占到一定比例，本次研讨会专门设置了青年学者论坛，6 位文史研究的生力军登台演讲。

这是一场有"前情提要"的研讨会。在每位嘉宾的资料包里，有一册本次研讨会征文摘要汇编，还有一本更厚的《孙中山与第一次国共合作学术研讨会论文集》，这是 2021 年举办的上一次研讨会的成果。民革中央自 20 世纪八九十年代成立孙中山研究学会和中国辛亥革命研究会以来，利用两个平台组织召开了一系列学术研讨会，宣传和弘扬孙中山精神。

这是一场温暖的相聚。在研讨会开幕的前夜，民革中央举办"百年回望 薪火相传——黄埔师生后裔联谊沙龙"，邀请参加研讨会的黄埔师生后裔、港澳台和海外嘉宾等人参加。二代、三代及四代黄埔后裔们分享的先辈故事令现场听众红了眼圈。

6月 7 日中午，研讨会落下帷幕。围绕"孙中山先生与黄埔军校的爱国主义革命精神"的学术研究仍在继续，在历史回望中，以中国为观照、以时代为观照的求索仍在继续……

从黄埔来　到黄埔去

——孙中山与黄埔军校学术研讨会嘉宾赴广州参访侧记

薛蒙蒙

　　珠江水浩浩荡荡，从广州长洲岛旁流过，日复一日，不休不止。一百年前，这滔滔江水流过黄埔军校学生整齐的口号声，这些有志青年高喊着："到黄埔去！"因此而成就一段可歌可泣的英雄儿女佳话。近日，黄埔军校成立 100 周年之际，黄埔军校后代师生们重走先辈之路，他们依旧要高喊"到黄埔去！"百年来，珠江日复一日奔涌向前，最终合流汇入南洋。

　　6 月 4 日，"孙中山与黄埔军校"学术研讨会广州参访团一行来到了黄花岗七十二烈士墓、黄埔军校旧址纪念馆、广州中山纪念堂等地，并与广州黄埔后代展开沙龙活动。

　　"讲到黄埔军校开学第一天，大家都会认为那是严肃的一天，例如孙中山先生致辞，还进行了完整的仪式，可是大家都不知道，在典礼结束当晚，军校师生们一起大碗喝酒、谈理想、谈未来，那是一群青春洋溢又热血的青年。"对于台湾黄埔军校同学会后代联谊会理事长、黄埔二十一期丘德新之子丘智贤来说，他更喜欢那些鲜活的黄埔故事。

　　而黄埔军校，尤其是国共合作的 1924 年到 1927 年，成为无数进步青年的梦想所在。凡海内外的同胞，热血沸腾的时代青年，都喊出这一个口号，就是"到黄埔去"。黄埔军校成为当时青年人心里最热烈的向往。黄埔军校培养了一大批优秀的军事家和政治家，黄埔军校由此也成为了中国军事教育史中的一段传奇。

6 月 4 日清晨，年近 90 高龄的张素久起得很早，天空下起了淅淅沥沥的小雨。她身穿雨衣，在工作人员的搀扶下从轮椅上下来，在沉默的雨中，和其他参访团的黄埔后代师生一同，向黄花岗七十二烈士墓碑鞠躬致敬，随后，张素久向墓碑敬献花篮。

如今，海外的黄埔后代们仍在他乡为祖国统一事业奔走。参访团中，有 3 位来自美国的侨领，张素久就是其中之一。张素久是美国南加州华人社团联合会荣誉主席、黄埔军校教官张治中之女，在美国生活数十年，她一直致力于促进中美民间交流与往来，目前依然活跃在美国侨界的一线。

"这是我父亲！"在黄埔军校旧址参观中，张素久一眼就在旧照片中找到了她的父亲。"我父亲来黄埔军校的时候，周总理是政治部主任吗？"张素久问。在参观中张素久问得最多的就是其父亲与周恩来在黄埔的故事。在黄埔军校时，周恩来任政治部主任，张治中任第三期入伍生代理总队长、军官团团长，两人密切合作，结下深厚友谊。后来张治中因推动国共合作，共同抗日，被世人敬称为"和平将军"。

"我的父亲是一个典型的爱国主义者，他的所作所为都是为了中华民族的复兴。因此不论我身在哪里，都会把爱自己的祖国放在第一位。"张素久说，"父辈们为了抵御日本侵略，国共合作团结起来，一起保卫祖国。现在，保卫祖国、热爱祖国仍旧是当下的黄埔精神内涵之一，作为中华儿女，应不遗余力促进祖国统一、实现中华民族伟大复兴"。

在孙中山纪念堂，雄伟华丽的穹顶下，一块洁白的遗嘱墓碑静静肃立，孙中山的人像浮雕下，一位老人和年轻的讲解员一起背道："国民革命凡四十年，其目的在求中国自由平等……欲达到此目的，必须唤醒民众及联合世上以平等待人之民族共同奋斗……"这位老人是张学海，海外中国国民党联盟共同主席，黄埔五期学生张宗良之子。"我们军人最能领悟到战争无情，和平无价。台湾当局不应该做美国'抗中'的马前卒，两岸各界应该增进交流。我谨期盼黄埔子弟，不论在何地，都要秉持黄埔精神，发扬黄埔精神，共同携手完成国家和平统一大业。"张学海说。

　　提到父辈往事，旅美台胞、美国北加州中国和平统一促进会会长戴锜眼眶湿润。戴锜告诉记者，他自20年前第一次来大陆，就是来到广州寻亲。原来，多年前其父亲戴天忧与妻女分隔两岸，再也没有见面，造成了两个家庭一辈子的遗憾。"经历过这种悲剧后，我深知不能再让这种悲剧不断重演。所以今天我们仍然要发扬黄埔精神，呼吁提倡爱祖国、爱百姓的使命感，为了两岸同胞的福祉，让这些悲剧从历史这一页翻过，把台湾带回祖国的怀抱。"多年来，戴锜广泛联络侨胞，致力于做好两岸同胞和海外侨胞反"独"工作。

　　如何传承好黄埔精神？每一位黄埔后代有他们的答案。

　　"从小我的父辈一直告诉我们，为了更多百姓福祉，不怕死，不怕困难，不怕牺牲，这是我理解的黄埔精神，我也是一直这么做的。"台湾中华黄埔亲友联谊会常务副会长兼秘书长、中国国民党中央委员徐正文说，2020年新冠疫情期间，他协助武汉台商包机返台，后续却被民进党起诉，成为第一个被起诉触犯所谓"反渗透法"的台商，面对民进党的抹黑，徐正文坚持斗争到底。

　　"支撑我的实际上就是黄埔精神，无论是疫情期间协助台商返台，还是促进两岸民众交流往来，我以实际行动践行、传承黄埔精神。黄埔精神不是一个口号，要起而行立而做才行。在追求两岸和平统一的路上，我们要秉持着黄埔精神，不怕困难、不怕牺牲，一定会再创中华民族伟大复兴。"徐正文此行带着他的孩子一同参访，"我父亲是空军将领，他曾经带我来大陆，为我讲述黄埔故事，给尚为年幼的我很大影响。此行我带着孩子来参访，就是希望我们将黄埔人精神继续传承下去。"

　　"'升官发财请往他处，贪生怕死勿入斯门'，这两句话代表了舍生取义的爱国精神，这样的一个慷慨就义的爱国情操，不管在什么时代都非常重要。这种兼爱天下的精神也是黄埔精神的时代意义所在。"台北市政府原顾问、台湾湖南商会会长、黄埔十一期熊斌之子熊子杰说。他还吐露，每次参加黄埔后代的活动，就像是找到了亲人一样温暖。

　　"今天，随着岁月的流逝，黄埔军校先贤先辈已经成为历史的记忆，但黄埔精神却薪火相传穿越时空，传承至今。在新时代，我们比历史上任何时期都更有信心和能力实现中华民族伟大复兴的目标。海峡两岸实现国家统一是不可阻挡的历史潮流。"台湾中华民族抗日战争纪念协会副理事长黄弘安说，他作为反"独"战士，依旧为支持"九二共识"、反"台独"反介入、要和平要统一的目标努力拼搏。

"促进祖国完全统一是黄埔人不变的初心"

——"百年回望　薪火相传——黄埔师生后裔联谊沙龙"侧记

李　筱

6月5日晚，在孙中山与黄埔军校——纪念黄埔军校建校100周年学术研讨会召开前夕，民革中央举办"百年回望　薪火相传——黄埔师生后裔联谊沙龙"，邀请了参加研讨会的黄埔师生后裔、港澳台和海外嘉宾，以及部分在京黄埔师生后裔中的民革党员等，共忆历史、追忆先辈、畅叙友情、希冀未来。

活动尚未开始，现场早已洋溢着浓浓温情，满是热烈的交流和亲切的问候。

"郑主席和我们一起合影吧！"出席沙龙的全国人大常委会副委员长、中国和平统一促进会副会长、民革中央主席郑建邦一踏入会场，便被来自海内外的黄埔师生后裔热情邀请。

天下黄埔一家人。"今晚的沙龙是一次黄埔后裔的联谊会，也是一场共话民族复兴的分享会。"沙龙主持人、黄埔十三期生陈文彬之女、民革中央副主席陈星莺说道。

在访谈环节开始前，一条视频生动再现了黄埔百年来的光辉历程，深情回顾了黄埔前辈"投身革命即为家"的家国情怀和"热血男儿诚救国"的牺牲精神。一百年前，从黄埔军校走出的师生们自觉把个人命运与国家前途联系在一起，用鲜血铸就了"爱国、革命"的黄埔精神。一百年后，来自大陆及港澳台的黄埔后裔齐聚一堂，谈的既是家事，也是国事，既其乐融融，又意义重大。

现场还分别邀请二代、三代及四代黄埔后裔进行座谈，请他们分享先辈的故事和他们的感悟体会。

"作为与父辈关系最亲近的一代人，您的记忆中，父亲给您留下最深的印象是什么？"沙龙环节主持人——黄埔十七期生崔衷仁之曾孙女、北京市黄埔军校同学会会员崔淼向在座的 4 位二代黄埔后裔问道。

在深情回忆中，陈星莺分享了与父亲陈文彬相处的故事以及故事背后的黄埔精神和黄埔情缘。据陈星莺回忆，父亲有一位辗转多年才终于相见的黄埔军校同学，有一次，她代表父亲去四川成都看望他，"他对自己的孩子们说：'这是你们的小妹，你们以后就是亲人了，要常走动。'"现场许多认真聆听的嘉宾也红了眼圈。

"父亲对信仰的执着追求、坚持不懈对民族的大爱、无私的奉献以及他坚定的理想信念，都给我留下了难忘的印象。"黄埔一期生徐会之之子、民革中央原副主席刘凡分享道，"信仰是父亲的终身追求，我始终牢记父亲对我说过的'选择了信仰，生命就不属于自己'，因为人民有信仰，国家有力量，民族有希望。"

聊起父亲，黄埔军校教官张治中之女、美国南加州华人社团联合会荣誉主席张素久说："如果父亲还在的话，他最希望看到的就是祖国早日统一。"

现任北京市黄埔军校同学会会长覃珊是黄埔二期生覃异之女。"作为北京市黄埔军校同学会首任会长，父亲留下了很多珍贵的资料、照片，为我做好'以情促统'工作提供了很多帮助，让我时刻不敢忘记父亲的教诲。"覃珊说。

作为第三代黄埔后裔的代表之一，黄埔军校副校长李济深的孙女、民革中央联络部原部长李霭君长期从事祖统工作，并在工作中结识了许多台湾朋友，建立了深厚感情。"我常常说，我在台湾有几千名亲人。"李霭君与台湾亲人的故事，深深感动着现场的观众。

"而我将爱你所爱的人间 / 愿你所愿的笑颜 / 你的手我蹒跚在牵 / 请带我去明天……"岁月如歌，伴随着歌曲《如愿》的悠扬旋律，一张张黄埔先辈们的照片在大屏幕上出现。既有身着戎装的年轻面孔，也有穿着便服老去后的容颜。"山河无恙，烟火寻常，今日盛世中国，我见您所愿。"最后的字幕，说出了在场所有黄埔后裔的心声。

10 位黄埔后裔通过亲身讲述的方式，分享了他们的父辈、祖辈、曾祖辈的黄埔故事，让在场嘉宾穿越时空，重温了黄埔先辈的光辉事迹。"无论第几代黄埔后裔，无论生活在大陆、港澳台或者海外，中华儿女都应继承和发扬好黄埔精神，积极互动交流。"现场，一些来自港澳台的特邀嘉宾也分享了他们心中的黄埔精神内涵和对如何传承好黄埔精神的思考，引发了与会嘉宾的深深共情。

对于美国北加州中国和平统一促进会会长戴錡来说，回国参加此次活动令他激动不已。为了参加此次沙龙，他特别准备了诗朗诵节目《乡愁》。"很可惜，《乡愁》的作者余光中先生和我们的父辈都没有看到中国的和平统一，我们这一代人有责任、也有使命将这个任务完成。"戴錡感慨道。

热情、真情、深情，讲不完的黄埔故事，话不完的黄埔情。活动现场，同样身为黄埔后裔的郑建邦多次悄悄擦去眼角的泪水。"作为一名长期从事祖统工作的民主党派领导人、作为一名黄埔后裔，此时此刻，我与大家一样，心潮澎湃，思绪万千。"郑建邦说道。

郑建邦表示，举办这样一次联谊活动，就是要通过黄埔后裔的亲身讲述，更好地汲取精神营养，继承先辈遗志，促进祖国完全统一。在新时代，黄埔后裔应该成为黄埔精神的传承者、黄埔精神的践行者，向下一代、向各方面讲述先辈故事、弘扬黄埔精神，传承红色基因、赓续红色血脉，从而进一步激发海内外中华儿女为实现中华民族伟大复兴奉献自己的力量。

郑建邦指出，当前，中华民族伟大复兴已进入不可逆转的历史进程，我们比历史上任何时期都更接近、更有信心和能力实现祖国完全统一的目标。作为黄埔后裔和民革党员，我们要牢记习近平总书记的殷殷嘱托，携手同心，以黄埔军校建校 100 周年为契机，进一步继承发扬黄埔精神，投身新时代反"独"促统事业，以一往无前、驰而不息的实际行动为推进祖国完全统一进程作出新的更大贡献。

在郑建邦充满深情和激情的讲话中，沙龙落下了帷幕，与会嘉宾却久久不愿离去，相互诉说对祖辈父辈的记忆和对"孙中山与黄埔军校——纪念黄埔军校建校 100 周年学术研讨会"的期待……

传承弘扬黄埔精神　矢志推动祖国统一

——民革的黄埔情缘

黄昌盛

有一种光芒，叫家国情怀；有一种精神，叫黄埔精神。1924 年 6 月，孙中山先生在广州创办了近现代中国一所闻名中外的军事学校——黄埔军校。这所学校，承载了中国近百年的历史和风雨，联结了海峡两岸的情感与记忆。百年光阴弹指一挥，"黄埔军校"的名字至今仍熠熠生辉。

2024 年 6 月 6 日，孙中山与黄埔军校——纪念黄埔军校建校 100 周年学术研讨会在京开幕。来自海峡两岸、香港、澳门和大洋彼岸的黄埔师生亲属、专家学者和民革党员代表欢聚一堂，共忆黄埔往事，共续黄埔友情，共话黄埔精神。跨越百年的回眸和相逢，背后是民革与百年黄埔之间割舍不断的情缘。

01　聚力——"爱国、革命"融入精神血脉

作为中国近现代史上第一所真正意义上培养革命干部的新型军事政治学校，黄埔军校素有"将帅摇篮"之称。一百年前，在国家危亡、民不聊生的历史关头，孙中山先生在共产国际、苏联和中国共产党的支持帮助下创建了黄埔军校，为中国革命培养和输送了大批军事政治人才。

百年历程，栉风沐雨，无数出身黄埔的爱国人士为了革命信仰、爱国理想前仆后继。一批又一批黄埔师生在"振兴中华、统一中国"的信念感

召下，投入一场又一场反帝反封建、抵御外侮的革命战争，为国家独立和民族解放建立了彪炳史册的不朽功勋，用鲜血和生命铸就了"爱国、革命"的黄埔精神。

作为由原中国国民党民主派和其他爱国民主人士所创建的民主党派，民革与黄埔军校有着深厚的历史渊源。民革创始人李济深曾任黄埔军校副校长，张治中、邵力子、郑洞国等很多民革前辈曾在黄埔军校任教或学习。

民革自创立之初，就秉承着孙中山爱国、革命、不断进步精神，以"爱国、革命"为内核的黄埔精神同样深深地融入民革的精神血脉之中。"继承和发扬孙中山爱国、革命、不断进步精神"作为民革的基本特色，被郑重写入民革章程。70 多年来，完成孙中山先生未竟的祖国统一和民族复兴事业更是民革人的不懈追求。

李济深从投身辛亥革命到成为中央人民政府副主席，毕生奋斗渴盼国家统一，弥留之际留下"我与人民宏愿在，及身要见九州同"的感人诗句；张治中曾担任民革中央和平解放台湾工作委员会主任，多次发表文告，热切盼望在台湾的老友、部属、学生等靠拢祖国和人民；郑洞国"以爱国始，以爱国终"，临终前还对家人说，"我这一生对国事家事均无所憾，只遗憾没有看到国家统一"……这些黄埔先辈对国家统一的追求，成为民革对台工作情怀和担当的生动注脚。

02　助力——推动黄埔军校同学会成立

1979 年元旦，全国人大常委会发表《告台湾同胞书》，表明中国共产党和中央政府解决台湾问题的真诚态度和基本立场，拉开了祖国和平统一的序幕，也为民革对台工作指明了新的方向——坚持中共中央对台大政方针，把促进祖国和平统一作为工作重点，发挥与台湾的渊源优势，广泛联系台湾各界人士，努力促进祖国和平统一。

在两岸隔绝状态逐步打破、两岸关系迎来发展机遇的背景下，老一辈民革领导人积极利用自身与台湾的特殊渊源关系，书写了一段又一段感人至深的"台湾故事"，发出了一个又一个坚定有力的"统一呼声"：

民革中央原主席屈武是蒋经国的同学、朋友，曾多次向蒋经国恳切陈词："共竟祖国统一之伟业，同造中华振兴之宏图"；

民革中央原主席朱学范曾任邮电部首任部长，大力倡导与台湾"通邮、通航、通商"，并促成两岸书信往来；

民革中央原主席何鲁丽领导并参与制定"反分裂国家行为法"的建议研究与讨论，推动《反分裂国家法》出台实施；

民革中央原主席周铁农在辛亥革命 100 周年之际率团访台，成为首位在任期内跨过台湾浊水溪的国家领导人；

民革中央原主席万鄂湘在纪念辛亥革命 110 周年大会上呼吁两岸同胞团结一心，共同迈向中华民族更加光辉灿烂的明天；

……

在民革的祖统工作拼图中，黄埔始终有着浓墨重彩的一笔。1984 年初，时任民革中央副主席的侯镜如在访美期间，与宋希濂、蔡文治、李默庵等黄埔同学，联名发起成立"旅美黄埔军校同学及其亲属促进中国统一筹备委员会"。同年 6 月，在邓小平同志亲切关怀下，黄埔军校同学会成立，侯镜如、郑洞国等民革领导人当选副会长。时至今日，黄埔军校同学会会长仍由百岁黄埔老人、民革中央顾问林上元担任，各地黄埔军校同学会会长、副会长、理事、会员中也不乏民革党员。

03 合力——"中山""黄埔"连起两岸情

"两岸黄埔同学和后裔都是中山理念和黄埔精神的继承者，都是中华民族伟大复兴征程上的追梦人。"2019 年 7 月，第九届"中山·黄埔·两岸情"论坛在上海举行。时任全国政协副主席、民革中央常务副主席郑建邦在会上深情呼唤："两岸同胞是骨肉相亲的兄弟，曾经走过休戚与共的岁月，新时代更要增进团结，顺应历史大势、共担民族大义，为推动两岸关系走向更美好的明天、为实现中山先生振兴中华的夙愿而努力奋斗。"

长期以来，民革和黄埔军校同学会相互支持、团结协作，共同服务党和国家工作大局。"中山·黄埔·两岸情"论坛就是民革中央和黄埔军校同学会等单位共同举办两岸交流活动的生动一例。自 2010 年起，论坛先后于台北、北京、上海、武汉、香港、天津等地举办，在海内外引起较大反响，在弘扬黄埔精神、促进两岸交流交往方面发挥了独特作用。郑建邦曾多次以民革中央常务副主席、副主席等身份出席论坛，以祖辈的经历讲述"黄埔情与中国梦"的故事。

2020 年以来，"中山·黄埔·两岸情"论坛虽因疫情等原因暂时停办，但两岸黄埔人之间的交流一直没有停歇。近年来，民革不断铸牢同海内外、岛内外黄埔同学、亲属的情感联系，开展了一系列卓有成效的对台工作——在黄埔论坛、"黄埔情——两岸'同扬文化·喜迎新春'书画联展"等活动中发出民革声音，巩固黄埔情缘纽带；邀请台湾新同盟会、台湾中华擎天协会等黄埔组织、退役将领组织参访大陆，团结岛内"反'独'促统"力量；编撰《长江与抗战》系列丛书，举办"长城抗战缅怀之旅"活动，增强两岸同胞共同的民族意识和民族情感……

为弘扬孙中山精神和黄埔精神，以孙中山爱国思想和精神为纽带，促进两岸学者专家的交流交往和海内外各方面人士的交流互动，民革中央还先后成立了民革中央孙中山研究学会、中华中山文化交流协会，举办了纪念辛亥革命 110 周年座谈会、孙中山与第一次国共合作学术研讨会等交流活动，不断凝聚起推动两岸关系和平发展、祖国完全统一的共识。

04　倾力——答好新时代祖统工作必答题

今年全国两会期间，习近平总书记看望参加全国政协十四届二次会议的民革、科技界、环境资源界委员时，在讲话中对民革积极推动海峡两岸经济文化交流工作给予肯定，嘱托"民革要在对台工作大局中进一步找准定位、发挥优势、积极作为"。

习近平总书记在讲话中深刻指出了民革在对台工作大局中担负的历史使命。如何找准定位、发挥优势、积极作为，把习近平总书记的重要讲话精神转化为推进祖国和平统一进程的实际行动，这是一道摆在每一个民革人面前的新时代民革参政履职必答题。

为深入学习贯彻习近平总书记重要讲话精神，全国两会期间和两会结束后，民革召开了十四届六次中常会和民革界委员学习传达会，并多次在主席办公会议、理论学习中心组会议等场合开展专题学习，带动民革全党迅速掀起学习热潮。与此同时，民革中央专门印发《关于深入学习贯彻习近平总书记重要讲话　奋力开创民革祖统工作新局面的意见》，对新时代做好民革祖统工作作出系统安排和全面部署。

"对台工作是民革的传统优势领域，是民革全党的重点工作，是中共中央交给民革的光荣任务。"郑建邦就此明确指出，民革全党要把对台工作摆在更加突出的位置，坚持以促进两岸关系和平发展、融合发展作为深化民革祖统工作的主要内容，坚持以能否做好台湾人民工作作为衡量民革祖统工作的主要标准，坚持以守正创新作为推进民革祖统工作的主要动力，全力提升涉台参政议政的水平，全力提升推动两岸交流融合的质量，全力提升团结反"独"促统力量的成效，在推进祖国统一进程中展现更大作为。

6月6日召开的孙中山与黄埔军校——纪念黄埔军校建校100周年学术研讨会，是民革2024年两岸交流活动的一次重头戏。6月5日，研讨会召开前夕，民革中央专门组织了一场主要由黄埔师生后裔、民革党员代表参加的联谊沙龙，十多位黄埔后裔代表讲述了黄埔先辈的故事，分享了感悟体会。同样身为黄埔后裔的郑建邦全程参加沙龙，深受感动、深有感触。

"通过黄埔后裔的亲身讲述，我们重温那段战火纷飞的历史，回忆那种穿越时空、烛照当下、历久弥坚的精神，更好地汲取精神营养，继承先辈遗志，促进祖国完全统一。"郑建邦说，在新时代，黄埔后裔应该成为黄埔精神的传承者、黄埔精神的践行者，向下一代、向各方面讲述先辈故事、弘扬黄埔精神，传承红色基因、赓续红色血脉。

忆往昔，黄埔百年岁月峥嵘；看今朝，民族复兴前景光明。当前，中华民族伟大复兴已进入不可逆转的历史进程，我们比历史上任何时期都更接近、更有信心和能力实现祖国完全统一的目标。民革将深入贯彻落实新时代中国共产党解决台湾问题的总体方略和中共中央对台工作决策部署，坚持孙中山爱国、革命、不断进步精神，团结两岸黄埔同学、亲友，大力弘扬黄埔精神，顺应历史大势、把握历史机遇、担当历史责任，为推进祖国完全统一进程作出新的更大贡献。